Eisgruber · Schallmoser · Maunz | Abgabenordnung und Umsatzsteuerrecht

Abgabenordnung und Umsatzsteuerrecht

Dr. Thomas Eisgruber
Ministerialrat im Bayerischen Staatsministerium der Finanzen

Dr. Ulrich Schallmoser
Richter am BFH

Dr. Stefan Maunz
Rechtsanwalt und Steuerberater in München

2., neu bearbeitete und erweiterte Auflage

Verlag Franz Vahlen München 2011

Verlag Franz Vahlen im Internet:
vahlen.de

ISBN 978 3 8006 4173 4

© 2011 Verlag Franz Vahlen GmbH
Wilhelmstraße 9, 80801 München

Druck: Nomos Verlagsgesellschaft
In den Lissen 12, 76547 Sinzheim
Satz: Satz-Offizin Hümmer GmbH, Waldbüttelbrunn
Umschlagkonzeption: Martina Busch, Grafikdesign, Fürstenfeldbruck

Gedruckt auf säurefreiem, alterungsbeständigem Papier
(hergestellt aus chlorfrei gebleichtem Zellstoff)

Vorwort

Das vorliegende Buch ist in erster Linie an junge Juristen gerichtet. Es wurde aus einem kursbegleitenden Skript für bayerische Rechtsreferendare entwickelt und will diese Herkunft nicht verbergen. Daher wurde die Examensrelevanz bestimmter Fragen als Maßstab für die Auswahl der behandelten Themen beibehalten.

Zweck des ersten Teil des Buches, der das steuerliche Verfahrensrecht betrifft, ist es, die grundlegende Struktur der Abgabenordnung kompakt zu vermitteln. Auf eine – den Lernenden erschöpfende – Darstellung aller Detailprobleme dieses Rechtsgebietes wurde daher zugunsten einer strukturierten Heranführung an das Verfahrensrecht verzichtet. Die vorliegende Darstellung ist kein Kommentar; sie soll nicht den vielfältigen Meinungen zu einzelnen Themenbereichen noch eine weitere hinzufügen. Vielmehr soll sie dem Lernenden helfen, das oft so spröde steuerliche Verfahrensrecht in seinem Wesen zu verstehen: Das Erlernte soll anwendbar, nicht nachschlagbar sein.

Dazu gliedert sich der erste Teil des Buches in vier Kapitel, die zusammenhängende Themenkomplexe behandeln. Da das Verstehen im Vordergrund steht, wiederholen sich bestimmte Bereiche, um im neuen Zusammenhang das bereits Bekannte zu vertiefen. So wird die Bekanntgabe von Verwaltungsakten zunächst im ersten Kapitel in vollständiger Struktur dargestellt, die Besonderheiten bei einheitlichen Feststellungen werden aber erst im dritten Kapitel bei den Feststellungsbescheiden ausgeführt. Auch deren Besonderheiten bei der Verjährung werden erst dort »nachgeholt«. So verliert sich das Dargestellte nicht in Einzelheiten, sondern bietet kompakte, verstehbare Module, die dann vertieft und so verstärkt werden.

Der zweite Teil des Buches befasst sich mit der Umsatzsteuer, die für Studenten, die heute mit dem Schwerpunktbereichsstudium im Steuerrecht beginnen, ebenfalls zum Prüfungsstoff gehört. Auch insoweit kam es uns darauf an, die examensrelevanten Teile des Umsatzsteuerrechts strukturiert und unbelastet von Detailproblemen darzustellen und den Lesern einen Zugang zur Prüfungsmaterie zu ermöglichen.

Im dritten Teil finden sich vier Musterklausuren, die einen examenstypischen Aufbau haben. Dort werden deshalb auch einkommensteuerrechtliche Fragen besprochen.

Dieser Band ergänzt den ebenfalls im Verlag Franz Vahlen erscheinenden Band zur Einkommensteuer.

Wir würden uns über Anmerkungen, Anregungen, Kritik und gerne auch Lob in jeder Form freuen, damit wir weiter an diesem Lernbuch feilen können.

München/Ottobrunn im Januar 2011
Dr. Thomas Eisgruber
Dr. Ulrich Schallmoser
Dr. Stefan Maunz

Inhaltsverzeichnis

Vorwort	V
Abkürzungsverzeichnis	XI
1. Teil. Abgabenordnung	1
1. Kapitel. Verfahrensgrundsätze, Bekanntgabe und Nebenleistungen	1
A. Einführung	1
I. Vorbemerkungen zum Verfahrensrecht	1
II. Allgemeine Verfahrensgrundsätze	1
1. Amtsermittlung und Mitwirkung	1
2. Mitwirkungspflichten Dritter und Auskunftsverweigerungsrechte	2
3. Das Steuergeheimnis	3
4. Die Gläubigerbenennung nach § 160 AO	4
5. Beweislast	4
6. Wirtschaftliches Eigentum und Gestaltungsmissbrauch	4
7. Akteneinsicht im außergerichtlichen und gerichtlichen Verfahren	5
B. Steuerverwaltungsakte	6
I. Die Einteilung der Steuerverwaltungsakte	6
II. Der Steuerbescheid	7
1. Die Definition des Steuerbescheids	7
a) Der Regelsteuerbescheid	7
b) Die Sonderformen	7
2. Form und Inhalt von Steuerbescheiden	7
3. Änderungen und Nebenbestimmungen bei Steuerbescheiden	8
4. Besonderheiten bei der Bekanntgabe	8
5. Die Bekanntgabe bei Zusammenveranlagung	10
III. Sonstige Steuerverwaltungsakte	11
1. Verwaltungsakte und andere Maßnahmen	11
2. Überblick über die steuerlichen Nebenleistungen	12
3. Das Zwangsgeld	12
4. Der Verspätungszuschlag	13
5. Der Säumniszuschlag	14
6. Zinsen, Kosten, Verzögerungsgelder und Zuschläge	14
2. Kapitel. Steueransprüche, Verjährung und Rechtsbehelfsverfahren	16
A. Das Entstehen und Erlöschen von Steueransprüchen	16
I. Das Entstehen von Steueransprüchen	16
1. Der Entstehungszeitpunkt	16
2. Die Bedeutung des Entstehens	16
3. Die Abtretung nach § 46 AO	16
4. Erstattungsansprüche und deren Abtretung	16
II. Das Erlöschen von Steueransprüchen	17
1. Übersicht	17
2. Die Verjährung	17
a) Die Festsetzungsverjährung	18
b) Die Zahlungsverjährung	19
3. Der Erlass	20

B. Das Rechtsbehelfsverfahren ... 21
I. Allgemeine Verfahrensregeln ... 21
II. Die Zulässigkeit des Einspruchs ... 21

C. Die Wiedereinsetzung in den vorigen Stand ... 22
I. Anwendungsbereich ... 23
II. Tatbestandsmerkmale ... 23

3. Kapitel. Feststellungsbescheide ... 25

A. Besteuerungsgrundlagen ... 25

B. Wirkung eines Feststellungsbescheids ... 25
I. Angreifbarkeit der Besteuerungsgrundlage ... 25
II. Bindungswirkung für die Verwaltung ... 26
III. Anfechtungsbeschränkung ... 26
IV. Strukturelle Wirkung der Feststellung ... 26

C. Die gesonderte und einheitliche Feststellung ... 27
I. Voraussetzungen und Inhalt ... 27
II. Die Adressierung des Bescheids ... 28
III. Die Übermittlung des Bescheids ... 28

D. Verjährung bei Feststellungen ... 29

E. Die Einspruchsbefugnis ... 30

F. Die Anbringungsbehörde ... 31

4. Kapitel. Korrektur von Steuerverwaltungsakten ... 32

A. Überblick ... 32
I. Bestandskraft ... 32
II. Berichtigung, Änderung und Korrektur ... 32
III. Offenbare Unrichtigkeit ... 34
IV. Rücknahme und Widerruf ... 34
    1. Die Rücknahme nach § 130 AO ... 35
    2. Der Widerruf nach § 131 AO ... 36

B. Die Änderung von Steuerbescheiden ... 36
I. Die Einteilung der Korrekturmöglichkeiten ... 36
II. Sonderfall: Die gesonderte Feststellung des Verlustvortrags ... 37
III. Die vorläufige Steuerfestsetzung ... 37
IV. Die Vorbehaltsfestsetzung ... 38
V. Der Vertrauensschutz bei der Änderung ... 39
VI. Die schlichte Änderung ... 39
VII. Änderung wegen neuer Tatsachen ... 40
    1. Grundvoraussetzung ... 40
    2. Aufteilung nach Steuerwirkung ... 41
VIII. Sonderfall: Verfahrensrechtliche Anpassung des Einkommensteuerbescheids des Anteilseigners bei verdeckter Gewinnausschüttung ... 43
IX. Widerstreitende Festsetzungen ... 43
    1. Der positive Widerstreit ... 43
    2. Der negative Widerstreit ... 44
X. Änderung von Folgebescheiden ... 45

XI.	Rückwirkende Ereignisse	46
	1. Rückwirkungen im Steuerrecht	46
	2. Der Tatbestand des § 175 Abs. 1 Nr. 2 AO	46
XII.	Die Kompensation von materiellen Fehlern	47
	1. Rechtsgedanke der Mitberichtigung	47
	2. Grundaufbau des § 177 AO	47
	3. Die Technik des § 177 AO	47
	4. Das Verhältnis zu § 129 AO	48
XIII.	Die Anfechtungsbeschränkung bei Änderungen	48
XIV.	Die Änderungsbescheide im Einspruchsverfahren	49

2. Teil. Umsatzsteuer ... 51

5. Kapitel. Einführung ... 51

A. Wesen und Bedeutung der Umsatzsteuer ... 51

B. Europarecht und Umsatzsteuer ... 53

6. Kapitel. Besteuerungstatbestände ... 55

A. Leistungsaustausch ... 55

I.	Lieferung oder Leistung gegen Entgelt	55
	1. Leistung	55
	a) Lieferung oder sonstige Leistung	55
	aa) Sonderfall Schadenersatz	56
	bb) Geschäftsveräußerung im Ganzen	57
	b) Lieferungen	58
	c) Sonstige Leistungen	59
	d) Abgrenzung Lieferung und sonstige Leistung	59
	e) Haupt- und Nebenleistung	60
	2. Unternehmer	62
	a) Unternehmerfähigkeit	62
	b) Selbstständigkeit	63
	c) Gewerbliche oder berufliche Tätigkeit	63
	d) Erzielung von Einnahmen	64
	e) Beginn und Ende der Unternehmereigenschaft	64
	f) Umfang des Unternehmens	65
	g) Sonderfall: Umsatzsteuerliche Organschaft	65
	3. Im Inland	66
	a) Überblick	66
	b) Leistungsort bei Lieferungen	67
	aa) Bewegte Lieferungen	67
	bb) Ruhende Lieferungen	67
	cc) Reihen- und Dreiecksgeschäfte	67
	dd) Sondertatbestände	70
	c) Leistungsort bei sonstigen Leistungen	70
	aa) Spezialregelungen	70
	bb) Leistungen gegenüber Unternehmern	71
	cc) Leistungen gegenüber Nicht-Unternehmern	72
	4. Steuerbefreiung	73
	a) Überblick	73
	b) Echte Steuerbefreiung	73
	c) Unechte Steuerbefreiung und Option	76
	5. Bemessungsgrundlage	76

		a) Entgelt	76
		b) Durchlaufende Posten	78
		c) Nachträgliche Änderungen der Bemessungsgrundlage	78
	6.	Steuersatz	79
	7.	Steuerschuld und Steuerentstehungszeitpunkt	80
	8.	Steuerschuldner	80
II.	Lieferung und sonstige Leistungen ohne Entgelt		81
	1.	Überblick	81
	2.	Entnahme eines Gegenstands	81
	3.	Unentgeltliche Leistung des Unternehmers an sein Personal	82
	4.	Unentgeltliche Abgabe von Gegenständen aus unternehmerischen Gründen	82
	5.	Den sonstigen Leistungen gleichgestellte Wertabgaben	83
	6.	Ort der unentgeltlichen Wertabgabe	83
	7.	Bemessungsgrundlage	84
	8.	Steuerentstehung	84

B. Einfuhr 84

C. Innergemeinschaftlicher Erwerb 85

D. Unrichtiger oder unberechtigter Steuerausweis 86

7. Kapitel. Rechnungen, Vorsteuerabzug und Vorsteuerberichtigung ... 88

A. Ordnungsgemäße Rechnung 88

B. Vorsteuerabzug 90

3. Teil. Übungsklausuren 93

Übungsklausur 1 93

Übungsklausur 2 103

Übungsklausur 3 112

Übungsklausur 4 122

Stichwortverzeichnis 131

Abkürzungs- und Literaturverzeichnis

a.A.	andere Ansicht
Abs.	Absatz
a.E.	am Ende
a.F.	alte Fassung
AfA	Absetzung für Abnutzung
AG	Aktiengesellschaft
AktG	Aktiengesetz
AO	Abgabenordnung
Az.	Aktenzeichen
BFH	Bundesfinanzhof
BGB	Bürgerliches Gesetzbuch
BGBl.	Bundesgesetzblatt
BGH	Bundesgerichtshof
BGHZ	Entscheidungen des Bundesgerichtshofs in Zivilsachen
BFH	Bundesfinanzhof
BMF	Bundesminister der Finanzen
Bsp.	Beispiel
BStBl.	Bundessteuerblatt
Bunjes/Geist	Umsatzsteuergesetz, 9. Aufl. 2009 (zit. Bunjes/Geist/*Bearbeiter*)
BVerfG	Bundesverfassungsgericht
BV	Betriebsvermögen
bzgl.	bezüglich
d.h.	das heißt
DBA	Doppelbesteuerungsabkommen
ESt-Bescheid	Einkommenssteuerbescheid
EStG	Einkommensteuergesetz
EU	Europäische Union
EuGH	Gerichtshof der Europäischen Gemeinschaften
f.	folgende
FA	Finanzamt
ff.	fortfolgende
FG	Finanzgericht
FGO	Finanzgerichtsordnung
FVG	Gesetz über die Finanzverwaltung
GG	Grundgesetz
ggf.	gegebenenfalls
ggü.	gegenüber
GrS	Großer Senat
GVG	Gerichtsverfassungsgesetz
h.M.	herrschende Meinung
Helmschrott/Schaeberle/Scheel	Band I: Abgabenordnung, 14. Aufl. 2009
HGB	Handelsgesetzbuch
Halbs.	Halbsatz
Hübschmann/Hepp/Spitaler	Großkommentar zur Abgabenordnung, Loseblatt
i.d.F.	in der Fassung
i.d.R.	in der Regel
i.S.d.	im Sinne des
i.S.v.	im Sinne von
i.V.m.	in Verbindung mit
inkl.	inklusive
InsO	Insolvenzordnung
JA	Juristische Arbeitsblätter
Jakob	Abgabenordnung, 5. Aufl. 2010 (zit. *Jakob* AO)

Jakob	Umsatzsteuer, 4. Aufl. 2009 (zit. *Jakob* USt)
Kirchhof	Einkommenssteuergesetz, Kommentar, 9. Aufl. 2010
Klein	Abgabenordnung, Kommentar, 10. Aufl. 2009 (zit. Klein/*Bearbeiter*
Kühn/v. Wedelstädt	Abgaben- und Finanzgerichtsordnung, 19. Aufl. 2008 (zit. Kühn/v. Wedelstädt/*Bearbeiter*)
Mrd.	Milliarde
m.w.N.	mit weiteren Nachweisen
Nr.	Nummer
Pahlke/Koenig	Abgabenordnung, 2. Aufl. 2009
RegE	Regierungsentwurf
Reiß/Kraeuse/Langer	Umsatzsteuergesetz, Kommentar (zit. Reiß/Kraeuse/Langer/*Bearbeiter*)
Rz.	Randziffer
Rspr.	Rechtsprechung
S.	Seite/Satz
s.o.	siehe oben
Schmidt	Einkommensteuergesetz, Kommentar, 29. Aufl. 2010
Schwarz	Kommentar zur Abgabenordnung, 2001 (zit. Schwarz/*Bearbeiter*)
Sölch/Ringleb	Umsatzsteuer, Kommentar, 64. Aufl. 2010 (zit. Sölch/Ringleb/*Bearbeiter*)
sog.	sogenannt
st. Rspr.	ständige Rechtsprechung
str.	strittig
Tipke/Kruse	Abgabenordnung, Finanzgerichtsordnung, Loseblatt
Tz.	Teilziffer
USt	Umsatzsteuer
VA	Verwaltungsakt
Var.	Variante
vgl.	vergleiche
VIES	VAT Information Exchange System
VwGO	Verwaltungsgerichtsordnung
VwVfG	Verwaltungsverfahrensgesetz
VwZG	Verwaltungszustellungsgesetz
VZ	Veranlagungszeitraum
WM	Wertpapiermitteilungen
z.B.	zum Beispiel
ZEV	Zeitschrift für Erbrecht und Vermögensnachfolge
ZIP	Zeitschrift für Wirtschaftsrecht
ZNotP	Zeitschrift für die notarielle Praxis
ZVG	Zwangsvollstreckungsgesetz
zzgl.	zuzüglich

1. Teil. Abgabenordnung

1. Kapitel. Verfahrensgrundsätze, Bekanntgabe und Nebenleistungen

A. Einführung

I. Vorbemerkungen zum Verfahrensrecht

Die Abgabenordung (AO) ist das steuerrechtliche Verwaltungsverfahrensgesetz. Im Rahmen der allgemeinen Reform der öffentlich-rechtlichen Verfahrensgesetze löste sie 1977 die Reichsabgabenordnung von 1918 ab. Viele Normen sind identisch mit den bekannten Vorschriften aus dem Verwaltungsverfahrensgesetz (VwVfG). 1

Die AO unterscheidet sich aber vor allem dadurch von den übrigen Verfahrensgesetzen, dass sie für das Gros der Verwaltungsakte des Steuerrechts, die Steuerbescheide, einen besonderen Verfahrensteil beinhaltet. Dabei wurde vor allem dem Umstand Beachtung geschenkt, dass das Steuerrecht ein Massenverfahren ist. Für den einzelnen Bescheid bleibt daher wenig Zeit, was die Bearbeitung eines Verwaltungsakts fehleranfällig macht. Das Verfahren soll dabei einen gerechten Ausgleich zwischen Bestandsschutz und materieller Richtigkeit herstellen. 2

Grundsätzlich sind Verfahrensgesetze für den Bürger nicht notwendig, er kann auch ohne Verfahrensnorm agieren. Die Verwaltung wird aber durch das Verfahrensgesetz überhaupt erst in die Lage versetzt, ihre Exekutivaufgabe wahrzunehmen. Deshalb ist bei der juristischen Bearbeitung verfahrensrechtlicher Fragen primär auf die Funktionalität der Verwaltung abzustellen. Dass der Bürger gegen Verfahrenshandlungen aus Art. 19 Abs. 4 GG Rechtsschutz genießen muss, ist Reflex, nicht Inhalt des Verfahrensgesetzes. Eine Lösung, die ausschließlich auf den maximalen Verfahrensschutz des Bürgers abstellt, wird regelmäßig am Gesetzeszweck vorbeigehen. Die Funktionalität der Verwaltung und das Rechtsschutzinteresse des Einzelnen sind stets gegeneinander abzuwägen. 3

II. Allgemeine Verfahrensgrundsätze

1. Amtsermittlung und Mitwirkung

Als öffentlich-rechtliches Verfahren folgt auch die Besteuerung dem Untersuchungsgrundsatz. Der steuerrelevante Sachverhalt ist gemäß § 88 AO von Amts wegen zu ermitteln. Dabei bestimmt die Finanzbehörde Art und Umfang der Ermittlung selbst, § 88 Abs. 1 S. 2 und 3 AO; sie hat sowohl zugunsten wie auch zuungunsten des Steuerpflichtigen zu ermitteln, § 88 Abs. 2 AO. Darüber hinaus kann die Finanzbehörde auch Außenprüfungen gemäß den §§ 193 ff. AO durchführen. 4

Dieses Amtsermittlungsprinzip wird im Steuerrecht aber durch die Mitwirkungspflichten des Steuerpflichtigen in § 90 AO wesentlich ergänzt. Hinsichtlich der Einkommensteuer wird diese Mitwirkungspflicht in § 149 AO durch die Pflicht zur Abgabe einer Steuererklärung konkretisiert. Bei einer eindeutigen Steuererklärung kann das Finanzamt von deren Richtigkeit und Vollständigkeit ausgehen.[1] 5

Wer steuererklärungspflichtig ist, bestimmen gemäß § 149 Abs. 1 AO die Einzelsteuergesetze, im Fall der Einkommensteuer ist nach § 25 Abs. 3 S. 1 EStG der Steuerpflichtige, also die einzelne natürliche Person erklärungspflichtig. Allerdings schränkt § 46 EStG diese Pflicht wieder für einen großen Teil der Steuerpflichtigen ein, die nur Einkünfte aus nichtselbstständiger Arbeit 6

---

[1] BFH BStBl. II 2004, 911.

haben. In diesen Fällen findet, sofern keine Besonderheit vorliegt, eine Veranlagung nur auf Antrag statt.

7 Die Pflicht zur Abgabe einer Einkommensteuererklärung kann auch durch finanzbehördliche Aufforderung entstehen (§ 149 Abs. 1 S. 2 AO). Die Erklärungspflicht endet nicht deshalb, weil das Finanzamt die Besteuerungsgrundlagen schätzt, § 149 Abs. 1 S. 4 AO.[2] Die Erklärung ist gemäß § 150 Abs. 1 S. 1 AO »nach« amtlichen Vordruck (nicht: »auf« dem Vordruck!) abzugeben. Diese Verpflichtung erfüllt auch, wer eine Umsatzsteuervoranmeldung per Telefax an das Finanzamt versendet.[3] Die Einkommensteuererklärung kann allerdings nicht per Fax abgegeben werden, da sie gemäß § 25 Abs. 3 S. 4 EStG »eigenhändig« unterschrieben werden muss. Diese Erklärung muss daher körperlich beim Finanzamt eingehen.

8 Im Übrigen bestimmt sich die Mitwirkungspflicht nach den Umständen des Einzelfalls gemäß § 90 Abs. 1 S. 3 AO. Deshalb kann die Finanzbehörde immer verlangen, was notwendig, verhältnismäßig, erfüllbar und zumutbar ist.[4]

Für Auslandssachverhalte erhöht sich die Mitwirkungspflicht gemäß § 90 Abs. 2 AO; der Steuerpflichtige ist insoweit auch zur Beweisvorsorge verpflichtet.[5] § 90 Abs. 3 AO enthält darüber hinaus eine besondere Aufzeichnungspflicht für ausländische Geschäftsbeziehungen mit nahestehenden Personen. In den §§ 93 ff. AO sind die einzelnen Mitwirkungspflichten detailliert geregelt. § 200 AO konkretisiert die Mitwirkungspflicht für die Außenprüfung.

2. Mitwirkungspflichten Dritter und Auskunftsverweigerungsrechte

9 Die Mitwirkungspflicht beschränkt sich nicht nur auf den Steuerschuldner. Gemäß § 93 Abs. 1 AO sind auch »andere Personen« zur Auskunft verpflichtet. Die Heranziehung Dritter zur Auskunft steht aber nicht im Belieben der Behörde. § 93 Abs. 1 S. 3 AO bestimmt, dass ein Dritter nur nachrangig zur Auskunft herangezogen werden darf. Nur wenn die Heranziehung des Beteiligten »nicht zum Ziele führt oder keinen Erfolg verspricht«, erlaubt das Gesetz dem Finanzamt an Dritte heranzutreten.[6] § 30a AO schränkt den Ermittlungsbereich gegenüber Kreditinstituten erheblich ein. Selbst in einem Steuerstrafverfahren dürfen Auskünfte bei Banken nur als letztes Mittel eingesetzt werden, § 30a Abs. 5 S. 2 AO.

10 Die §§ 101–103 AO gewähren qualifizierten Dritten zudem Auskunftsverweigerungsrechte.

- Angehörigen steht nach § 101 AO ein Auskunftsverweigerungsrecht zu. Dabei ist aber zu beachten, dass etwa Eltern für ihre minderjährigen Kinder nach § 34 AO deren Erklärungspflichten zu erfüllen haben. Insoweit haben sie genausowenig ein Auskunftsverweigerungsrecht, als der Ehegatte bei einer Zusammenveranlagung.
- § 102 AO gewährt Geistlichen (Nr. 1), Abgeordneten (Nr. 2), geheimnisverpflichteten Berufsgruppen (Nr. 3) und Journalisten (Nr. 4) berufs- und mandatsbedingte Auskunftsverweigerungsrechte. Für die Nrn. 1–3 erweitert § 102 Abs. 2 AO das Auskunftsverweigerungsrecht auf deren Gehilfen und Auszubildende. Das Auskunftsverweigerungsrecht der Berufsgruppen der Nr. 3 erlischt gemäß § 102 Abs. 3 AO, wenn sie von der Verschwiegenheitspflicht befreit werden.
- Wer nicht als Beteiligter oder für einen Beteiligten auskunftspflichtig ist, kann gemäß § 103 AO die Auskunft verweigern, wenn er sich oder einen Angehörigen dadurch in die Gefahr begibt, straf- oder bußgeldrechtlich verfolgt zu werden.

11 Das Verhältnis dieser berufsbedingten Geheimnispflichten zur Mitwirkungspflicht ist noch nicht abschließend geklärt. So hat der BFH den nach § 4 Abs. 5 Nr. 2 EStG verlangten Angaben Vorrang vor den Auskunftsverweigerungsrechten sowohl eines Journalisten nach § 102 Abs. 1 Nr. 4 AO[7]

---

2 Zur Frist siehe Rn. 63.
3 BFH BStBl. II 2003, 45.
4 Klein/*Brockmeyer* § 90 Rn. 3; Schwarz/*Uterhark* § 90 Rn. 10; *Hübschmann/Hepp/Spitaler* § 90 Rn. 72 ff.
5 *Hübschmann/Hepp/Spitaler* § 90 Rn. 135 ff.; *Wittmann* StuW 1987, 35 (42).
6 Klein/*Brockmeyer* § 93 Rn. 9.
7 BFH BStBl. II 1998, 263.

als auch eines Rechtsanwalts nach § 102 Abs. 1 Nr. 3 AO gegeben,[8] die Verweigerung der Vorlage des Original-Postausgangsbuchs eines Steuerberaters wurde aber als durch § 102 Abs. 1 Nr. 3c AO gedeckt gesehen, weil die Namensangaben anderer Mandanten geschützt sind.[9] Das Aussageverweigerungsrecht führt nicht dazu, dass eine Tatsache als bewiesen gilt, nur weil der konkrete Nachweis zurecht verweigert wird. Es dürfen aus der Verweigerung des Nachweises keine negativen Folgen gezogen werden.

3. Das Steuergeheimnis

Das Steuergeheimnis ist das Gegenstück zu den umfangreichen und nahezu uneingeschränkten Mitwirkungs- und Offenbarungspflichten der Steuersubjekte im Rahmen der Veranlagung.[10] Die Steuerverwaltung erhält im Rahmen ihrer Tätigkeit eine ansonsten in dieser Größenordnung unbekannte Menge an personenbezogenen Daten. Um diese Daten zu schützen, stellt das Steuergeheimnis sicher, dass auch an andere Verwaltungen nur dann Daten weitergegeben werden, wenn dies ausdrücklich gesetzlich erlaubt ist.

12

Der Tatbestand der Verletzung des Steuergeheimnisses ist in § 30 Abs. 2 AO geregelt. Vom Steuergeheimnis umfasst sind nach § 30 Abs. 2 Nr. 1–3 AO

13

- Verhältnisse eines anderen (der Begriff des »anderen« ist dabei weit auszulegen; kein »anderer« ist der Ehegatte bei Zusammenveranlagung oder der Gesellschafter einer Personengesellschaft),
- fremde Geschäfts- und Betriebsgeheimnisse,
- sowie gespeicherte Daten,

wenn diese i.S.d. § 30 Abs. 1 Nr. 1a)–c) AO dienstlich erlangt wurden, also in einem Steuerverfahren, einem Steuerstrafverfahren, durch die Mitteilung einer Finanzbehörde oder der Vorlage eines Steuerbescheids oder einer Steuerbescheinigung. Auch »bei Gelegenheit« einer Amtshandlung erlangte Tatsachen sind dienstlich erlangt, nicht jedoch rein privat erlangte Kenntnisse.

Geeignete Täter können nach § 30 Abs. 1 AO nur Amtsträger (siehe § 7 AO) oder nach § 30 Abs. 3 AO diesen gleichgestellte Personen sein.

Die Tathandlung vollzieht sich durch ein unbefugtes Offenbaren oder Verwerten oder dem unbefugten Datenabruf. Offenbaren heißt dabei, Kenntnisse einem Dritten mündlich oder schriftlich weitergeben. Das kann auch durch Unterlassen (z.B. dem Herumliegenlassen von Akten) geschehen. Nicht offenbart aber werden kann, was der Dritte oder die Allgemeinheit schon wissen.

14

Ein »unbefugtes« Handeln wird grundsätzlich unterstellt, sofern sich keine gesetzliche Befugnis aus den Abs. 4–6 und den §§ 30a–31b AO ergibt. Das Gesetz sieht in folgenden Fällen eine Befugnis zur Offenbarung vor:

15

- Durchführung von Besteuerungs- oder steuerrechtlichen gerichtlichen (auch Bußgeld- und Straf-)Verfahren (§ 30 Abs. 4 Nr. 1 AO).
- Befugnis aus dem Gesetz (z.B. § 4 Abs. 5 Nr. 10 EStG), § 30 Abs. 4 Nr. 2 AO (kommentieren!).
- Zustimmung des Betroffenen (§ 30 Abs. 4 Nr. 3 AO).
- Durchführung außersteuerlicher Strafverfahren, § 30 Abs. 4 Nr. 4 AO, wenn die Tatsache im Steuerstrafverfahren bekannt geworden ist.
- Zwingendes öffentliches Interesse für die Offenbarung, § 30 Abs. 4 Nr. 5 AO. Hier gibt es im Gesetz drei Fallgruppen, die jedoch lediglich beispielhaft und nicht abschließend sind. Unter § 30 Abs. 4 Nr. 5b AO fällt das Gewerbeuntersagungsverfahren.[11]
- Zur Zulässigkeit des automatisierten Datenabrufs vgl. § 30 Abs. 6 AO.

---

8 BFH BStBl. II 2004, 502.
9 BFH BStBl. II 2002, 712.
10 Klein/*Rüsken* § 30 Rn. 1.
11 Eine Mitteilung über Zahlungsrückstände kann an das Gewerbeamt auch schon vor Bestandskraft des rückstandsverursachenden Bescheids ergehen (BFH BStBl. II 2003, 828).

Insbesondere § 30 Abs. 4 Nr. 4 AO enthält einen erhöhten Anreiz steuerlich ehrlicher zu sein, da bei einem Steuerstrafverfahren auch die nicht steuerrechtlichen Straftaten öffentlich werden.

4. Die Gläubigerbenennung nach § 160 AO

16 Grundsätzlich herrscht im Steuerrecht, wie auch in den meisten Teilen des übrigen Öffentlichen Rechts, das Amtsermittlungsprinzip (§ 88 AO). In Anbetracht der Tatsache, dass Steuerrecht Massenverwaltungsrecht ist und steuerliche Ausgaben regelmäßige janusköpfige Wirkung haben, weil sie für den Empfänger grundsätzlich zu steuerbaren Einnahmen werden, enthält § 160 AO (der sog. »Schmiergeldparagraph«) besondere Regelungen zur Benennung von Gläubigern und Zahlungsempfängern.[12]

17 Danach kann die Finanzbehörde auch dann, wenn eine Ausgabe und ihre Veranlassung glaubhaft gemacht oder bewiesen wurde, von einer Berücksichtigung absehen, wenn der Steuerpflichtige einem ausdrücklichen Verlangen auf Benennung nicht nachkommt.[13] Zweck der Vorschrift ist den Besteuerungsausfall beim Empfänger zu vermeiden. Sofern kein Besteuerungsausfall zu befürchten ist, weil die Gelder etwa an ausländische Empfänger ausgereicht wurden, ist nach herrschender Auffassung § 160 AO nicht anzuwenden.[14]

§ 160 Abs. 1 S. 2 AO stellt sicher, dass durch das Verlangen die Ermittlungsmöglichkeiten des Finanzamtes nicht beschnitten werden.

5. Beweislast

18 Da das Steuerverfahren nach dem Untersuchungsgrundsatz durchgeführt wird, gibt es konsequenterweise auch keine subjektive Beweislast des Steuerpflichtigen. Das heißt aber nicht, dass Beweislastprobleme steuerrechtlich unbeachtet bleiben können, da auch im Steuerverfahren Sachverhalte ganz oder teilweise ungeklärt bleiben können. In diesen Fällen entscheidet sich die Wertung nach der objektiven Beweislast (Feststellungslast), die jeweils die Partei trägt, die sich auf das Vorliegen der maßgeblichen, für sie steuerlich günstigen Tatbestandsvoraussetzungen beruft.[15]

objektive Beweislast	
Finanzamt	Steuerpflichtiger
steuer**begründende** oder steuer**erhöhende** Tatsachen z.B. Betriebseinnahmen	steuer**begünstigende** oder steuer**mindernde** Tatsachen z.B. Betriebsausgaben

Soweit die Finanzbehörde die Besteuerungsgrundlagen nicht ermitteln kann, muss sie diese gemäß § 162 AO schätzen.

6. Wirtschaftliches Eigentum und Gestaltungsmissbrauch

19 Die Besteuerung nach der Leistungsfähigkeit setzt an wirtschaftlichen Vorgängen an. Ob und wie sich wirtschaftlich das Leistungsvermögen des einzelnen Steuerpflichtigen ändert, bestimmt

---

12 *Hübschmann/Hepp/Spitaler* § 160 Rn. 1 ff.
13 *Jakob* AO, Rn. 199 ff.; Klein/*Rüsken* § 160 Rn. 1.
14 BFH BStBl. II 1983, 654; *Hübschmann/Hepp/Spitaler* § 160 Rn. 21.
15 *Helmschrott/Schaeberle/Scheel* S. 128 f.; *Jakob* AO, Rn. 211.

sich grundsätzlich nach zivilrechtlichen Gegebenheiten. So bestimmt § 39 Abs. 1 AO ausdrücklich, dass Wirtschaftsgüter auch steuerrechtlich dem Eigentümer zuzurechnen sind.

Davon gibt es aber nach § 39 Abs. 2 AO Ausnahmen. Wirtschaftsgüter sind etwa demjenigen zuzurechnen, der im Regelfall den zivilrechtlichen Eigentümer von der Einwirkung auf das Wirtschaftsgut ausschließen kann. Diese Person ist dann »wirtschaftlicher Eigentümer«. Das gilt auch für Fälle, in denen einem Nutzenden bei Beendigung der Nutzung ein Anspruch auf Entschädigung nach den §§ 951, 812 BGB zusteht. Die darin liegende »wirtschaftliche Betrachtungsweise«[16] zeigt sich auch in den §§ 40, 41 AO, wonach die zivilrechtliche Unwirksamkeit von Verträgen für die Besteuerung dann unbeachtlich bleibt, wenn sie wirtschaftlich nicht durchschlägt. 20

Schließlich regelt § 42 AO, dass zivilrechtlich zulässige Gestaltungsmöglichkeiten steuerrechtlich einen Missbrauch darstellen, wenn dadurch ein Steuergesetz umgangen wird. Maßgeblich ist dann eine den wirtschaftlichen Verhältnissen angemessene rechtliche Gestaltung. 21

Nach dem neu gestalteten § 42 Abs. 2 AO, der im Wesentlichen die bisherige Rechtsprechung wiedergibt, liegt ein Missbrauch dann vor, wenn eine unangemessene rechtliche Gestaltung gewählt wird, die zu einem gesetzlich nicht vorgesehenen Steuervorteil führt. Der Steuerpflichtige kann aber nachweisen, dass beachtliche außersteuerliche Gründe für die gewählte Gestaltung vorliegen. 22

Zu unterscheiden ist zwischen 23

- Steuergestaltung (ein noch angemessener wirtschaftlich vergleichbarer zivilrechtlicher Weg wird gewählt, der zu einer geringeren Steuerlast führt),
- Steuerumgehung (ein Fall des § 42 AO) und
- Steuerhinterziehung (dem Finanzamt werden steuerrechtlich relevante Daten nicht mitgeteilt).

Der erste Fall wird steuerlich anerkannt, der zweite Fall wird korrigiert, das dritte Verhalten führt nach Bekanntwerden zu einer Änderung der erlassenen Steuerbescheide und ist nach § 370 AO eine Straftat.

7. Akteneinsicht im außergerichtlichen und gerichtlichen Verfahren

Die Beteiligten haben im Besteuerungsverfahren einschließlich des außergerichtlichen Rechtsbehelfsverfahrens keinen Rechtsanspruch auf Akteneinsicht.[17] Sie können jedoch beanspruchen, dass über ihren Antrag nach pflichtgemäßem Ermessen entschieden wird.[18] 24

Der Beteiligte muss ein berechtigtes Interesse an der Akteneinsicht haben. Sein Begehren muss in einem unmittelbaren Zusammenhang mit dem Gegenstand des steuerlichen Verfahrens stehen. Ein anzuerkennender Grund ist auch der Beraterwechsel, wenn nur im Wege der Akteneinsicht Besteuerungsvorgänge nachvollzogen werden können. 25

Die Gewährung von Akteneinsicht ist Ausfluss des Anhörungsrechts der Beteiligten, § 91 Abs. 1 AO. Nach Abschluss des Verfahrens kann die Akteneinsicht daher abzulehnen sein, weil eine Anhörung nicht mehr in Betracht kommt. 26

Im finanzgerichtlichen Verfahren sind die Finanzgerichte gemäß § 78 FGO verpflichtet, in die von den Finanzbehörden nach § 86 Abs. 1 FGO vorgelegten Akten Einsicht zu gewähren, soweit dadurch nicht durch das Steuergeheimnis geschützte Verhältnisse offenbart würden. Dem Steuergeheimnis unterliegt grundsätzlich auch die Identität eines Informanten oder Anzeigeerstatters. Auch soweit es zulässig ist, dem Steuergeheimnis unterliegende Kenntnisse zu offenbaren, folgt daraus grundsätzlich keine Pflicht zur Preisgabe der Identität eines Informanten; es muss vielmehr unter Abwägung der gegenseitigen Interessen eine sachgerechte Ermessensentscheidung getroffen werden. Abzuwägen ist dabei zwischen den allgemeinen Persönlichkeitsrechten des Steuerpflichtigen und des Informanten und dem Zweck des Steuergeheimnisses, 27

---

16 *Kirchhof* präzisiert den Begriff als »steuerjuristische Betrachtungsweise« (*Kirchhof* EStG Einleitung Rn. 44).
17 BFH BStBl. II 2003, 790.
18 BFH BFH/NV 1996, 64.

möglichst vollständig Steuerquellen zu erschließen. Dieser Zweck kann es auch erfordern, die Auskunftsbereitschaft Dritter zu erhalten, sodass dem Informantenschutz dann ein höheres Gewicht als dem Persönlichkeitsrecht des Steuerpflichtigen zukommt, wenn sich die vertraulich mitgeteilten Informationen im Wesentlichen als zutreffend erweisen und zu Steuernachforderungen führen.

Nach § 86 Abs. 3 FGO gibt es eine originäre Zuständigkeit des BFH, wenn Behörden Vorlage- und Auskunftspflichten aus Gründen der »Staatsräson« verweigern (sog. »In-Camera-Verfahren«).

B. Steuerverwaltungsakte

I. Die Einteilung der Steuerverwaltungsakte

28 Steuerverwaltungsakte sind Verwaltungsakte, die in einem abgabenrechtlichen Verfahren ergehen. § 118 AO ist identisch mit § 35 VwVfG. Besonderheiten des Verwaltungsakts selbst gibt es im Steuerrecht nicht. Dafür gilt es in Anbetracht der besonderen Regelungen für Steuerbescheide in den §§ 155 ff. AO streng zu unterscheiden, auf welche Verwaltungsakte diese Sondervorschriften anzuwenden sind. Die Unterscheidung hat vor allem Bedeutung für die für Steuerbescheide und gleichgestellte Bescheide geltenden besonderen Korrekturmöglichkeiten.[19]

29 Zu unterscheiden sind daher die Steuerbescheide und gleichgestellten Bescheide gegenüber den sonstigen Steuerverwaltungsakten.

Steuerverwaltungsakte

STEUERBESCHEIDE oder GLEICHGESTELLTE BESCHEIDE
▽
Steuer wird festgesetzt
§§ 155 ff AO

GLEICHGESTELLT:
- Feststellungsbescheid § 181 Abs. 1 Satz 1 AO
- Steuermeßbescheid § 184 Abs. 1 Satz 3 AO

SONSTIGE STEUERVERWALTUNGSAKTE
▽
anderer Regelungsgehalt
§§ 118 ff AO

Die Gleichstellung muss dabei ausdrücklich im Gesetz geregelt sein, wie etwa in § 181 Abs. 1 S. 1 AO, der bestimmt, dass für die Feststellungsbescheide »die Vorschriften über die Durchführung der Besteuerung sinngemäß« gelten.

Steuerverwaltungsakte, die keine Steuerbescheide oder gleichgestellte Bescheide sind, werden als sonstige Verwaltungsakte bezeichnet.

---

19 *Helmschrott/Schaeberle/Scheel* S. 44; *Schwarz/Frotscher* § 118 Rn. 1; *Hübschmann/Hepp/Spitaler* vor § 155 Rn. 3.

II. Der Steuerbescheid

1. Die Definition des Steuerbescheids

a) Der Regelsteuerbescheid

§ 155 Abs. 1 S. 1 AO bestimmt, dass Steuern, soweit nichts anderes vorgeschrieben ist, durch Steuerbescheid festgesetzt werden. Daraus lässt sich ableiten, dass ein Steuerbescheid dann vorliegt, wenn eine Steuer festgesetzt wird. Sämtliche anderen Feststellungen sind folglich keine Steuerbescheide.

Dabei geht man im Steuerrecht davon aus, dass der Verwaltungsakt in der jeweils einzelnen Regelung zu sehen ist, also auch mehrere Verwaltungsakte auf einer Ausfertigung, d.h. in einer Urkunde enthalten sein können, deren jeweiliges Schicksal von den übrigen Regelungen unabhängig ist.

So besteht bei der Einkommensteuer der Steuerbescheid in der Regelung »die Einkommensteuer (Jahr) wird festgesetzt auf (Betrag)«, also der nach § 2 Abs. 6 EStG festzusetzenden Einkommensteuer. Weder die Anrechnung der Einkommensteuervorauszahlungen bzw. der Steuerabzüge nach § 36 Abs. 2 EStG noch die anschließende Abrechnung gemäß § 36 Abs. 4 EStG, die zu einer Zahllast oder Erstattung führt, setzen Steuern fest. Beide Regelungen sind daher sonstige Steuerverwaltungsakte, die unabhängig von der Steuerfestsetzung angegriffen und geändert werden können.

b) Die Sonderformen

Wie ein Steuerbescheid wird nach § 155 Abs. 1 S. 3 AO auch die Ablehnung einer Steuerfestsetzung behandelt. Eine Steuerfestsetzung kann zudem auch darin liegen, dass eine schon einmal festgesetzte Steuer geändert wird. Auch diese Änderung setzt eine Steuer nunmehr neu fest, sodass ein Steuerbescheid vorliegt.[20]

Ein Sonderfall des Steuerbescheids ist die Steueranmeldung. Steueranmeldungen sind gemäß § 150 Abs. 1 S. 2 AO Steuererklärungen mit der darüber hinaus gehenden Verpflichtung, die Steuer auch noch selbst auszurechnen. Dies ist insbesondere in der Umsatzsteuer- und bei der Lohnsteueranmeldung vorgesehen. Für Steueranmeldungen bestimmt § 167 Abs. 1 S. 1 AO, dass die Anmeldung bereits selbst als Steuerbescheid behandelt wird. Ein Handeln der Finanzbehörde ist nur notwendig, wenn die Anmeldung (bei der Umsatzsteuer) aufgrund der Erklärung eine Steuererstattung ergibt oder die Behörde von der in der Anmeldung erklärten Steuer abweichen will. Bei den Erstattungsfällen reicht eine Zustimmung, die formfrei etwa durch die Erstattung des Betrags erklärt werden kann.[21] Gemäß § 168 AO gilt die Steueranmeldung als Steuerbescheid, der unter dem Vorbehalt der Nachprüfung steht.

2. Form und Inhalt von Steuerbescheiden

Für Steuerbescheide regelt § 157 Abs. 1 AO die Form und den notwendigen Inhalt. Im Gegensatz zu § 118 Abs. 2 AO, der Steuerverwaltungsakte in jeder Form (»schriftlich, mündlich oder in anderer Weise«) zulässt, sind Steuerbescheide grundsätzlich schriftlich zu erlassen, § 157 Abs. 1 S. 1 AO. Andere zulässige Formen beschränken sich im wesentlichen auf die Verbrauchsteuern, etwa die Erhebung der Mineralöl- oder der Tabaksteuer.

Müssen Steueranmeldungen eigenhändig unterschrieben werden (z.B. die Jahresumsatzsteuererklärung gemäß § 18 Abs. 3 S. 3 UStG), ist die Unterschrift Wirksamkeitsvoraussetzung für § 168 S. 1 AO.[22] Ohne Unterschrift bleibt sie bloße Erklärung. In Erstattungsfällen wird dann aus der nach § 168 S. 2 AO notwendigen Zustimmung des Finanzamts ein Steuerbescheid.

Zudem schreibt § 157 Abs. 1 S. 2 AO den notwendigen Inhalt eines Steuerbescheids vor, nämlich

---

20 *Hübschmann/Hepp/Spitaler* § 155 Rn. 25 ff.
21 BFH BStBl. II 2003, 904.
22 BFH BStBl. II 2002, 642.

- Steuerart (nach h.M. inkl. Angabe des Veranlagungszeitraums)
- Steuerbetrag
- Steuerschuldner

Fehlt eine dieser Angaben, ist der Bescheid nichtig.[23] Soweit § 157 Abs. 1 S. 3 AO darüber hinaus fordert, dass schriftlich erteilten Steuerbescheiden eine Rechtsbehelfsbelehrung beizufügen ist, ergibt sich bereits aus dem Wortlaut (»beifügen«), dass die Belehrung selbst nicht Teil des Bescheids ist; ihr Fehlen macht den Bescheid daher niemals rechtswidrig.[24] Für einen Mangel oder das Fehlen der Rechtsbehelfsbelehrung sieht § 356 AO vielmehr als Rechtsfolge vor, dass sich die Rechtsbehelfsfrist auf ein Jahr verlängert. Nach der Rechtsprechung ist eine Rechtsbehelfsbelehrung auch bei einer schriftlichen Zustimmung zu einer Steueranmeldung notwendig.[25]

3. Änderungen und Nebenbestimmungen bei Steuerbescheiden

37 Für Steuerbescheide regeln die §§ 172 ff. AO eigene Voraussetzungen für deren Änderung. Diese Vorschriften sind noch eingehend zu besprechen. Zunächst ist nur auf § 172 Abs. 1 Nr. 2d AO einzugehen, der ausdrücklich die Anwendung der §§ 130, 131 AO auf Steuerbescheide untersagt.

38 Nebenbestimmungen kennt das Steuerverfahrensrecht dem Grunde nach ebenso wie das allgemeine Verwaltungsrecht, § 120 AO entspricht dem wortgleichen § 36 VwVfG. Da aber Steuerbescheide als gebundene Verwaltungsakte zu den Bescheiden gehören, auf die ein Anspruch besteht, sind Nebenbestimmungen bei ihnen nur dann möglich, sofern sie gesetzlich zugelassen werden.[26]

39 Bei Steuerbescheiden kommen nur zwei Nebenbestimmungen in Betracht
- der Vorbehalt der Nachprüfung nach § 164 AO
- die Vorläufigkeit der Steuerfestsetzung nach § 165 AO

40 Der Vorbehalt der Nachprüfung kennt als einzige Voraussetzung, dass der Fall nicht abschließend geprüft ist. Sinn und Zweck ist, dass das Massenverfahren der Besteuerung zügig durchgeführt werden und eine besondere Prüfung auf später verschoben werden kann. Insbesondere Fälle, die der Außenprüfung unterliegen, werden unter Vorbehalt veranlagt.

41 Die vorläufige Steuerfestsetzung kennt strengere Voraussetzungen, insbesondere bedarf es einer tatsächlichen Ungewissheit für die Steuerfestsetzung, die gemäß § 165 Abs. 1 S. 3 AO hinsichtlich des Umfangs der Ungewissheit konkretisiert sein muss.

Im Detail sind beide Vorschriften in Zusammenhang mit den Änderungsvorschriften zu besprechen.

4. Besonderheiten bei der Bekanntgabe

42 Ein Verwaltungsakt muss, um wirksam zu sein, nicht nur inhaltlich bestimmt und von einer sachlich zuständigen Behörde (i.d.R. das Finanzamt, § 17 Abs. 2 FVG) erlassen worden sein, sondern auch bekannt gegeben werden.[27] Nichts anderes bestimmt § 124 Abs. 1 AO, der der Regelung des § 43 VwVfG entspricht.

43 Dabei kann die Behörde den Bescheid gemäß § 122 Abs. 2 AO regelmäßig durch einfachen Brief bekanntgeben. Nach § 122 Abs. 5 AO wird nur dann zugestellt, wenn
- es gesetzlich bestimmt ist (derzeit keine examensrelevanten Fälle) oder
- es behördlich angeordnet wird (keine Ansprüche an die Anordnung stellen; wenn zugestellt wurde, liegt in der Art der Bekanntgabe auch die Anordnung hinsichtlich der Bekanntgabeform; die Anordnung muss nicht in der Akte dokumentiert werden).

---

23 Schwarz/*Frotscher* § 157 Rn. 3, 24 m.w.N.
24 Klein/*Rüsken* § 157 Rn. 14.
25 BFH BStBl. II 2003, 904.
26 *Helmschrott/Schaeberle/Scheel* S. 52.
27 Schwarz/*Frotscher* § 122 Rn. 10.

Die Bedeutung des Wortlauts »für den er bestimmt ist« bindet bereits in § 122 Abs. 1 AO die **44** handelnde Behörde hinsichtlich der Bekanntgabe. In einem Massenverfahren kommt aber der Frage, an wen ein Verwaltungsakt zu richten ist, besondere Bedeutung zu. Auch der Wortlaut des § 122 AO entspricht nicht vollständig dem Text der entsprechenden Regelung in § 41 VwVfG. Daneben hat sich aber im Steuerrecht eine sehr ausgeprägte Rechtsprechung für die Bekanntgabe von Steuerbescheiden entwickelt.[28]

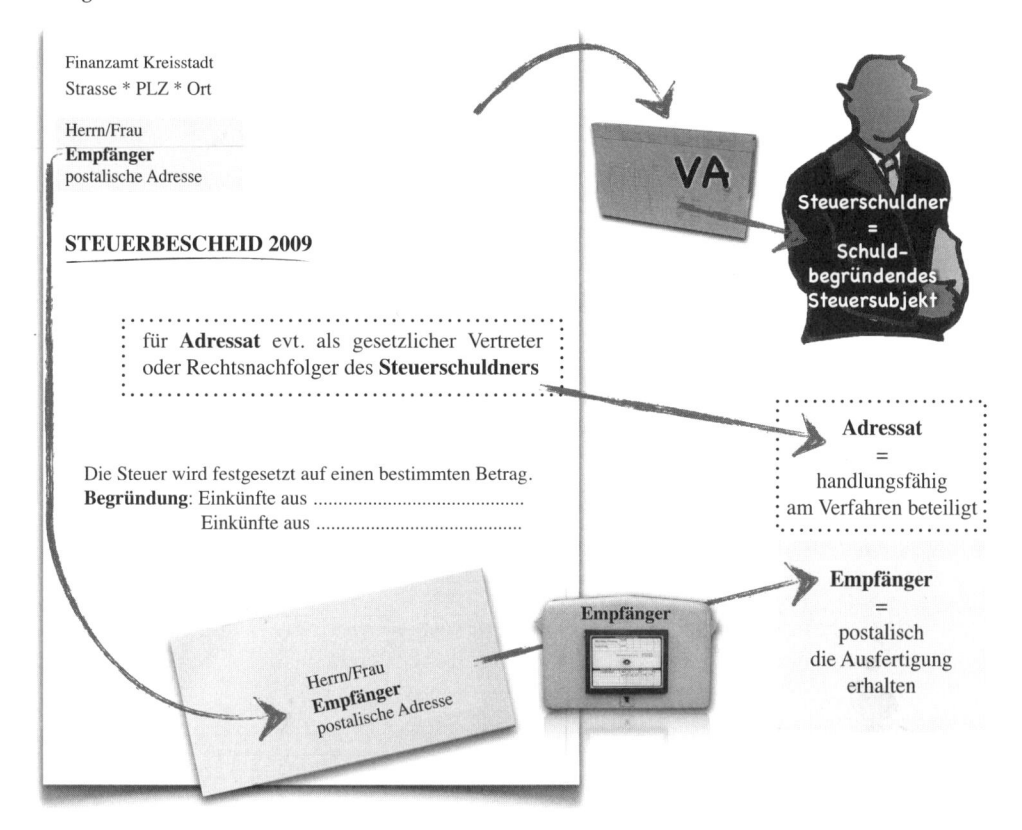

Danach ist zunächst zu unterscheiden zwischen **45**

- dem Steuerschuldner, § 43 AO, der das Steuerschuldverhältnis entstehen lässt (schuldbegründendes Steuersubjekt),
- dem Inhaltsadressaten (kurz oft nur Adressat genannt), der der handlungsfähige Beteiligte des Verfahrens ist gemäß der §§ 78, 79 AO und
- dem Übermittlungsempfänger (kurz oft nur Empfänger bezeichnet), dem der Bescheid postalisch übergeben werden soll.

Hierbei handelt es sich nicht stets um verschiedene Personen, sondern um verschiedene Funktionen, die von einer Person oder aber auch von unterschiedlichen Personen wahrgenommen werden können.

Der Inhaltsadressat ergibt sich aus der konkreten Bestimmung des Verwaltungsakts (Frage: »für **46** wen ergeht der Bescheid«). Fehler in der Adressierung führen zur Nichtigkeit des Steuerbescheids, § 125 Abs. 1 AO. Ein solcher zur Nichtigkeit führender Fehler ist aber nicht schon gegeben, wenn der Name falsch geschrieben ist, sondern nur wenn sich aus dem Bescheid heraus nicht ergibt, wer gemeint ist. Eine Adressierung an Herrn und Frau Josef Maier ist auch gegen Frau Maier richtig adressiert, weil man weiß, wer gemeint ist.[29]

---

28 Schwarz/*Frotscher* § 122 Rn. 15 ff.
29 *Jakob* AO, Rn. 306 ff.

47 Besonderheiten beim Adressaten sind vor allem zu beachten bei

- der gesetzlichen Vertretung, insbesondere bezüglich Eltern gegenüber ihren Kindern; die Vertretung ist im Bescheid kenntlich zu machen (»als gesetzliche Vertreter des ...«) und
- Erben; § 45 AO bestimmt, dass auch steuerrechtlich die Rechtsfolge des § 1922 BGB gezogen wird; die Stellung ist wieder anzugeben (»als Rechtsnachfolger des ...«).[30]

48 Ein Auseinanderfallen zwischen Empfänger und Adressaten ergibt sich insbesondere bei der Bevollmächtigung, d.h., wenn ein Steuerberater eingeschaltet ist. Der Empfänger steht ohne jegliche rechtliche Funktionsbezeichnung im Adressfeld. Es geht letztlich nur um die Frage, in welchen Briefkasten der Bescheid geworfen wird. Bei einem Auseinanderfallen von Adressat und Empfänger wird dies dadurch deutlich gemacht, dass der Adressat ausdrücklich bei der Bescheidsbezeichnung aufgeführt wird:

- »Einkommensteuerbescheid 2007 für Hans Müller«.

49 Der richtige Empfänger ist grundsätzlich im Wege der Ermessensausübung zu bestimmen. § 122 Abs. 1 S. 3 AO ist als reine »Kann«-Bestimmung formuliert ist und geht der »Soll«-Regelung der allgemeineren Regelung des § 80 Abs. 3 AO als speziellere Norm vor.

Nach derzeit herrschender Praxis, die durch die Rechtsprechung bestätigt wurde, reduziert sich aber bis auf extreme Ausnahmefälle (z.B. Adressat nicht im Inland oder dessen Wohnort unbekannt) das Ermessen auf die Fragestellung, ob eine ausdrückliche Empfangsvollmacht des Steuerberaters vorliegt (i.d.R. im Steuerformular als Feld vorgesehen: »Diesen Bescheid soll nicht ich erhalten, sondern ...«). Dann (und nur dann) weicht der Empfänger vom Adressaten ab. Hat der Bevollmächtigte lediglich an der Erstellung der Erklärung mitgewirkt, bleibt es bei der Übermittlung an den Adressaten.[31]

50 Wurde an den falschen Empfänger zugestellt, wird § 8 VwZG entsprechend angewandt. Es tritt wie bei der formstärkeren Form der Zustellung Heilung ein, wenn der richtige Empfänger den Bescheid tatsächlich erhält. Bis zu diesem Zeitpunkt liegt noch keine Bekanntgabe vor.

5. Die Bekanntgabe bei Zusammenveranlagung

51 Für den Fall der Zusammenveranlagung regeln die Abs. 3 und 5 des § 155 AO die Bekanntgabe. Maßgeblich für die Anwendung dieser Absätze ist das Vorliegen einer Gesamtschuldnerschaft; die Zusammenveranlagung ist in § 44 AO als Gesamtschuld definiert.

52 Bei der Zusammenveranlagung ist steuerrechtlich zu beachten, dass zwar § 26b EStG für die Ermittlung der Steuerschuld regelt, dass die Ehegatten »gemeinsam als ein Steuerpflichtiger« zu behandeln seien, diese Norm aber nur für die Höhe der Bemessungsgrundlage, nicht für die Steuerpflicht der Personen Bedeutung hat. Denn wer steuerpflichtig ist, bestimmt § 1 EStG. Bei der Zusammenveranlagung liegen also zwei Steuerpflichtige vor, an die bekanntzugeben ist.[32]

---

30 AEAO zu § 122, 2.3, 2.12.
31 *Schwarz/Frotscher* § 122 Rn. 24 ff.
32 *Kirchhof* § 26b EStG Rn. 13.

B. Steuerverwaltungsakte

Bekanntgabe bei Zusammenveranlagung nach § 26b EStG

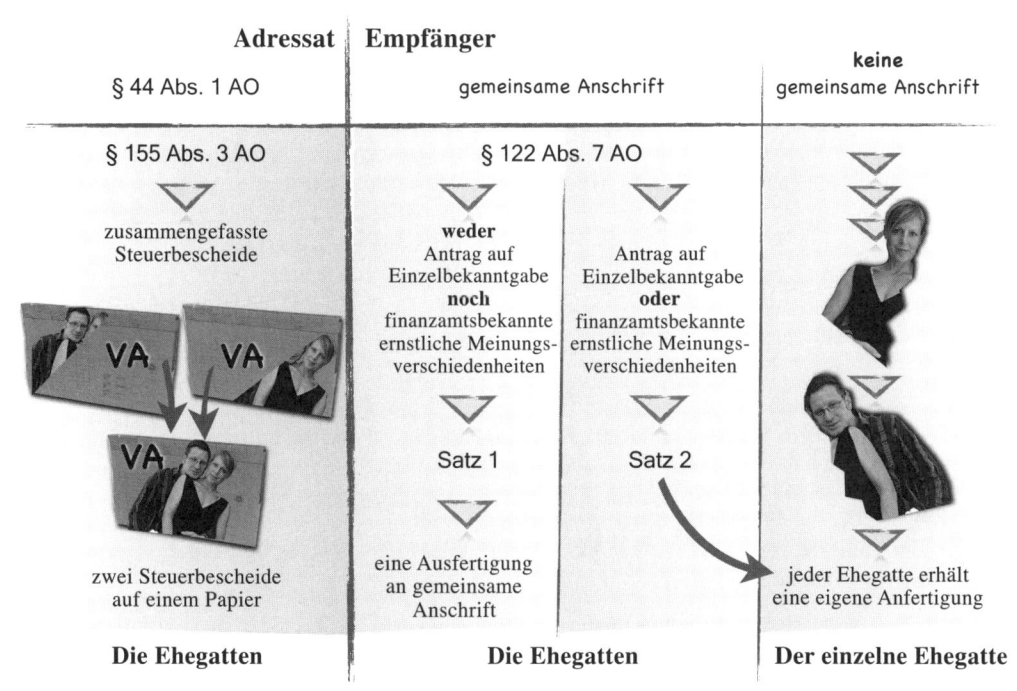

Adressat	Empfänger	
§ 44 Abs. 1 AO	gemeinsame Anschrift	**keine** gemeinsame Anschrift
§ 155 Abs. 3 AO	§ 122 Abs. 7 AO	
▽	▽	▽
zusammengefasste Steuerbescheide	**weder** Antrag auf Einzelbekanntgabe **noch** finanzamtsbekannte ernstliche Meinungsverschiedenheiten	Antrag auf Einzelbekanntgabe **oder** finanzamtsbekannte ernstliche Meinungsverschiedenheiten
	▽	▽
	Satz 1	Satz 2
	▽	
zwei Steuerbescheide auf einem Papier	eine Ausfertigung an gemeinsame Anschrift	jeder Ehegatte erhält eine eigene Anfertigung
Die Ehegatten	**Die Ehegatten**	**Der einzelne Ehegatte**

Deshalb sind zwei Steuerbescheide an zwei verschiedene Steuerpflichtige zu adressieren. § 155 Abs. 3 AO, der ausschließlich die Bestimmung des Inhaltsadressaten zum Gegenstand hat, lässt aber zu, dass beide Steuerbescheide auf einer Ausfertigung zusammengefasst werden (sog. zusammengefasste Steuerbescheide).

Die Adressierung lautet dann

- »für die Ehegatten Herrn A und Frau B«.

Die Übermittlung dieser zusammengefassten Bescheide wäre nun grundsätzlich wieder an jeden Ehegatten einzeln durchzuführen. Eine Vereinfachung gegenüber der Einzelübermittlung regelt § 122 Abs. 7 AO. Danach muss nur eine Ausfertigung der zusammengefassten Bescheide an die gemeinsame Adresse übermittelt werden, die Ehegatten erhalten also gemeinsam einen Brief des Finanzamtes. Voraussetzung dafür ist eine gemeinsame Adresse der Ehegatten. 53

§ 122 Abs. 7 S. 2 AO sieht von dieser vereinfachten Übermittlung ab, wenn 54

- die Ehegatten zwei Ausfertigungen beantragen oder
- dem Finanzamt bekannt ist, dass zwischen ihnen – trotz gemeinsamer Adresse (sonst ist schon Satz 1 nicht erfüllt) – ernsthafte Meinungsverschiedenheiten bestehen.

Zu beachten bleibt, dass § 122 Abs. 7 AO nur die Übermittlung betrifft, d.h., dass auch bei einer Einzelübermittlung die Adressierung »für die Ehegatten« unverändert bleibt.

III. Sonstige Steuerverwaltungsakte

1. Verwaltungsakte und andere Maßnahmen

Für die sonstigen Steuerverwaltungsakte gelten grundsätzlich keine Besonderheiten gegenüber dem allgemeinen Verwaltungsverfahren. Regelmäßig ist die Frage, ob ein Verwaltungsakt vorliegt, unproblematisch zu beantworten. Deshalb soll hier nur erwähnt werden, was nicht als Verwaltungsakt behandelt wird. 55

56 Kein Verwaltungsakt ist:

- Das Empfängerverlangen nach § 160 AO; die unmittelbare Rechtswirkung tritt erst ein, wenn der entsprechende Steuerbescheid erlassen wird. Insoweit liegt nur die Vorbereitung eines Steuerbescheids vor.
- Die Niederschlagung nach § 261 AO; das endgültige Absehen von der Durchführung weiterer Vollstreckungsmaßnahmen ist nur ein Verwaltungsinternum ohne Außenwirkung.
- Die Aufrechnung nach § 226 AO, da die Behörde insoweit nicht hoheitlich tätig ist. Es handelt sich um eine verwaltungsrechtliche Willenserklärung, die zum Erlöschen von Steueransprüchen führen kann. Streitigkeiten über die Erlöschensfolgen werden nach § 218 Abs. 2 AO entschieden. Diese Entscheidung ist dann wieder ein Verwaltungsakt.

2. Überblick über die steuerlichen Nebenleistungen

57 § 3 Abs. 3 AO definiert den Begriff der steuerlichen Nebenleistung enumerativ. Dazu gehören

- der Verspätungszuschlag, § 152 AO,
- die Zinsen, §§ 233–237 AO,
- die Säumniszuschläge, § 240 AO,
- Zwangsgelder, § 329 AO,
- Verzögerungsgelder, § 146 Abs. 2b AO und Zuschläge i.S.d. § 162 Abs. 4 AO,
- Kosten (§§ 178 und 337–345 AO) und Zinsen i.S.d. Zollkodex.

Steuerliche Nebenleistungen fallen in unterschiedlichen Abschnitten des Besteuerungsverfahrens an. Zunächst entsteht ein Steueranspruch und begründet dadurch in der Regel eine Steuererklärungspflicht. Anschließend wird dieser Anspruch durch Steuerbescheid festgesetzt und bekanntgegeben. Schließlich gilt es, diesen Steuerbetrag zu erheben. Zwangsgeld, Verspätungszuschlag und Säumniszuschläge fallen nicht nur, aber typischerweise in bestimmten Abschnitten der Besteuerung an.

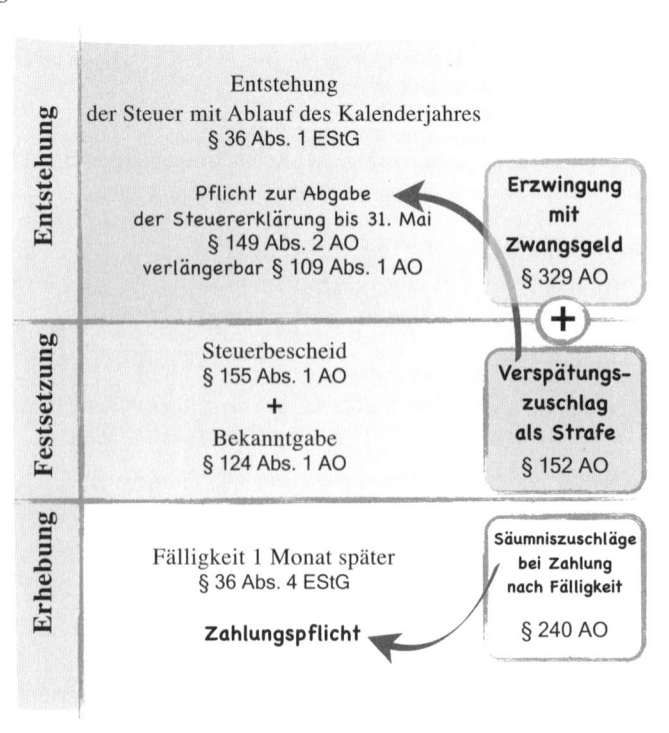

Entstehung	Entstehung der Steuer mit Ablauf des Kalenderjahres § 36 Abs. 1 EStG	
	Pflicht zur Abgabe der Steuererklärung bis 31. Mai § 149 Abs. 2 AO verlängerbar § 109 Abs. 1 AO	Erzwingung mit Zwangsgeld § 329 AO
Festsetzung	Steuerbescheid § 155 Abs. 1 AO + Bekanntgabe § 124 Abs. 1 AO	Verspätungszuschlag als Strafe § 152 AO
Erhebung	Fälligkeit 1 Monat später § 36 Abs. 4 EStG **Zahlungspflicht**	Säumniszuschläge bei Zahlung nach Fälligkeit § 240 AO

3. Das Zwangsgeld

58 Das Zwangsgeld nach § 329 AO ist eine Regelung im Rahmen der Vollstreckung wegen anderer Leistungen als Geld. Nach dem Gesetz ist es das einzige Mittel, den Steuerpflichtigen zur Abgabe der Steuererklärung zu zwingen.

B. Steuerverwaltungsakte

Voraussetzung für die Festsetzung ist ein vollstreckbarer Verwaltungsakt, regelmäßig die Aufforderung des Finanzamts zur Abgabe der Steuererklärung (ggf. auch gemäß § 149 Abs. 1 S. 3 AO im Wege der öffentlichen Bekanntmachung).[33] Ansonsten begnügt sich § 329 AO mit der Regelung, dass das Zwangsgeld den Betrag von 25.000 € nicht übersteigen darf. 59

Als Zwangsmittel ist es aber gemäß § 332 AO vorher schriftlich anzudrohen. Die Androhung muss konkret für jede vorzunehmende Handlung einzeln erfolgen, ansonsten ist die Androhung nichtig (niemand weiß, was passiert, wenn 200 € Zwangsgeld für die Abgabe der Umsatzsteuer- und Einkommensteuererklärung angedroht werden, aber nur die Einkommensteuererklärung abgegeben wird). Allerdings können mehrere – deutlich hinsichtlich der zu erfüllenden Pflichten getrennte – Zwangsmittelandrohungen in einem Schriftstück ergehen.[34] Wird aufgrund einer nichtigen Androhung festgesetzt, ist die Festsetzung des Zwangsgeldes allerdings nur schlicht rechtswidrig, weil ihr eben eine Tatbestandsvoraussetzung fehlt.[35] 60

Nach Ablauf der Frist kann das Zwangsgeld festgesetzt werden. Zudem wird das angedrohte Zwangsmittel bereits mit Ablauf der Androhungsfrist als erfolglos angesehen, sodass gemäß § 332 Abs. 3 AO gleichzeitig mit der Festsetzung des Zwangsgeldes ein neues (höheres) Zwangsgeld angedroht werden kann. 61

§ 335 AO sieht vor, dass mit Erfüllung der begehrten Verpflichtung der Vollzug, inkl. der Eintreibung bestandskräftiger Zwangsgelder, einzustellen ist. Nach Erfüllung der Verpflichtung gezahlte Zwangsgelder werden daher wieder erstattet. 62

4. Der Verspätungszuschlag

Der Verspätungszuschlag dient nach dem Wortlaut des § 152 Abs. 2 S. 2 AO »dem Zweck, den Steuerpflichtigen zur rechtzeitigen Abgabe der Steuererklärung anzuhalten.« Diesen Zweck kann er aber schon deshalb nicht mehr erreichen, weil Tatbestandsvoraussetzung der Norm die nicht oder nicht fristgemäß erfolgte Abgabe der Steuererklärung ist. Es handelt sich deshalb eher um eine das Ermittlungsverfahren begleitende Strafmaßnahme.[36] Sie wird regelmäßig mit dem Steuerbescheid festgesetzt (§ 152 Abs. 3 AO). 63

Die Tatbestandsvoraussetzungen reduzieren sich auf 64

- die verspätete Abgabe der Steuererklärung; ist die Verpflichtung nach Gesetz unstrittig, etwa bei unbeschränkt Steuerpflichtigen hinsichtlich der Einkommensteuer gemäß § 149 Abs. 1 S. 1 AO i.V.m. § 25 Abs. 3 S. 1 EStG, ist die Abgabefrist gemäß § 149 Abs. 2 S. 1 AO der 31. Mai des jeweiligen Folgejahres. Diese Frist kann aber jederzeit gemäß § 109 Abs. 1 AO verlängert werden. Dies ist sowohl konkludent, etwa durch Aufforderung die Steuererklärung bis zu einem anderen Termin spätestens abzugeben, als auch rückwirkend gemäß § 109 Abs. 1 S. 2 AO möglich.
- Das Versäumnis darf nicht entschuldbar sein. Maßgebend sind dabei die individuellen Verhältnisse des Steuerpflichtigen. Bei wiederholt verspäteter Abgabe und insbesondere bei der Nichteinhaltung einer Fristverlängerung nach § 109 Abs. 1 AO liegt ein Verschulden des Steuerpflichtigen grundsätzlich vor. Die vielfach vorgetragene Arbeitsüberlastung bezeichnet der BFH als Zeichen der Zeit, nicht als Entschuldigungsgrund.

Rechtsfolge ist, dass der Verspätungszuschlag nach Ermessen festgesetzt werden kann. Dabei gilt gemäß § 152 Abs. 2 S. 1 AO, dass neben der absoluten Obergrenze von 25.000 € der Verspätungszuschlag höchstens 10 % der festgesetzten Steuer (nicht des Nachzahlungsbetrags) betragen darf. 65

§ 152 Abs. 2 S. 2 AO stellt klar, welche Ermessenserwägungen die Höhe des Zuschlags bestimmen dürfen. Die Prüfung dieses Ermessens ist in der Klausur nicht abprüfbar. Deshalb genügt es zu wissen, dass das Argument, es hätte sich bei der Steuerfestsetzung eine Erstattung ergeben, 66

---

33 Zur Bekanntgabe siehe § 122 Abs. 3 und 4 AO.
34 BFH BFH/NV 2004, 159; a.A. Klein/*Brockmeyer* § 332 Rn. 4.
35 Klein/*Brockmeyer* § 332 Rn. 4.
36 *Hübschmann/Hepp/Spitaler* § 152 Rn. 3 m.w.N.

nicht ausreicht, einen Verspätungszuschlag abzuwehren. Nach Auffassung der Rechtsprechung sind alle Ermessensgründe gleichwertig; der Zinsvorteil verdrängt nicht die übrigen Kriterien.[37]

Ob das Finanzamt seinerseits rechtzeitig die verspätet abgegebene Erklärung bearbeitet hat, ist weder für die Tatbestandsmäßigkeit noch für die Ermessensausübung von Bedeutung.[38]

5. Der Säumniszuschlag

67 Der Säumniszuschlag nach § 240 AO ist Teil der Steuererhebung und setzt eine fällige Steuer voraus.

Die Fälligkeit einer Steuer bestimmt sich nach § 220 AO, der seinerseits in Abs. 1 in die besonderen Steuergesetze verweist, für die Einkommensteuer etwa hinsichtlich der Abschlusszahlung auf § 36 Abs. 4 EStG, der bestimmt, dass sie einen Monat nach Bekanntgabe fällig ist, für die Einkommensteuervorauszahlungen auf § 37 Abs. 1 EStG, der vier Termine für die Zahlung benennt.

68 Die Säumniszuschläge selbst werden nach § 220 Abs. 2 S. 1 AO mit Entstehung fällig, da gemäß § 254 Abs. 2 AO für Säumniszuschläge kein Leistungsgebot notwendig ist. Die Fälligkeit kann durch die Verfügung einer Stundung nach § 222 AO hinausgeschoben werden.

69 Wurde eine fällige Steuer (kein Verspätungszuschlag für steuerlichen Nebenleistungen, § 240 Abs. 2 AO) nicht bezahlt, erschöpft sich der Tatbestand in der Frage, ob die Schonfrist des § 240 Abs. 3 AO schon abgelaufen ist.

Diese beträgt drei Tage und ist weder verlängerbar noch wiedereinsetzungsfähig. Zudem gilt sie nicht für Zahlungen mit Bargeld oder Schecks gemäß § 240 Abs. 3 S. 2 AO. Auf ein Verschulden kommt es beim Säumniszuschlag nicht an. Ist der Steuerpflichtige aber überschuldet oder zahlungsunfähig, ist die Festsetzung eines Säumniszuschlags unbillig, da die Ausübung von Druck zur Zahlung in diesen Fällen ihren Sinn verliert.[39]

70 Rechtsfolge ist ein Zuschlag von 1 % des auf 50 € abgerundeten fälligen Betrags pro angefangenen Monat. Das entspricht einem Jahreszins von 12 %, der aber zu keinen Zinseszinsen führt, da auf Säumniszuschläge gemäß § 240 Abs. 2 AO keine Säumniszuschläge entstehen.

6. Zinsen, Kosten, Verzögerungsgelder und Zuschläge

71 Zinsen entstehen gemäß § 233 AO nur, soweit dies gesetzlich vorgeschrieben ist. Sie fallen gemäß § 238 AO nur für volle Monate an und betragen ein halbes Prozent des auf volle 50 € abgerundeten Betrags. Sie müssen gemäß § 239 Abs. 1 AO im Gegensatz zu Säumniszuschlägen förmlich festgesetzt werden. Ein Zinsbetrag unter 10 € wird nicht festgesetzt, § 239 Abs. 2 AO.

72 Die fünf Fälle der Verzinsung sind:
- Allgemeine Steuerzinsen, § 233a AO, die 15 Monate nach Ablauf des maßgeblichen Veranlagungszeitraums entstehen (bei Änderungen aufgrund eines rückwirkenden Ereignisses 15 Monate nach Ablauf des Kalenderjahres, in dem das rückwirkende Ereignis eingetreten ist, Abs. 2a); § 233a AO kann auch zu einer Zinserstattung führen, gemäß § 233a Abs. 3 S. 3 AO allerdings höchstens bis zur Höhe des erstatteten Betrags. Ist der ursprüngliche Steuerbescheid innerhalb der Karenzzeit ergangen ist, sind nach einer Änderung der Steuerfestsetzung Zinsen auf der Grundlage des Unterschieds zwischen dem neuen und dem früheren Soll gemäß § 233a Abs. 5 S. 2 AO zu berechnen.[40] Freiwillige (Voraus-)Zahlungen werden für deren Berechnung nicht beachtet.[41] Die Zinsen werden auf die Stundungszinsen (§ 234 Abs. 3 AO), Zinsen für hinterzogene Steuern (§ 235 Abs. 4 AO) und Prozesszinsen (§ 236 Abs. 4 AO) angerechnet. Die Verzinsung nach § 233a AO ist auch bei jeder Änderung oder Berichtigung des Steuerbescheids anzupassen.
- Stundungszinsen, § 234 AO.

---

37 *Hübschmann/Hepp/Spitaler* § 152 Rn. 26, 32 m.w.N.
38 BFH BStBl. II 2002, 679.
39 BFH BStBl. II 2003, 901.
40 BFH BStBl. II 2005, 735.
41 BFH BStBl. II 2003, 112.

- Zinsen für hinterzogene Steuern, § 235 AO; eine strafbefreiende Selbstanzeige nach § 371 AO befreit nicht von der Verzinsung.
- Prozesszinsen auf Erstattungsbeträge, § 236 AO; diese Zinsen fallen nur zugunsten des Steuerpflichtigen an.
- Zinsen bei Aussetzung der Vollziehung, § 237 AO; diese Zinsen ersetzen (zur Hälfte) Säumniszuschläge, die aufgrund der ausgesetzten Fälligkeit nicht entstehen.

Was Kosten sind, bedarf keiner ausführlichen Erklärung. Es ist allenfalls erwähnenswert, dass das Steuerverfahren grundsätzlich einschließlich des Rechtsbehelfsverfahrens kostenfrei ist. Gebühren werden derzeit für verbindliche Auskünfte gemäß § 89 Abs. 3–5 AO erhoben.

Verzögerungsgelder (§ 146 Abs. 2 AO) und Zuschläge i.S.d. § 162 Abs. 4 AO sind nicht klausurrelevant.

2. Kapitel. Steueransprüche, Verjährung und Rechtsbehelfsverfahren

A. Das Entstehen und Erlöschen von Steueransprüchen

I. Das Entstehen von Steueransprüchen

1. Der Entstehungszeitpunkt

73 Gemäß § 38 AO entsteht der Steueranspruch mit der Verwirklichung des Steuertatbestands, an den das jeweilige Steuergesetz die Leistungspflicht knüpft.

Die Entstehung ermittelt sich daher immer nach dem speziellen Steuergesetz. So entsteht die Einkommensteuer gemäß § 36 Abs. 1 EStG mit Ablauf des Veranlagungszeitraums, die Lohnsteuer gemäß § 38 Abs. 2 S. 2 EStG mit Zufluss des Arbeitslohns beim Arbeitnehmer. Steuerschulden entstehen regelmäßig unabhängig von der Steuerfestsetzung.

Anders ist dies bei steuerlichen Nebenleistungen. Diese entstehen regelmäßig erst mit Festsetzung. Dies gilt nicht für Säumniszuschläge, die bereits kraft Gesetz mit jedem Monatsbeginn der Säumnis entstehen.

2. Die Bedeutung des Entstehens

74 Dem Entstehen einer steuerlichen Schuld kommt sehr unterschiedliche Bedeutung zu. So greift der Zinslauf des § 233a AO nach dessen Abs. 2 auf die Entstehung der Steuer zu, § 220 Abs. 2 S. 1 AO nimmt den Entstehungszeitpunkt hilfsweise als Fälligkeitstermin und eine wirksame Abtretung eines Erstattungsanspruchs setzt nach § 46 Abs. 2 AO voraus, dass sie erst nach der Entstehung des Erstattungsanspruchs angezeigt wird.

3. Die Abtretung nach § 46 AO

75 § 46 AO erweitert für Steuererstattungsansprüche den in § 398 BGB geregelten Tatbestand der Forderungsübertragung. So ist die formgerechte Abtretungsanzeige gemäß § 46 Abs. 2 und 3 AO materielle Wirksamkeitsvoraussetzung und Tatbestandsmerkmal der Abtretung eines Steuererstattungsanspruchs, ohne die eine rechtswirksame Abtretung nicht nur gegenüber dem Steuergläubiger, sondern auch im Verhältnis zwischen Abtretendem und Abtretungsempfänger nicht vorliegt.[42] Eine vor Entstehung eingereichte Abtretungsanzeige bleibt auch dann unwirksam, wenn der Anspruch später entsteht. Höchstrichterliche Entscheidungen zum Entstehungszeitpunkt betreffen regelmäßig Abtretungsfälle. Dabei sind die sonstigen hohen formalen Ansprüche meist erfüllt. Gleichwohl handelt es sich bei diesem Erfordernis lediglich um die Anzeige der Abtretung, nicht aber um die Abtretung selbst.[43] Zu beachten ist zudem, dass nach § 46 Abs. 4 AO der geschäftsmäßige Erwerb unzulässig ist. Geschäftsmäßig i.S.d. § 46 Abs. 4 AO handelt, wer selbstständig und mit der Absicht, sie zu wiederholen, Forderungen erwirbt.

4. Erstattungsansprüche und deren Abtretung

76 Dem Steuerpflichtigen steht eine Erstattung der (voraus-)gezahlten Steuern zu, wenn der Steueranspruch nicht oder nicht in der vorausgezahlten Höhe besteht (§ 37 Abs. 2 AO); die Regelung setzt voraus, dass die Steuer oder steuerliche Nebenleistung »ohne rechtlichen Grund« geleistet wurde. Strittig ist, wann der rechtliche Grund im Sinne dieser Vorschrift fehlt.

77 Denn für die (voraus-)gezahlten Beträge liegt regelmäßig ein Steuerverwaltungsakt vor, der die Zahlungspflicht bestimmt. Erst durch die Aufhebung, Änderung oder Ersetzung dieses Be-

---

[42] Gestattet ist dies nur Bankunternehmen zur Sicherung abgetretener Ansprüche (BFH BStBl. II 1996, 557).
[43] BFH BStBl. II 2006, 348.

scheids liegen auch die formalen Voraussetzungen für eine Erstattung vor. Die »formelle Rechtsgrundtheorie« nimmt daher an, dass der Erstattungsanspruch erst mit dem festsetzenden Bescheid entsteht.[44]

Demgegenüber stützt sich die »materielle Rechtsgrundtheorie« unmittelbar auf § 38 AO. Wenn der Anspruch aus dem Steuerschuldverhältnis unmittelbar mit der Verwirklichung des Tatbestands entsteht, entsteht auch schon in diesem Moment der Erstattungsanspruch, falls der entstandene Steueranspruch die Vorauszahlungsbeträge unterschreitet.[45]

78

Für die Erstattung von Steuervorauszahlungen gilt nach Auffassung der Rechtsprechung und Verwaltung die materielle Rechtsgrundtheorie.[46] Deshalb können schon mit Ablauf des Kalenderjahrs Erstattungsansprüche abgetreten werden (bei Erstattungsansprüchen aufgrund eines Verlustrücktrags mit Ablauf des Verlustentstehungsjahres), da sonst eine Abtretung von Steuererstattungsansprüchen faktisch unmöglich wäre.

79

Die Entstehung der Zinsen nach § 233a AO ist nicht ausdrücklich geregelt. Zur Tatbestandsverwirklichung gehört aber auch, dass die festgesetzte Steuer niedriger als die anzurechnenden Beträge ist. Notwendig für das Entstehen ist deshalb eine Festsetzung der Steuer. Die Zinsen entstehen erst mit dem Steuerbescheid.[47] Das Problem, dass die Zinsen nach § 233a AO deshalb faktisch nicht abgetreten werden können, wurde vom Gesetzgeber erkannt und nicht gelöst. Das Ergebnis ist daher weder von der Rechtsprechung noch von der Verwaltung durch anderweitige Auslegung korrigierbar.

80

II. Das Erlöschen von Steueransprüchen

1. Übersicht

§ 47 AO nennt die wesentlichen Gründe für das Erlöschen eines Steueranspruchs. Die Aufzählung ist nicht abschließend (»insbesondere«). Sie enthält

81

- die Zahlung, §§ 224, 224a, 225 AO,
- die Aufrechnung, § 226 AO,
- den Erlass, §§ 163, 227 AO,
- die Verjährung §§ 169–171, §§ 228–232 AO.

Zur Zahlung soll als Hinweis genügen, dass in § 224 Abs. 2 AO der Zeitpunkt des Zuflusses für den Zahlungseingang normiert wurde und in § 225 Abs. 1 AO die Reihenfolge der Tilgung grundsätzlich vom Schuldner bestimmt werden kann. In Abs. 2 S. 1 ist eine gesetzliche Reihenfolge der Tilgung bei fehlender Bestimmung geregelt, die letztlich eine Rangfolge für den wirtschaftlich günstigsten Tilgungsplan darstellt.

Die Aufrechnung in § 226 AO verweist im Wesentlichen auf das BGB.

2. Die Verjährung

Die Verjährung ist entgegen der zivilrechtlichen Wertung keine Einrede, sondern ein Erlöschensgrund. Eine solche Einrede ergäbe im Steuerrecht wenig Sinn, da niemand auf diese Einrede verzichten wollte und zudem die Behörden gemäß § 89 AO verpflichtet wären, die Steuerpflichtigen auf die Verjährung hinzuweisen. Die Behandlung als Erlöschensgrund ist daher sachgerecht.

82

Sie ist an zwei unterschiedlichen Stellen geregelt.

Diese Aufteilung der Verjährungsregeln ergibt sich daraus, dass Steueransprüche zunächst festgesetzt werden müssen, ehe sie anschließend erhoben werden. Deshalb kann die Verjährung sowohl auf der Ebene der Steuerfestsetzung eintreten (sog. Festsetzungsverjährung) als auch im Rahmen der Steuererhebung (sog. Zahlungsverjährung).

83

---

44 Krit. Klein/*Brockmeyer/Ratschow* § 38 Rn. 4.
45 *Helmschrott/Schaeberle/Scheel* S. 21/2230.
46 BFH BStBl. II 1990, 523; AEAO zu § 46 Tz. 1 Sätze 2 und 3.
47 BFH BStBl. II 2002, 677; Bestätigung von AEAO zu § 46 Tz. 1 Satz 6.

a) Die Festsetzungsverjährung

84 Die Festsetzungsverjährung ist in den §§ 169–171 AO geregelt. Sie gilt nur für Steuerbescheide und für gleichgestellte Bescheide, da sie nur im Sonderregelungsbereich für Steuerbescheide (§§ 155–178 AO) geregelt ist.

Kalenderjahr des Steuerbescheids Jahr 01 (J01)

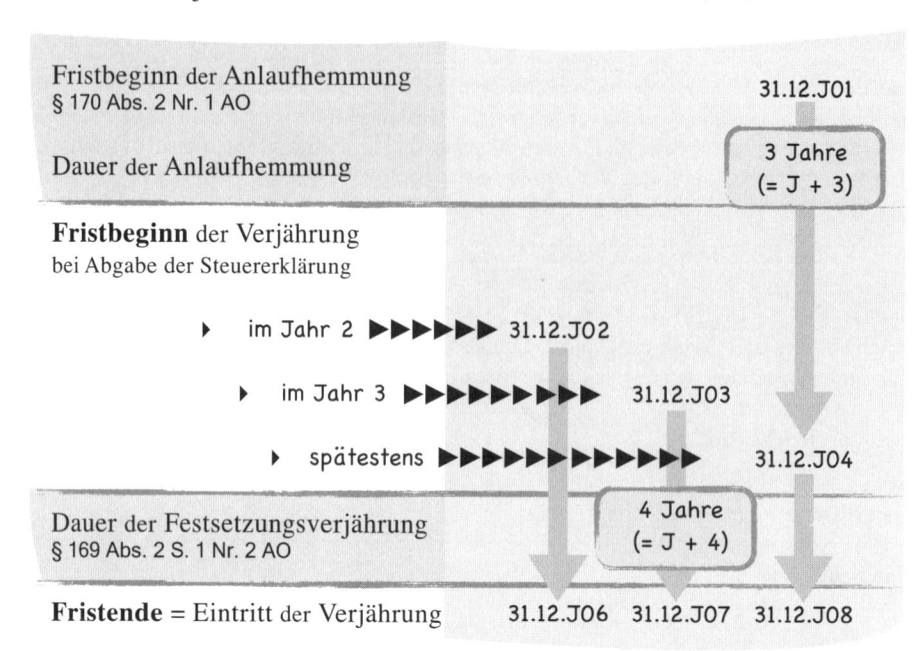

Fristbeginn der Anlaufhemmung
§ 170 Abs. 2 Nr. 1 AO — 31.12.J01

Dauer der Anlaufhemmung — 3 Jahre (= J + 3)

Fristbeginn der Verjährung
bei Abgabe der Steuererklärung

- im Jahr 2 ▶▶▶▶▶ 31.12.J02
- im Jahr 3 ▶▶▶▶▶▶▶ 31.12.J03
- spätestens ▶▶▶▶▶▶▶▶▶ 31.12.J04

Dauer der Festsetzungsverjährung
§ 169 Abs. 2 S. 1 Nr. 2 AO — 4 Jahre (= J + 4)

Fristende = Eintritt der Verjährung 31.12.J06 31.12.J07 31.12.J08

85 Ist Festsetzungsverjährung eingetreten, ist eine Steuerfestsetzung oder eine Änderung der bisherigen Steuerfestsetzung nicht mehr zulässig, § 169 Abs. 1 S. 1 AO. Die Frist berechnet sich nach den §§ 108 ff. AO:

- Fristdauer: Für die Einkommensteuer vier Jahre gemäß § 169 Abs. 2 S. 1 Nr. 2 AO; die Frist verlängert sich auf zehn Jahre bei Steuerhinterziehung bzw. fünf Jahre bei leichtfertiger Steuerverkürzung (i.d.R. nicht in Sachverhalten von Examensklausuren gegeben).
- Fristbeginn: Mit Ablauf des Kalenderjahres, in dem die Steuererklärung abgegeben wird, § 170 Abs. 2 Nr. 1 AO, spätestens mit Ablauf des dritten Jahres nach dem betroffenen Veranlagungszeitraum (die Einkommensteuer entsteht mit Ablauf des Veranlagungszeitraums nach § 36 Abs. 1 EStG, also noch im Kalenderjahr des Veranlagungszeitraums am 31.12., nicht erst am 01.01.).
- Fristende: Das reguläre Fristende wird durch die vielfältigen Ablaufhemmungen des § 171 AO hinausgeschoben.

86 Für die Fristwahrung reicht es aus, dass der Bescheid das zuständige Finanzamt verlässt, § 169 Abs. 1 S. 3 Nr. 1 AO.[48] Nach neuerer Rechtsprechung ist es aber notwendig, dass das ursprünglich versandte Schriftstück dem Steuerpflichtigen auch zugeht.[49] Wird der Bescheid nach Eintritt der Verjährung versandt, ist der Bescheid allerdings nur schlicht rechtswidrig, nicht nichtig.

87 Von den Ablaufhemmungen des § 171 AO sollte man sich folgende genauer merken:

- Bei offenbaren Unrichtigkeiten nach § 129 AO endet die Frist nicht vor Ablauf eines Jahres nach Bekanntgabe des Bescheids, § 171 Abs. 2 AO.
- Wird ein Antrag auf Änderung vor Verjährungsablauf gestellt, endet die Frist nicht vor der unanfechtbaren Entscheidung über den Antrag, § 171 Abs. 3 AO.

---

[48] Ein materiell unrichtiger Bescheid durch das örtlich unzuständige Finanzamt genügt nach Auffassung des BFH (BStBl. II 2002, 406) für eine Fristwahrung nicht.
[49] BFH GrS BStBl. II 2003, 548; a.A. noch BFH BStBl. II 2001, 211.

A. Das Entstehen und Erlöschen von Steueransprüchen

- Wird ein Einspruch eingelegt, tritt gemäß § 171 Abs. 3a AO eine Verjährung auch nicht zugunsten des Rechtsbehelfsführers ein. Auch eine Verböserung bleibt nach Verjährungseintritt möglich. Liegen zum Zeitpunkt der Änderung noch nicht die dafür notwendigen verfahrensrechtlichen Voraussetzungen vor (z.B. Finanzamt ändert aufgrund Hinweis eines anderen Finanzamts, ohne die diese Änderung begründenden Tatsachen zu erfahren), wirkt § 171 Abs. 3a AO bei Einlegung eines Einspruchs auch dann verjährungshemmend, wenn die Änderung rechtmäßig erst nach Eintritt der rechnerischen Verjährung hätte ergehen können.
- Der Beginn einer Außenprüfung vor Verjährung führt faktisch zu einer Unterbrechung, bei der die Schlussbesprechung mit der Abgabe der Steuererklärung gleichgesetzt wird, § 171 Abs. 4 AO. Die Ablaufhemmung, die der Beginn einer Steuerfahndungsprüfung auslöst, endet mangels Schlussbesprechung nie.[50] Der Steueranspruch endet in diesen Fällen nur noch durch Verwirkung. § 171 Abs. 4 S. 1 AO ist nicht entsprechend auf Abs. 5 anzuwenden.
- Soweit ein Bescheid nach § 165 AO vorläufig erklärt wurde, verjährt die Festsetzung nicht bis zum Ablauf von einem Jahr nach Kenntnis des Finanzamtes von der Beseitigung der Ungewissheit, § 171 Abs. 8 AO. Für Bescheide unter Vorbehalt der Nachprüfung nach § 164 AO fehlt eine entsprechende Ablaufhemmung. Der Vorbehalt der Nachprüfung wirkt daher nicht verjährungshemmend.

b) Die Zahlungsverjährung

Die Zahlungsverjährung gilt für alle Steueransprüche. Sie ist in den §§ 228–230 AO geregelt. Da es um die Verjährung auf der Ebene der Erhebung von Ansprüchen geht, ist Grundlage der Ansprüche der Bescheid, mit dem der Anspruch festgesetzt wurde, § 218 Abs. 1 AO.

88

- Fristdauer: fünf Jahre, § 228 S. 2 AO.
- Fristbeginn: Mit Ablauf des Kalenderjahres, in dem der Anspruch erstmals fällig geworden ist, § 229 Abs. 1 AO.
- Fristende: Das reguläre Fristende wird zwar nur durch die doch unwahrscheinliche Verfolgungsunmöglichkeit wegen höherer Gewalt nach § 230 AO gehemmt, der abschließende Katalog des § 231 Abs. 1 AO hinsichtlich der zur Fristunterbrechung führenden Tatbestände ist aber ausgiebig (sogar bloße Ermittlungshandlungen reichen aus). Eine Zahlungsaufforderung muss aber zugehen, um die Frist zu unterbrechen.[51] Die Zahlungsverjährung tritt regelmäßig nur ein, wenn die Finanzbehörde durch Niederschlagung von sich aus den Vollstreckungswillen aufgibt. Nach der Rechtsprechung reichen allerdings reine Scheinhandlungen nicht aus (z.B. Wohnortanfrage, wenn das Finanzamt weiß, wo der Steuerpflichtige wohnt).

Rechtsfolge ist, dass die festgesetzte Steuer nicht mehr erhoben werden kann.

> **Fall:** A hatte seine (tatsächlich erzielten) Einkünfte aus selbstständiger Arbeit als Lohneinkünfte erklärt und von ihm gefälschte Lohnsteuerkarten vorgelegt, die einen Lohnsteuerabzug für die Einkünfte vorspiegelten.
>
> Die Einkünfte wurden erklärungsgemäß im zweiten dem Veranlagungszeitraum folgenden Jahr veranlagt und die (nur vorgetäuscht einbehaltene) Lohnsteuer auf die so ermittelte (tatsächlich richtige) Steuer angerechnet. Mehr als sechs Jahre nach Ergehen dieses Bescheids, zeigt A die Täuschung dem Finanzamt an.
>
> Kann das Finanzamt nach Änderung der Anrechnungsverfügung und einem entsprechenden Abrechnungsbescheid die Steuer nachfordern?

> **Lösung:** Die Nachforderung ist möglich, wenn noch keine Zahlungsverjährung nach §§ 228, 229 AO eingetreten ist. Die Zahlungsverjährung tritt fünf Jahre nach Fälligkeit ein. Zu prüfen ist, wann der aufgrund der ursprünglichen (fehlerhaften) Anrechnungsverfügung nicht erhobene (aber festgesetzte) Steuerbetrag fällig wurde.
>
> § 220 Abs. 2 AO enthält die allgemeine Regel, dass eine Steuer bereits mit Entstehung (bei der Einkommensteuer gemäß § 36 Abs. 1 EStG mit Ablauf des Kalenderjahrs) fällig wird. Nach § 220 Abs. 1

---

50 BFH BStBl. II 2002, 586.
51 BFH BStBl. II 2003, 933.

> AO geht aber eine spezialgesetzliche Regelung dieser allgemeinen Regel vor. Nur wenn das Einkommensteuergesetz eine abweichende Fälligkeitsregel enthält, wäre Zahlungsverjährung im Streifall noch nicht eingetreten.
>
> Das EStG trifft keine, zumindest keine ausdrückliche Bestimmung für die festgesetzte Einkommensteuer, nur für die Abschlusszahlung regelt § 36 Abs. 4 EStG, dass diese einen Monat nach Bekanntgabe des Steuer(festsetzungs)bescheids fällig wird.
>
> Da sich aufgrund der Abrechnungsverfügung, die durch die gefälschte Lohnsteuerkarte erfolgte, keine Abschlusszahlung ergeben hatte, wird erst durch die Änderung der Anrechnungsverfügung die Abschlusszahlung festgestellt und dadurch die Fälligkeit der schon im Einkommensteuerbescheid festgesetzten Einkommensteuerschuld ausgelöst.
>
> Soweit die festgesetzte Einkommensteuer in der Anrechnungsverfügung bisher verrechnet wurde, besteht die Einkommensteuer nicht (mehr), solange die Anrechnungsverfügung noch Bestand hat, und wird daher auch nicht fällig.
>
> Eine Änderung der Anrechnungsverfügung ist ohne Bindung an eine Verjährungsfrist möglich, unterliegt aber den strengen Voraussetzungen des § 130 Abs. 2 AO.

3. Der Erlass

89 Der Erlass ist wie die Verjährung auf der Ebene der Festsetzung (§ 163 AO) und im Rahmen der Erhebung (§ 227 AO) möglich. Beide Regelungen haben als einziges Tatbestandsmerkmal die Unbilligkeit der Erhebung bzw. Einziehung von Steuern.

90 Die Regelung des § 163 AO wird nach derzeit herrschender Praxis im Wesentlichen auf Bereiche beschränkt, in denen die Gesetzesstruktur Defekte aufweist, etwa

- die Besteuerung von Kaskoversicherungsleistungen bei privat verursachten Schäden an Wirtschaftsgütern des Betriebsvermögens; der Schaden wäre als Entnahme in Höhe der durch den Schaden entstandenen Kosten und nochmals als Betriebseinnahme bei Zahlung durch die Versicherung zu erfassen. Im Wege des Erlasses wird die Besteuerung der Versicherungsleistung als Betriebseinnahme auf den Betrag beschränkt, um den die Leistung die steuerlich bereits als Entnahme erfassten Kosten übersteigt.
- Mieterzuschüsse; sie können über § 163 Abs. 1 S. 2 AO auf zehn Jahre verteilt werden.

91 In § 227 AO gibt die Abgabenordnung den Finanzbehörden einen unbeschränkten Ermessensspielraum auf entstandene Steuern zu verzichten, wenn die Einziehung unbillig wäre. Hier kommt zu einem weiten Ermessen noch der unbestimmte Rechtsbegriff »unbillig«. Um die Norm rechtsstaatlicher Anwendung zugängig zu machen, reduziert die Praxis die Erlassmöglichkeit auf das Vorliegen

- persönlicher oder
- sachlicher Unbilligkeitsgründe.

92 Sachliche Unbilligkeitsgründe sind selten. Sie können in der Unvollständigkeit einer gesetzlichen Regelung oder einer kurzfristigen nicht vorhersehbaren Änderung der Rechtsprechung oder Gesetze liegen. Die Testfrage lautet insoweit: Hätte der Gesetzgeber, wenn er den Fall gesehen hätte, ihn von der Besteuerung ausgenommen (dann Erlass) oder als »Härte« im Einzelfall bewusst in Kauf genommen (dann kein Erlass).

93 Die persönlichen Billigkeitsgründe setzen kumulativ voraus:

- Erlassbedürftigkeit; es muss durch die Steuereinziehung eine Existenzgefährdung oder zumindest die Gefährdung des notwendigen Lebensunterhalts entstehen.
- Erlasswürdigkeit; der Steuerpflichtige ist steuerehrlich und hat die Notlage nicht selbst verschuldet.
- Wirtschaftliche Belastung durch die Steuer; sie fehlt bei Steuern die für andere eingezogen werden (z.B. Lohnsteuer) oder wirtschaftlich von anderen getragen werden (z.B. Umsatzsteuer).[52]

---

52 *Helmschrott/Schaeberle/Scheel* S. 162 f.

B. Das Rechtsbehelfsverfahren

Wie im allgemeinen Verwaltungsverfahren der Widerspruch, ist auch im Steuerrecht ein außergerichtlicher Rechtsbehelf dem gerichtlichen Verfahren vorgeschoben. Der im siebten Teil der AO geregelte Rechtsbehelf wird »Einspruch« bezeichnet und dient sowohl dem Rechtsschutz des Bürgers wie auch der Selbstkontrolle der Verwaltung. 94

I. Allgemeine Verfahrensregeln

Im Gegensatz zum Widerspruch der VwGO führt der Einspruch weder 95

- zu einem Suspensiveffekt, § 361 Abs. 1 AO; bei Steuerverwaltungsakten, die auf Geldleistungen zielen (vgl. § 80 Abs. 2 Nr. 1 VwGO), würde eine aufschiebende Wirkung ausschließlich auf den Zinsvorteil gerichtete Rechtsbehelfe nach sich ziehen. Die aufschiebende Wirkung kann auf Antrag unter den Voraussetzungen des § 361 Abs. 2 AO gewährt werden. Die Aussetzung der Vollziehung führt aber nur dazu, dass die belastende Steuerfestsetzung nicht vollzogen wird. Sie kann aber nicht eine begünstigende Wirkung (z.B. eine begehrte Anrechnung von Steuerabzügen) herbeiführen.
- noch zu einem Devolutiveffekt, § 367 Abs. 1 AO.

Die Funktion des Einspruchs zur Selbstkontrolle der Verwaltung führt dazu, dass im Einspruchsverfahren die Verböserung ausdrücklich gesetzlich zugelassen ist, § 367 Abs. 2 S. 2 AO. Dieser Verböserung kann sich der Einspruchsführer nur durch die Rücknahme des Rechtsbehelfs entziehen. Deshalb muss die Behörde eine verbösernde Entscheidung gemäß § 367 Abs. 2 S. 2 2. Halbs. AO zunächst unter Angabe von Gründen ankündigen. 96

Die Verwaltung hat nach § 367 Abs. 2 S. 1 AO den Einspruch vollumfänglich zu prüfen. Das heißt allerdings nur, dass der Bescheid in gleicher Tiefe insgesamt neu zu prüfen ist. Soweit der Bescheid etwa unter dem Vorbehalt der Nachprüfung nach § 164 AO steht, kann durch einen Einspruch keine abschließende Prüfung erzwungen werden. Es wird nur die Rechtmäßigkeit der bisherigen Entscheidung überprüft. Das umfasst auch die Frage, ob ein Vorbehalt beibehalten werden darf. 97

Eine förmliche Entscheidung über den Rechtsbehelf ist nur notwendig, soweit nicht gemäß § 367 Abs. 2 S. 3 AO abgeholfen wird. Die Abhilfe kann formlos durch einen geänderten Bescheid ergehen. Nach § 367 Abs. 2a AO kann vorab auch nur über Teile des Einspruchs entschieden werden. Dann muss aber ausdrücklich bestimmt werden, hinsichtlich welcher Teile Bestandskraft nicht eintreten soll. 98

Durch § 367 Abs. 2a AO wurde der Verwaltung nun auch ermöglicht, einen Teileinspruch zu erlassen. Bis auf die nicht entschiedenen Teile tritt nach Satz 2 dann insoweit Bestandskraft ein. Das wirft viele Detailfragen auf, über die allerdings noch keine examensrelevanten höchstrichterlichen Entscheidungen vorliegen. Nach § 367 Abs. 2b AO können bei Massenrechtsbehelfen nach (abweisenden) Entscheidungen der Obergerichte anhängige Einsprüche durch Allgemeinverfügung insoweit zurückgewiesen werden.

II. Die Zulässigkeit des Einspruchs

Die Zulässigkeit des Einspruchs entscheidet sich anhand der Prüfungspunkte 99

- Statthaftigkeit; gemäß § 347 Abs. 1 Nr. 1 AO ist der Einspruch nur gegen Steuerverwaltungsakte zulässig. Die andere bedeutsame Alternative, der Untätigkeitseinspruch nach § 347 Abs. 1 S. 2 AO, setzt voraus, dass ein als Verwaltungsakt zu klassifizierendes Verwaltungshandeln unterblieben ist.
- Schriftform oder zur Niederschrift; nach § 357 Abs. 1 AO muss der Einspruch schriftlich eingelegt werden. Nach § 357 Abs. 1 S. 3 AO gilt als schriftlich, was in Papierform – auch per Telegramm, per Fax oder nach Maßgabe des § 87a Abs. 3 AO per E-Mail – ins Amt gelangt. Eine Unterschrift ist nicht notwendig. Die Erklärung zur Niederschrift setzt voraus, dass die

mündliche Aussage einer körperlich anwesenden Person protokolliert wird. Im Rahmen eines Telefonats ist das nicht möglich.
- Notwendiger Inhalt gemäß § 357 Abs. 1 S. 2 AO; danach muss nur erklärt sein, wer Einspruchsführer ist. Aus dem Schreiben muss zudem hervorgehen, dass diese Person mit dem Verwaltungsakt nicht einverstanden ist. Im Zweifel oder bei einem unsinnigen Ergebnis des Erklärten ist im Wege der Auslegung zu ermitteln, was der Einspruchsführer wollte und welcher Bescheid für die Erreichung dieses Ergebnisses angegriffen werden muss. Die konkrete Bezeichnung des Rechtsbehelfs als Einspruch ist ausdrücklich in § 357 Abs. 1 S. 4 AO als unmaßgeblich erklärt. Die Bezeichnung des angegriffenen Verwaltungsakts oder eine Begründung des Einspruchs ist gemäß § 357 Abs. 3 AO lediglich als Soll-Voraussetzung angeordnet und daher nicht notwendiger Inhalt. Die Behörde muss gemäß § 367 Abs. 2 AO den Bescheid begründungsunabhängig sowieso vollumfänglich prüfen.

Als Prozesserklärung ist der Einspruch aber bedingungsfeindlich. Zulässig sind lediglich vorsorgliche oder hilfsweise eingelegte Einsprüche.

- Frist nach § 355 AO; die Frist beginnt mit der Bekanntgabe des Bescheids, bei Übersendung mit einem einfachen Brief gemäß § 122 Abs. 2 Nr. 1 AO drei Tage nach Aufgabe zur Post. Auf diese Frist findet nach neuerer Rechtsprechung § 108 Abs. 3 AO Anwendung.[53] Ein tatsächlich früherer Zugang ist für die Fristberechnung unmaßgeblich, ein späterer Zugang ist fristbestimmend. Die Einspruchsfrist beginnt im letztgenannten Fall am Tag des Einwurfs des Verwaltungsakts in den Briefkasten des Empfängers. Das gilt auch dann, wenn der Empfänger des Steuerbescheids ein Unternehmen ist, der Einwurf an einem Sonnabend erfolgt und in dem betreffenden Unternehmen sonnabends nicht gearbeitet wird.[54] Maßgeblich ist dabei, dass der richtige Übermittlungsempfänger die Ausfertigung erhält. Nach h.M. ist entgegen dem Wortlaut des § 122 Abs. 2 2. Halbs. AO die Behörde nur nachweispflichtig für die Frage, ob der Verwaltungsakt zuging. Für die Frage des Zeitpunktes gilt der Beweis des ersten Anscheins, dass innerhalb von drei Tagen ein einfacher Brief zum Empfänger gelangt. Die Frist dauert einen Monat und berechnet sich gemäß § 108 Abs. 1 AO i.V.m. §§ 187 Abs. 1, 188 Abs. 2 BGB. Das rechnerische Fristende schiebt sich in den Fällen des § 108 Abs. 3 AO bzw. der § 108 Abs. 1 AO i.V.m. § 193 BGB auf den Ablauf des ersten Werktags nach Zugang. Da die Finanzverwaltung keinen Nachtpostkasten kennt, gelten Eingänge mit dem Stempel »Frühleerung« als am letzten Werktag vor dem Stempeldatum eingegangen. Bei Versäumnis kommt eine Wiedereinsetzung in den vorigen Stand in Betracht.
- Beschwer gemäß § 350 AO; der Einspruchsführer muss aus dem Tenor des Bescheids heraus in eigenen Rechten belastet sein. Das ist grundsätzlich beim Adressaten eines Steuerbescheids erfüllt, wenn ein günstigerer Bescheid in Betracht kommt. Bei Einkommensteuerbescheiden ist dies dann nicht der Fall, wenn die Steuer auf 0 € festgesetzt wird. In Frage kommt dann ein Antrag auf Durchführung eines Verlustvortrags, ein Einspruch entweder gegen den nicht oder fehlerhaft abgeänderten Steuerbescheid, auf den der Verlust zurückgetragen werden soll oder gegen die fehlerhafte Feststellung eines Verlustvortrags.
- Einspruchsbefugnis; diese ist regelmäßig in der Beschwer enthalten. Eine Ausnahme ergibt sich nur gemäß § 352 AO bei der einheitlichen und gesonderten Feststellung.
- Kein Verbrauch; ein Verbrauch kann sich durch Verzicht auf den Einspruch nach § 354 AO oder durch Rücknahme nach § 362 AO ergeben. Das ist regelmäßig nicht klausurrelevant und nur zu prüfen, wenn im Sachverhalt ein Anhaltspunkt für einen Verbrauch vorliegt.

C. Die Wiedereinsetzung in den vorigen Stand

100 Die Wiedereinsetzung in den vorigen Stand gemäß § 110 AO soll das unverschuldete Versäumnis einer Frist folgenlos stellen. Wird die Wiedereinsetzung gewährt, wird der Steuerpflichtige so behandelt, als hätte er die Frist gewahrt.

---

53 BFH BStBl. II 2003, 898.
54 BFH BStBl. II 2006, 219.

C. Die Wiedereinsetzung in den vorigen Stand

I. Anwendungsbereich

Die Wiedereinsetzung heilt die Versäumung einer – gesetzlichen – nicht verlängerbaren Frist. Als 101 ultima ratio bedarf es keiner Wiedereinsetzung, wenn andere Rechtsinstitute das Fristversäumnis korrigieren. Nicht wiedereinsetzbar sind daher

- Zahlungsfristen (§§ 37 Abs. 1, 6 Abs. 4 S. 1 EStG), dafür kann Stundung gewährt werden.[55]
- Behördliche Fristen und die Frist zur Abgabe einer Steuererklärung, denn diese Fristen sind gemäß § 109 AO auch rückwirkend verlängerbar.
- Fristen, die den zeitlichen Anwendungsbereich einer Norm abgrenzen, also keine sog. Handlungsfristen sind, z.B. Verjährungsfristen, die Jahresfristen des § 356 Abs. 2 AO oder des § 110 Abs. 3 AO.

II. Tatbestandsmerkmale

Die Wiedereinsetzung in den vorigen Stand kennt vier Voraussetzungen und ein entbehrliches 102 Merkmal. Notwendig für die Wiedereinsetzung sind:

- Eine Verhinderung am Tag des Fristablaufs; z.B. eine schwere Krankheit oder die Unwissenheit, dass die beauftragte Hilfsperson die Frist nicht einhält. Es ist egal, ob die fristwahrende Handlung früher hätte eingelegt werden können, da die Frist jederzeit ausgeschöpft werden kann. Für die Frage, ob ein Verschulden vorliegt ist zunächst zu bestimmen, worin die Verhinderung liegt.
  Keine Verhinderung ist gegeben, wenn ein Irrtum über die Erfolgsaussichten eines Rechtsbehelfs vorlag. Das Gesetz nennt in § 126 Abs. 3 AO die fehlende Begründung des Verwaltungsakts oder die unterlassene Anhörung als Verhinderungsgründe, wenn die Unterlassungen ursächlich für das Versäumnis sind.[56]
- Die Verhinderung muss ohne eigenes Verschulden eingetreten sein. Ein Vertreterverschulden ist dem Vertretenen gemäß § 110 Abs. 1 S. 2 AO zuzurechnen, Gehilfenverschulden dagegen nicht (entsprechend § 831 BGB); bei der Einschaltung von Hilfspersonen (auch durch den Vertreter, z.B. Steuerberater) ist aber zu prüfen, ob ein Auswahl-, Organisations- (bei Steuerberatern insbesondere bei der Führung eines Fristenkontrollbuchs) oder Überwachungsverschulden gegeben ist. Ein zuständiger Sachgebietsleiter ist aber stets Bevollmächtigter des Finanzamts. Das Finanzamt kann sich für etwaige schuldhafte Bearbeitungsfehler des Sachgebietsleiters nicht durch den Nachweis sorgfältiger Auswahl, Einweisung und Überwachung entschuldigen.[57]
  Wird ein Einspruch an die unzuständige Behörde gesendet und kann die Empfangsbehörde ihre Unzuständigkeit leicht und einwandfrei erkennen, fehlt es an einem kausalen Verschulden für die Verspätung, wenn die unzuständige Behörde das Schreiben nicht unverzüglich weiterleitet.[58]
  Bei eigener langfristiger Abwesenheit (z.B. Urlaub) für bis zu sieben Wochen ist keine Vorsorge für fristwahrende Maßnahmen zu treffen, es sei denn, ein konkreter Verwaltungsakt steht aus.
  Bei verhindernder Krankheit oder kausalen Begründungs- oder Anhörungsmängeln ist ein Verschulden nicht zu prüfen.
  Arbeitsüberlastung ist nie entschuldbar.
- Es muss die versäumte Handlung innerhalb eines Monats nach Wegfall des Hindernisses nachgeholt werden, § 110 Abs. 2 S. 3 AO. Diese Frist ist eine gesetzlich nicht verlängerbare Frist und daher wiedereinsetzungsfähig.

---

[55] Str., bejahend *Pahlke/Koenig* § 11 Rn. 12; Kühn/v. Wedelstädt/*Wagner* § 110 Rn. 4; a.A. *Tipke/Kruse* § 110 Rn. 6; *Hübschmann/Hepp/Spitaler* § 110 Rn. 33.
[56] Der BFH (BStBl. II 2004, 394) hat einen solchen kausalen Begründungsfehler in einem Fall angenommen, in dem der Steuerpflichtige die Berufsausbildungszeiten seiner Kinder angegeben hatte, aber den Antrag auf Ausbildungsfreibeträge nicht angekreuzt hatte. Das Gericht unterstellte einen konkludenten Antrag, der vom Finanzamt begründungslos abgelehnt wurde. Die nach Bestandskraft gestellten Anträge wurden als Einsprüche gegen den ESt-Bescheid gewertet.
[57] BFH BStBl. II 2005, 880; der – an sich zuverlässige – Sachgebietsleiter hatte die Revisionsfrist versäumt.
[58] BVerfG BStBl. II 2002, 835, gegen BFH BStBl. II 2001, 158.

- Es darf noch kein Jahr seit Ablauf der versäumten Frist vergangen sein (Ausnahme: höhere Gewalt), § 110 Abs. 3 AO.

103 Entbehrlich ist entgegen dem Wortlaut des § 110 Abs. 2 S. 1 AO ein Antrag auf Wiedereinsetzung innerhalb eines Monats nach Wegfall des Hindernisses. Denn wenn die sowieso notwendige Nachholung erfolgt ist, kann die Wiedereinsetzung auch ohne Antrag gewährt werden, § 110 Abs. 2 S. 4 AO.

104 Die Entscheidung über die Wiedereinsetzung in den vorigen Stand ist unselbstständiger Teil der Entscheidung, für die die Frist zu wahren war (z.B. die Einspruchsentscheidung). Die Wiedereinsetzung ist daher jederzeit und auch gegen die Auffassung der Verwaltung zu Lasten des Steuerpflichtigen durch die Gerichte nachprüfbar.

3. Kapitel. Feststellungsbescheide

A. Besteuerungsgrundlagen

§ 157 Abs. 2 AO beschränkt die Angreifbarkeit eines Steuerbescheids auf die Festsetzung der Steuer selbst. Der Ansatz einzelner Einkünfte oder privater Abzüge sind nur insoweit einem Einspruch zugänglich, als dadurch die festgesetzte Steuer fehlerhaft wird.[59]

105

Diese nicht selbstständig anfechtbaren Ausgangswerte der Veranlagung bezeichnet das Gesetz als »Besteuerungsgrundlagen«. Im zweiten Halbsatz dieser Vorschrift werden aber Ausnahmen zugelassen, soweit solche Besteuerungsgrundlagen gesondert festgestellt werden. Eine solche gesonderte Feststellung steht nicht im Belieben der veranlagenden Behörde. Gemäß § 179 Abs. 1 AO werden die Besteuerungsgrundlagen nur dann gesondert festgestellt, soweit dies in der Abgabenordnung oder einem anderen Steuergesetz vorgesehen ist.

106

Dies geschieht gemäß § 179 Abs. 1 AO durch einen Feststellungsbescheid. Da es sich bei der Feststellung immer um Besteuerungsgrundlagen eines Steuerbescheids handelt, ist es folgerichtig, dass § 181 Abs. 1 S. 1 AO die entsprechende Anwendung der Sonderregelungen für Steuerbescheide vorsieht.

107

B. Wirkung eines Feststellungsbescheids

I. Angreifbarkeit der Besteuerungsgrundlage

Die gesonderte Feststellung einer Besteuerungsgrundlage führt dazu, dass der Adressat die Besteuerungsgrundlage selbst dadurch zum Gegenstand eines Einspruchs machen kann, indem er den Feststellungsbescheid – genauer: den Tenor des Feststellungsbescheids (z.B. »die Einkünfte aus dem Gewerbebetrieb des X betragen ... €«) – angreifen kann.

108

---

59 *Hübschmann/Hepp/Spitaler* § 157 Rn. 14.

II. Bindungswirkung für die Verwaltung

109 Die Möglichkeit, sich über eine einzelne Besteuerungsgrundlage rechtsbehelfsmäßig auseinanderzusetzen, ist aber nur dann sinnvoll, wenn dadurch die Streitigkeit abschließend bereinigt wird. Das bedeutet für die Verwaltung, dass sie gemäß § 182 Abs. 1 AO an den Tenor des Feststellungsbescheids gebunden ist. Das heißt:

- Die getroffenen Feststellungen müssen in den Bescheid, dessen Besteuerungsgrundlagen gesondert festgestellt werden, übernommen werden.
- Eine inhaltliche Überprüfung steht der den Steuerbescheid erlassenden Finanzbehörde nicht zu.
- Die Bindungswirkung ist nicht von der Bestandskraft des Feststellungsbescheids abhängig. Auch angegriffene Bescheidsfeststellungen sind zu übernehmen. Der Steuerbescheid kann aber gemäß § 155 Abs. 2 AO schon vor dem Erlass des Feststellungsbescheids ergehen.[60]

§ 182 Abs. 1 AO definiert den Bescheid, der die Feststellung zu übernehmen hat, als Folgebescheid. Der Feststellungsbescheid der diese Wirkung erzielt, wird in § 171 Abs. 10 AO als Grundlagenbescheid legaldefiniert.

III. Anfechtungsbeschränkung

110 Für den Adressaten von Grundlagen- und Folgebescheiden führt dies aber nicht zu einer zusätzlichen Einspruchsmöglichkeit. Vielmehr wird im Rahmen der gesonderten Feststellung abschließend über die festgestellte Besteuerungsgrundlage entschieden. Deshalb

- muss der Steuerpflichtige bei einer fehlerhaften Feststellung gegen den Feststellungsbescheid selbst vorgehen;
- ist ein Einspruch gegen den Folgebescheid, der die Fehlerhaftigkeit der festgestellten Besteuerungsgrundlage rügt, gemäß § 351 Abs. 2 AO unbegründet (nicht: unzulässig). Gerügt werden kann aber etwa, dass der Grundlagenbescheid schon mangels Zugang nicht wirksam geworden ist oder die festgestellte Besteuerungsgrundlage nicht richtig übernommen wurde.[61]

IV. Strukturelle Wirkung der Feststellung

111 Die gesonderte Feststellung einer Besteuerungsgrundlage führt deshalb dazu, dass die Besteuerungsgrundlage aus dem Einspruchsverfahren gegen den Folgebescheid herausgezogen und ausschließlich dem Verfahren

---

60 Klein/*Ratschow* § 182 Rn. 3.
61 BFH BStBl. II 1986, 477; BFH BFH/NV 1996, 592; BFH/NV 2006, 750.

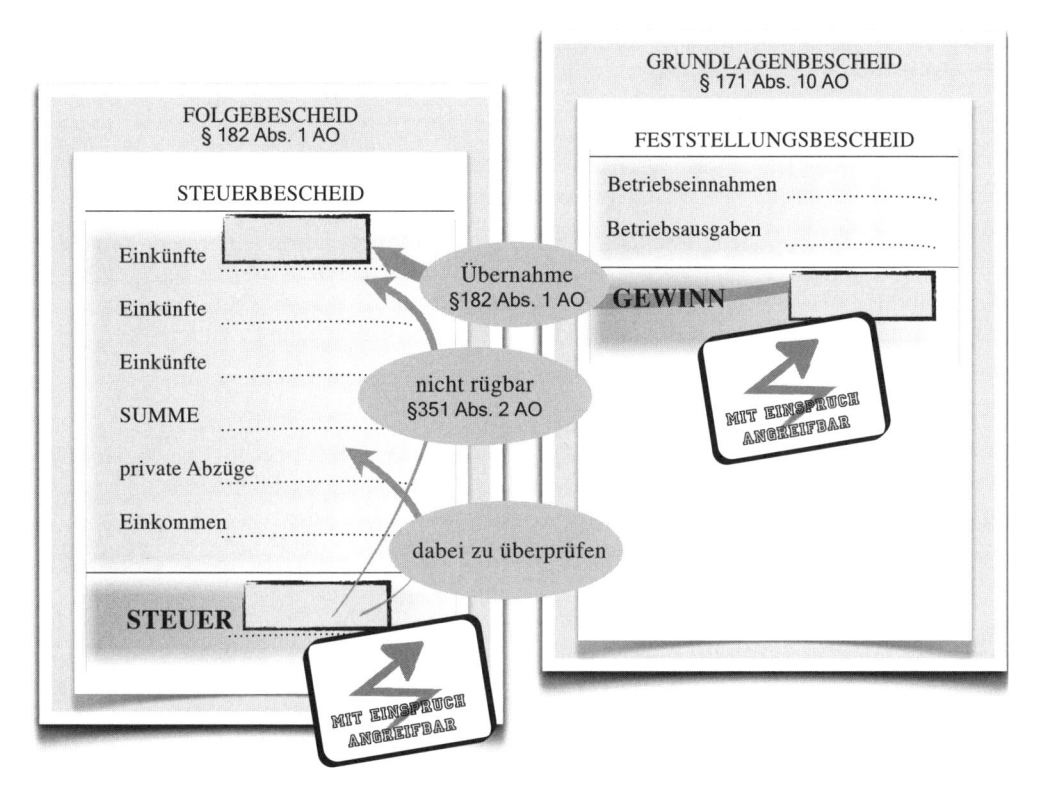

C. Die gesonderte und einheitliche Feststellung

[Schaubild: FOLGEBESCHEID § 182 Abs. 1 AO (STEUERBESCHEID mit Einkünften, SUMME, private Abzüge, Einkommen, STEUER) und GRUNDLAGENBESCHEID § 171 Abs. 10 AO (FESTSTELLUNGSBESCHEID mit Betriebseinnahmen, Betriebsausgaben, GEWINN); Verbindungen: Übernahme § 182 Abs. 1 AO, nicht rügbar § 351 Abs. 2 AO, dabei zu überprüfen; beide MIT EINSPRUCH ANGREIFBAR]

§ 179 Abs. 1 AO lässt die gesonderte Feststellung nur zu, wenn dies ausdrücklich in der Abgabenordnung oder in anderen Steuergesetzen vorgeschrieben ist. Der Gesetzgeber hat die gesonderte Feststellung, ohne diese Struktur explizit zu regeln, auf die Fälle reduziert, in denen eine besondere Sicherheit für die einzelne Besteuerungsgrundlage für notwendig erachtet wird, eine Feststellung in mehreren Folgebescheiden benötigt wird oder die zeitliche oder örtliche Nähe zur Feststellung eine solche sinnvoll macht. 112

Aus der Vielzahl von Gesetzesgrundlagen sind folgende Fälle examensrelevant: 113

- An Einkünften sind mehrere Personen beteiligt, § 180 Abs. 1 Nr. 2a AO; diese (sog. gesonderte und einheitliche) Feststellung gilt für Gewinn- und Überschusseinkünfte.
- Der Betrieb einer einzelnen Person (sonst bereits Feststellung nach § 180 Abs. 1 Nr. 2a AO) gehört zu einem anderen Finanzamtsbezirk als sein Wohnsitz, § 180 Abs. 1 Nr. 2b) AO; diese Feststellung kann nur bei Gewinneinkünften erforderlich sein. Die Zuständigkeit bestimmt sich dabei nach den §§ 18 ff. AO. Für die Einkünfte aus Gewerbebetrieb ist das Finanzamt zuständig, in dessen Bezirk sich die Geschäftsleitung befindet (Betriebsfinanzamt), § 18 Abs. 1 Nr. 2 AO, für Einkünfte aus selbstständiger Arbeit das Finanzamt, von dessen Bezirk aus die Tätigkeit ausgeübt wird, § 18 Abs. 1 Nr. 3 AO. Die Einkommensteuer wird vom Wohnsitzfinanzamt § 19 Abs. 1 S. 1 AO veranlagt.
- Die Feststellung des verbleibenden Verlustabzugs nach § 10d Abs. 4 S. 1 EStG.

C. Die gesonderte und einheitliche Feststellung

I. Voraussetzungen und Inhalt

Nach § 179 Abs. 2 S. 2 AO ist die Feststellung gegenüber mehreren Betroffenen – also insbesondere bei der Feststellung von Einkünften, an denen mehrere Personen i.S.d. § 180 Abs. 1 Nr. 2a AO beteiligt sind – gesondert und einheitlich vorzunehmen. 114

Der notwendige Inhalt sowie der Tenor der Feststellung ergibt sich über den Verweis des § 181 Abs. 1 S. 1 AO zu § 157 Abs. 1 S. 2 AO: Steuerart, Steuerbetrag und Steuerschuldner sind anzugeben; zu tenorieren ist, 115

- wer an den Einkünften beteiligt ist,
- welche Einkunftsart(en) vorliegt,
- in welcher Höhe Einkünfte erzielt wurden,
- wie sich die Einkünfte verteilen und
- inwieweit bei einzelnen Beteiligten Sonderbetriebseinnahmen bzw. Sondereinnahmen oder Sonderbetriebsausgaben bzw. Sonderwerbungskosten angefallen sind.

116 Bei vermögensverwaltenden Personengesellschaften, deren Anteile von (einzelnen) Beteiligten im Betriebsvermögen gehalten werden (sog. »Zebragesellschaften«), ist vom für die Veranlagung der Einkommensteuer nach § 19 AO zuständigen Wohnsitzfinanzamt zu entscheiden, ob die Einkünfte umzuqualifizieren sind und in welcher Höhe sich die Einkünfte ändern.[62]

II. Die Adressierung des Bescheids

117 Die gesonderte und einheitliche Feststellung richtet sich an die Beteiligten. Nur die einzelnen Beteiligten sind Steuersubjekte der Einkommensteuer, nur sie (nicht aber die einkommensteuerlich nicht als Subjekt existente Gesellschaft oder Gemeinschaft) können die Einkünfte erzielen. Auch wenn die Feststellung gegenüber allen nach § 179 Abs. 2 S. 2 AO einheitlich erfolgt, betrifft sie jeden einzelnen Beteiligten. Adressaten des Bescheids sind daher alle Beteiligten.

118 Bei der Bekanntgabe ist daher notwendig jeder einzelne Beteiligte im Bescheid aufzuführen. Für die Klarstellung, auf welche Einkünfte sich der Bescheid bezieht, ist regelmäßig sinnvoll, die Bezeichnung der Personenmehrheit bei der Adressierung zu berücksichtigen, bei einer OHG also etwa »für A, B und C als Beteiligte der ABC-OHG«.

Bei sehr großen Personengesellschaften (sog. »Publikums-KG«) reicht es aus, wenn die Beteiligten als Liste dem Bescheid beigefügt sind.

III. Die Übermittlung des Bescheids

119 Für die Übermittlung wäre grundsätzlich jedem einzelnen Beteiligten eine Ausfertigung des Bescheids zu übersenden. Das würde der Verfahrensökonomie nicht gerecht. Deshalb erlaubt § 183 Abs. 1 S. 1 AO den Bescheid an einen Empfangsbevollmächtigten zu übermitteln. Die Übermittlung an den Empfangsbevollmächtigten wirkt gemäß § 183 Abs. 1 S. 5 AO für und gegen alle Beteiligten.

120 Grundsätzlich sollte dieser Empfangsbevollmächtigte von den Beteiligten bestellt werden, § 183 Abs. 1 S. 1 AO. Haben die Beteiligten niemand benannt, gilt gemäß § 183 Abs. 1 S. 2 AO ein zur Vertretung Berechtigter (z.B. der Komplementär einer KG) als Empfangsbevollmächtigter. Existiert auch kein Vertretungsberechtigter, kann das Finanzamt die Beteiligten auffordern, innerhalb einer angemessenen Frist einen Empfangsbevollmächtigten zu benennen, § 183 Abs. 1 S. 3 AO.

121 Diese scheinbar harmlose Aufforderung wird aber durch Satz 4 zu einem effektiven Werkzeug, um einen Empfangsbevollmächtigten zu installieren. Denn die Finanzbehörde muss dabei einen Beteiligten als Empfangsbevollmächtigten vorschlagen, der nach Ablauf der gesetzten Frist als Empfangsbevollmächtigter gilt, wenn kein anderer Empfangsbevollmächtigter benannt wird.

---

62 BMF BStBl. I 2005, 679.

Empfangsbevollmächtigte
bei einheitlich und gesonderten Feststellungen
§ 183 Abs. 1 AO

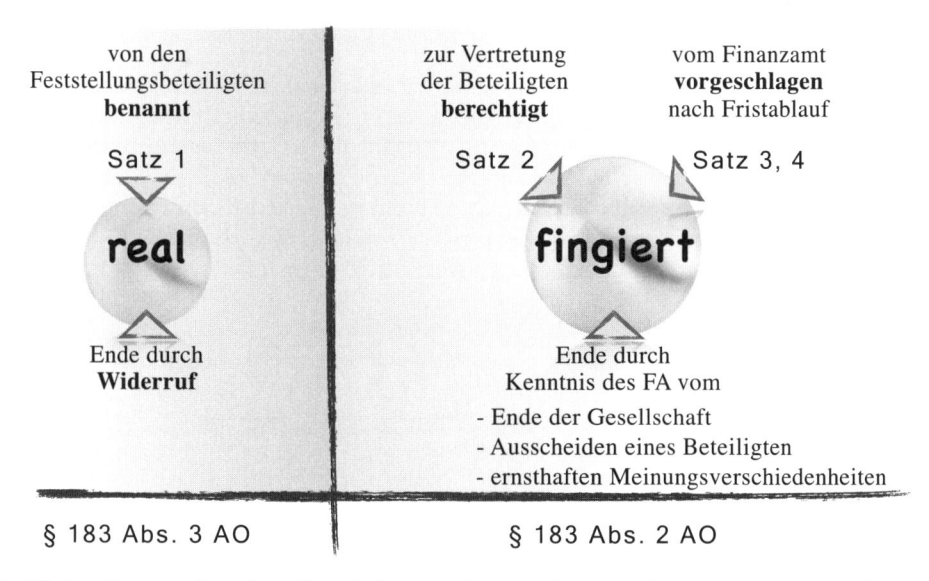

von den Feststellungsbeteiligten **benannt**	zur Vertretung der Beteiligten **berechtigt**	vom Finanzamt **vorgeschlagen** nach Fristablauf
Satz 1	Satz 2	Satz 3, 4
real	**fingiert**	
Ende durch **Widerruf**	Ende durch Kenntnis des FA vom - Ende der Gesellschaft - Ausscheiden eines Beteiligten - ernsthaften Meinungsverschiedenheiten	
§ 183 Abs. 3 AO	§ 183 Abs. 2 AO	

Die Fiktion des Empfangsbevollmächtigten endet gemäß § 183 Abs. 2 AO, wenn das Finanzamt weiß, dass 122

- die Gesellschaft oder Gemeinschaft nicht mehr besteht,
- ein Beteiligter ausgeschieden ist oder
- ernsthafte Meinungsverschiedenheiten zwischen den Beteiligten bestehen.

Beim Ausscheiden endet die Empfangsvollmacht aber nur bezüglich des Ausgeschiedenen (»insoweit nicht anzuwenden«), dem der Bescheid zusätzlich einzeln zu übermitteln ist. 123

Dem benannten Empfangsbevollmächtigten kann gemäß § 183 Abs. 3 AO bis zum Zugang (Satz 2) des Widerrufs der Empfangsvollmacht bekanntgegeben werden.

D. Verjährung bei Feststellungen

Gemäß § 181 Abs. 1 S. 1 AO sind auf Feststellungsbescheide die Regelungen für Steuerbescheide entsprechend anzuwenden. Bezogen auf die Regelungen für die Festsetzungsverjährung bedeutet dies, dass Feststellungsbescheide grundsätzlich vier Jahre nach Ablauf des Kalenderjahres verjähren, in dem die Feststellungserklärung eingereicht wurde (§§ 169 Abs. 2 Nr. 2, 170 Abs. 2 Nr. 1 AO). 124

§ 181 Abs. 5 AO erweitert aber den Zeitraum, in dem Feststellungsbescheide ergehen können. Gedanklicher Hintergrund ist, dass der Feststellungsbescheid eine einzelne Besteuerungsgrundlage des Folgebescheids zum Gegenstand eines Steuerverwaltungsakts macht. Materiell-rechtlich enthält folglich die Feststellung einen Teil des Folgebescheids. Aus diesem Grund soll gemäß § 181 Abs. 5 S. 1 AO der Grundlagenbescheid nicht vor dem Folgebescheid verjähren. Solange die Festsetzungsfrist für den Folgebescheid noch nicht abgelaufen ist, verjährt der Grundlagenbescheid nicht. Für die gesonderte Verlustfeststellung nach § 10d Abs. 4 S. 6 EStG gilt § 181 Abs. 5 AO aber nur, wenn die Verlustfeststellung pflichtwidrig unterblieben ist.[63] 125

Da § 171 Abs. 10 AO eine Ablaufhemmung der Festsetzungsfrist des Folgebescheids hinsichtlich der gesondert festgestellten Besteuerungsgrundlagen von zwei Jahren nach Bekanntgabe des Grundlagenbescheids regelt, würde das Zusammenwirken beider Normen den Eintritt einer 126

---

[63] Vor Einführung von § 10d Abs. 4 S. 6 war die Feststellung möglich, solange sie für einen ESt-Bescheid von Bedeutung war (BFH BStBl. II 2002, 681).

Verjährung dauerhaft verhindern. Aus diesem Grund bleibt für die Anwendung des § 181 Abs. 5 S. 1 AO die Ablaufhemmung des § 171 Abs. 10 AO außer Betracht, § 181 Abs. 5 S. 1 2. Halbs. AO. Die Anfechtung des Grundlagenbescheids führt nicht dazu, dass die Zwei-Jahres-Frist für die Festsetzung der Folgesteuern sich weiter verlängert oder bis zur Unanfechtbarkeit des (geänderten) Feststellungsbescheids gehemmt wird.[64]

127 Ergeht eine gesonderte Feststellung nach Ablauf der für sie geltenden Feststellungsfrist aufgrund der Regelung des § 181 Abs. 5 AO, muss in dem Feststellungsbescheid nach § 181 Abs. 5 S. 2 AO auf die eingeschränkte Wirkung eines solchen Feststellungsbescheids besonders hingewiesen werden. Dieser Hinweis hat Regelungscharakter, weil mit ihm der zeitliche Geltungsbereich der getroffenen Feststellungen abweichend von § 182 Abs. 1 AO bestimmt und damit rechtsgestaltend auf das Steuerrechtsverhältnis eingewirkt wird. Ein Feststellungsbescheid, der nach Ablauf der Feststellungsfrist ergeht, ist daher rechtswidrig, wenn er den nach § 181 Abs. 5 S. 2 AO erforderlichen Hinweis nicht enthält.

128 (nicht belegt)

E. Die Einspruchsbefugnis

129 Bei der einheitlichen und gesonderten Feststellung ist hinsichtlich der Zulässigkeit des Einspruchs grundsätzlich zu prüfen, ob eine i.S.d. § 352 AO einspruchsbefugte Person den Einspruch eingelegt hat. Diese in Hinblick auf Art. 19 Abs. 4 GG kritische Vorschrift rechtfertigt sich daraus, dass die Personenmehrheit auch im sonstigen Rechtsverkehr nur durch die Vertretung einzelner agiert. Soweit hier einzelne befugt sind, für die gesamte Personenmehrheit zu handeln, ist dies dahin zu verstehen, dass die ihrerseits vertretene Personengesellschaft als Prozessstandschafterin für ihre Gesellschafter handelt. Fehlerhaft nicht hinzugezogene Gesellschafter können sich auf das Einspruchsverfahren der Gesellschaft berufen, die fehlerhaft nicht hinzugezogene Gesellschaft auf das Einspruchsverfahren eines einspruchsbefugten Gesellschafters.[65]

130 Nach § 352 Abs. 1 AO bezieht sich die Einspruchsbefugnis auf unterschiedliche Feststellungsinhalte.

Der wichtigste Fall des Einspruchsbevollmächtigten ist der oben genannte Empfangsbevollmächtigte i.S.d. § 183 Abs. 1 S. 1 AO. Ausgeschiedene Gesellschafter unterliegen nach § 352 Abs. 1 Nr. 3 AO keiner Beschränkung. Legt ein ausgeschiedener Beteiligter Einspruch ein, wird das Verfahren für alle Beteiligten neu aufgerollt.[66]

---

64 BFH BStBl. II 2005, 242.
65 BFH BStBl. II 2004, 964.
66 BFH BStBl. II 2003, 335.

F. Die Anbringungsbehörde

Nr. 1 1. Alt.:	zur Vertretung berufene Geschäftsführer		**Nr. 1 und 2:**	zur Vertretung berufene Geschäftsführer oder Ersatzperson
Ersatz:	Einspruchsbevollmächtigte (Abs. 2!), Nr. 1 2. Alt.		**Nr. 5:**	jeder betroffene Beteiligte
Ersatz:	jeder Beteiligte Nr. 2			
einspruchsbefugt			*einspruchsbefugt*	

Feststellungsbescheid

		A	B	C
Gewinn lt. StB	200.000			
Vorwegvergütung	80.000	60.000	40.000	
Rest: A, B, C je /	120.000	40.000	40.000	40.000
		100.000	60.000	40.000

einspruchsbefugt

Nr. 1 und 2: zur Vertretung berufene Geschäftsführer oder Ersatzperson
Nr. 4: jeder betroffene Beteiligte

F. Die Anbringungsbehörde

Der Einspruch ist gemäß § 357 Abs. 2 S. 1 AO bei der Behörde einzulegen, die den angegriffenen Verwaltungsakt erlassen hat. Diese Behörde wird als Anbringungsbehörde bezeichnet, weil dort der Einspruch anzubringen ist.

Wird der Einspruch bei einer anderen Behörde eingelegt, hat dies nur für die Frist Bedeutung. Gelangt der Einspruch rechtzeitig zur Anbringungsbehörde, liegt ein zulässiger Einspruch vor.

Bei Feststellungsbescheiden ist gemäß § 357 Abs. 2 S. 2 AO auch die Behörde, die den Folgebescheid (über den Wortlaut, der nur von Steuerbescheid spricht) erlässt, Anbringungsbehörde. Im umgekehrten Fall (Einlegung des Einspruchs für den Folgebescheid bei der Behörde, die den Grundlagenbescheid erlässt) hilft aber § 357 Abs. 2 S. 2 AO nicht.

4. Kapitel. Korrektur von Steuerverwaltungsakten

A. Überblick

I. Bestandskraft

133 Die Bestandskraft von Verwaltungsakten dient dem Rechtsfrieden, dem zweiten Ziel der Rechtsanwendung, das der materiellen Richtigkeit von Entscheidungen weder nachrangig noch untergeordnet ist. Zu unterscheiden ist die materielle und formelle Bestandskraft.

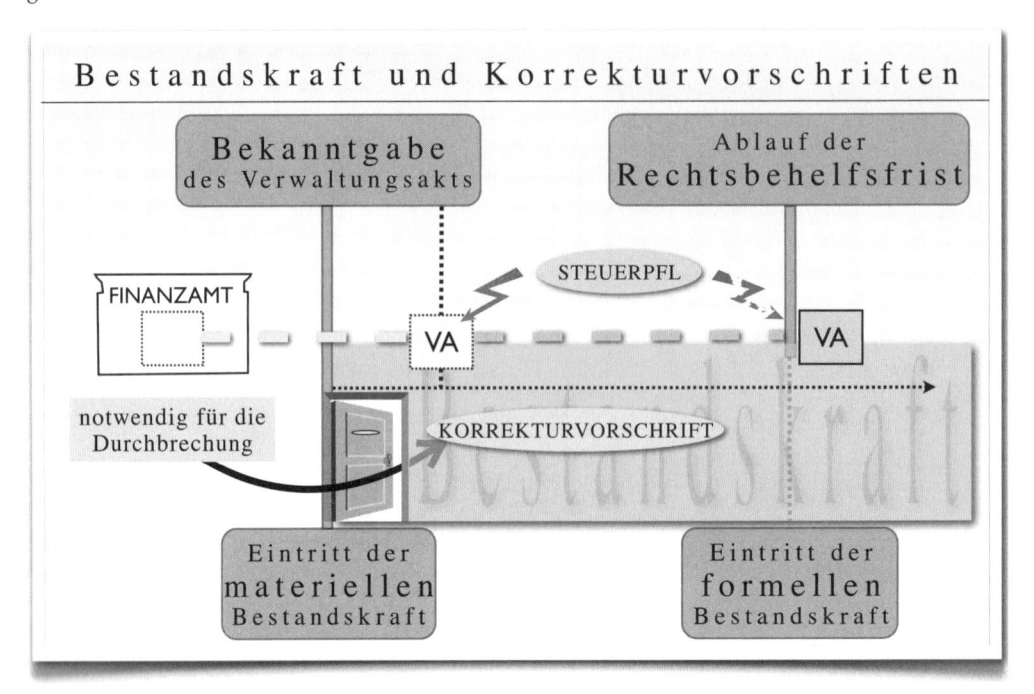

134 Die materielle Bestandskraft tritt regelmäßig mit der Bekanntgabe des Verwaltungsakts ein (Ausnahme: Bescheide unter Vorbehalt der Nachprüfung). Mit Eintritt der materiellen Bestandskraft kann die erlassende Behörde den Bescheid nicht mehr ändern. Die formelle Bestandskraft tritt mit Ablauf der Rechtsbehelfsfrist ein. Nach Ablauf der Rechtsbehelfsfrist kann der Bescheid nicht mehr in zulässiger Weise angegriffen werden.

Das Änderungshindernis der materiellen Bestandskraft lässt sich nur überwinden, wenn und soweit eine Berichtigungs- oder Korrekturnorm greift.

II. Berichtigung, Änderung und Korrektur

135 Die Berichtigung eines Bescheids dient der Beseitigung von Erklärungsfehlern. Gemäß § 124 Abs. 1 S. 2 AO wird der Bescheid mit dem Inhalt wirksam, mit dem er bekanntgegeben wird (sog. Erklärungstheorie). Fällt der erklärte Inhalt mit dem von der Behörde Gewollten auseinander, führt die Erklärungstheorie dazu, dass die Herbeiführung des ursprünglich gewollten Verwaltungsakts notwendig wird, das Erklärte muss berichtigt werden.[67] Dies ermöglicht § 129 AO. Da die Problematik des Auseinanderfallens zwischen beabsichtigter Erklärung und tatsächlich Erklärtem unabhängig von der Art des Bescheids ist, ist § 129 AO für alle Arten von Steuerverwaltungsakten anwendbar.

---

67 Schwarz/*Frotscher* § 124 Rn. 11.

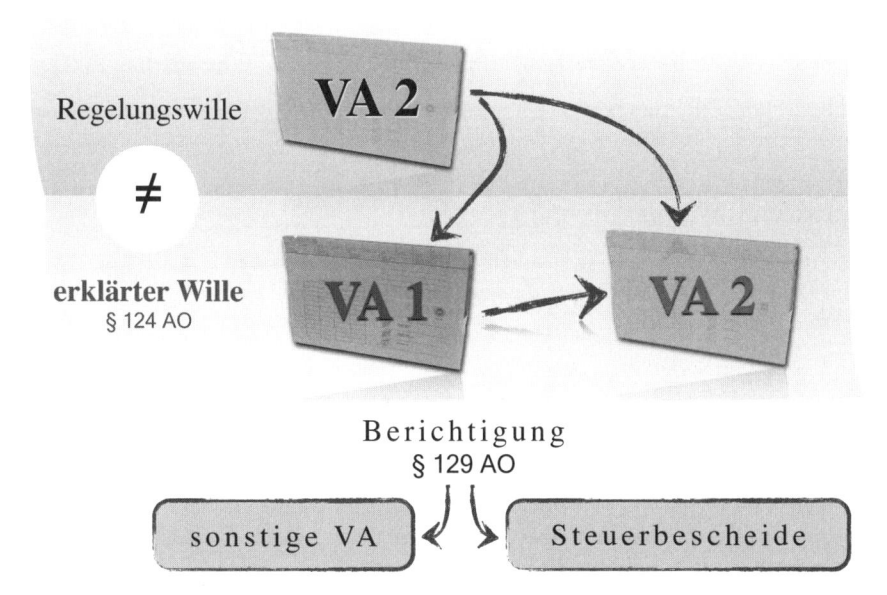

A. Überblick

[Diagramm: Regelungswille ≠ erklärter Wille (§ 124 AO), VA 2 / VA 1 → VA 2; Berichtigung § 129 AO – sonstige VA ↔ Steuerbescheide]

Ist Verwaltungsakt Nr. 2 (VA 2) gewollt, aber tatsächlich der Verwaltungsakt Nr. 1 (VA 1) erklärt, muss der nicht gewollte VA 1 in den beabsichtigten VA 2 berichtigt werden.

Wird dagegen die bisher gewollte und auch erklärte Regelung nicht mehr aufrecht erhalten, so spricht das Gesetz **136**

bei den sonstigen Verwaltungsakten von

- Rücknahme; § 130 AO für rechtswidrige Verwaltungsakte (entspricht § 48 VwVfG) und
- Widerruf; § 131 AO für rechtmäßige Verwaltungsakte (entspricht § 49 VwVfG).

Für Steuerbescheide verwendet er die Begriffe

- Aufhebung oder
- Änderung, §§ 164, 165, 172 ff. AO.

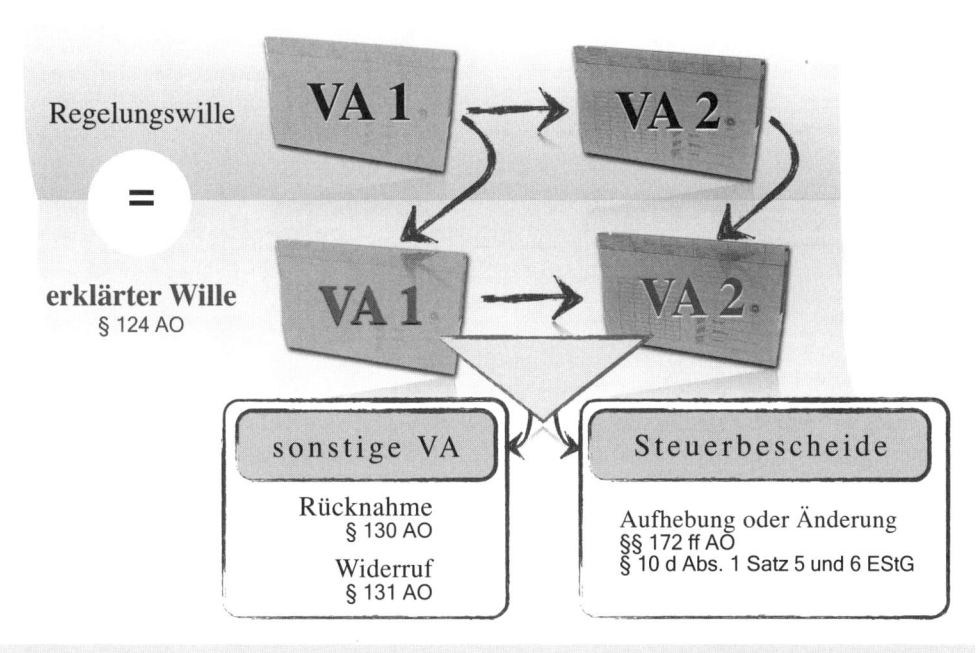

[Diagramm: Regelungswille = erklärter Wille (§ 124 AO), VA 1 → VA 2; sonstige VA: Rücknahme § 130 AO, Widerruf § 131 AO; Steuerbescheide: Aufhebung oder Änderung §§ 172 ff AO, § 10 d Abs. 1 Satz 5 und 6 EStG]

Beachte: Die Anwendung der §§ 130, 131 AO auf Steuerbescheide ist gemäß § 172 Abs. 1 Nr. 2d AO ausgeschlossen! **137**

Sowohl bei der Rücknahme oder dem Widerruf als auch bei der Aufhebung oder Änderung wird der ursprünglich gewollte Regelungsgehalt durch eine neue Regelung ersetzt.

Als Oberbegriff für Berichtigungen und von einem neuen Regelungsgehalt veranlasste Änderungen wird der Begriff »Korrektur« verwendet.[68]

III. Offenbare Unrichtigkeit

138 § 129 AO will das Abweichen des irrtümlich Erklärten zum materiell Gewollten berichtigen. Insofern setzt er einerseits die Erklärungstheorie voraus und schränkt sie andererseits zumindest in Hinblick auf das Fortbestehen des Erklärten ein.

139 Die Norm beschränkt sich dabei auf »offenbare« Unrichtigkeiten, die sie in Form von Schreib- und Rechenfehlern beispielhaft darstellt. Bei der Art der Unrichtigkeit darf es sich nur um mechanische Fehler handeln. In der Klausur werden für diese Vorgänge Begriffe wie »Verschreiben«, »Vergessen« oder »Übersehen« verwendet.[69]

140 Das komplementäre Gegenstück dazu ist der Rechtsfehler. Dazu gehört alles, was zum Bereich des Denkens, Überlegens, Schlussfolgerns oder Urteilens gehört. Auch die Frage, wie weitgehend zu ermitteln ist, ist kein mechanisches Handeln.

141 Die Rechtsprechung hat diese Abgrenzung dadurch justitiabel gemacht, indem sie bereits die Möglichkeit, dass eine rechtliche Überlegung zu dem Veranlagungsfehler geführt hat (sog. konkrete Fehlertheorie), als Ausschlussgrund für die Anwendung des § 129 AO ansieht.[70]

142 Der mechanische Fehler muss zudem »offenbar« sein. Das ist er nach Auffassung der Rechtsprechung und der Verwaltung (entgegen einem großen Teil der Literatur) bereits dann, wenn er ohne große Nachforschungen durch einen objektiven Dritten erkannt werden kann. Zulässiges Erkenntnismittel ist dabei insbesondere die behördliche Akte. Das heißt, dass es auf ein Erkennen allein aus dem Bescheid heraus nicht ankommt.[71]

143 Zu beachten ist, dass § 129 AO nur behördliche Fehler berichtigt (»beim Erlass des Verwaltungsakts«). Ein behördlicher Fehler liegt aber auch dann vor, wenn die Behörde einen mechanischen Fehler (z.B. Zahlendreher bei Rechenvorgang) des Steuerpflichtigen übernimmt und damit zu seinem eigenen Fehler macht.

144 Die Entscheidung steht grundsätzlich im Ermessen der Behörde. Bei Steuerbescheiden liegt aber bei einer Berichtigung zugunsten des Steuerpflichtigen ein berechtigtes Interesse i.S.d. Satzes 2 vor; zuungunsten des Steuerpflichtigen erfordert schon die Gleichmäßigkeit der Besteuerung eine Korrektur. Das Ermessen ist aber insoweit vorgeprägt, als eine Kompensation von materiellen Fehlern, wie dies § 177 AO für Änderungen bestimmt,[72] im Rahmen der Ermessensentscheidung angezeigt ist.

145 Die Berichtigung nach § 129 AO setzt voraus, dass Festsetzungsverjährung noch nicht eingetreten ist. § 171 Abs. 2 AO schiebt den Eintritt der Festsetzungsverjährung aber insoweit bis zum Ablauf eines Jahres nach Bekanntgabe des Bescheids hinaus.

IV. Rücknahme und Widerruf

146 Die §§ 130, 131 AO entsprechen dem Wortlaut der §§ 48, 49 VwVfG. Insoweit kann auf das allgemeine Verwaltungsrecht verwiesen werden. Steuerrechtlich ist vor allem bedeutsam, dass sich die Normen nur auf sonstige Verwaltungsakte beziehen, § 172 Abs. 1 Nr. 2d AO.

---

68 *Helmschrott/Schaeberle/Scheel*, S. 244.
69 Schwarz/*Frotscher* § 129 Rn. 6 f.
70 Schwarz/*Frotscher* § 129 Rn. 11.
71 Schwarz/*Frotscher* § 129 Rn. 21.
72 § 177 AO ist bei Berichtigungen nicht unmittelbar, sondern nur mittelbar (über die Ermessensprüfung) anzuwenden. Dies sollte in der Klausur stets deutlich werden.

A. Überblick

1. Die Rücknahme nach § 130 AO

Die Rücknahme betrifft nur formell oder materiell rechtswidrige Verwaltungsakte. Die Rechtswidrigkeit kann sich auch aus der fehlerhaften Ausübung des Ermessens (§ 5 AO) ergeben. Ist der sonstige Verwaltungsakt rechtmäßig, kommt nur ein Widerruf nach § 131 AO in Frage. 147

Die Rücknahme kommt nur in Betracht, falls der Bescheid nicht nichtig nach § 125 AO ist und weder eine offenbare Unrichtigkeit nach § 129 AO noch ein heilbarer Formfehler gemäß § 126 AO vorliegt. 148

Die Rücknahme belastender Verwaltungsakte ist immer möglich. Bei begünstigenden Bescheiden besteht gemäß § 130 Abs. 2 AO eine Rücknahmemöglichkeit nur, wenn der Verwaltungsakt 149

- Nr. 1: von einer sachlich unzuständigen Behörde erlassen wurde; regelmäßig ist er dann aber bereits nichtig,
- Nr. 2: durch unlautere Mittel (Täuschung, Bedrohung, Bestechung) erwirkt wurde,
- Nr. 3: vom Begünstigten durch Falschangaben erwirkt wurde,
- Nr. 4: der Begünstigte die Rechtswidrigkeit kannte oder das Nichtkennen auf grober Fahrlässigkeit beruhte oder
- die Voraussetzung des § 131 Abs. 2 AO für einen Widerruf eines rechtmäßigen Verwaltungsakts gegeben wären.

Die Rücknahme steht im Ermessen der Behörde. Es liegt aber grundsätzlich kein Ermessensfehler vor, wenn das Finanzamt eine Rücknahme belastender Verwaltungsakte nach abgelaufener Rechtsbehelfsfrist ablehnt, wenn keine Wiedereinsetzungsgründe vorhanden sind. Umgekehrt wird bei begünstigenden Verwaltungsakten eine Rücknahme dann regelmäßig veranlasst sein, wenn sie gemäß § 130 Abs. 2 AO zulässig ist.[73] 150

Die Rücknahme muss innerhalb eines Jahres ab Kenntnis der Rechtswidrigkeit erfolgen, § 130 Abs. 3 AO. Ausgenommen sind Rücknahmen nach § 130 Abs. 2 Nr. 2 AO (bei Täuschung, Drohung oder Bestechung, § 130 Abs. 3 S. 2 AO). 151

Fall: Auf den Steuerbescheid des A wurden statt der tatsächlich gezahlten 15.000 € Einkommensteuervorauszahlungen 18.000 € angerechnet. A hatte im entsprechenden Jahr auch 18.000 € bezahlt, davon hatte aber das Finanzamt 3.000 € für A kaum erkennbar auf eine ältere Umsatzsteuerschuld verrechnet. Als das Finanzamt seinen Fehler erkennt, erstellt es einen Abrechnungsbescheid nach § 218 AO und fordert A auf, eine Nachzahlung von 3.000 € zu leisten.

Lösung: Die Anrechnung von 18.000 € statt der vorausgezahlten 15.000 € entsprach nicht den Voraussetzungen des § 36 Abs. 2 Nr. 1 EStG und war daher rechtsfehlerhaft. Dieser rechtswidrige Verwaltungsakt könnte daher unter den Voraussetzungen des § 130 AO zurückgenommen werden.

Da der Verwaltungsakt den A begünstigte, kann er nur unter den Voraussetzungen des § 130 Abs. 2 AO zurückgenommen werden. Da das Finanzamt ohne jegliche Einflussnahme des A die Anrechnung vornahm, käme allenfalls eine Vertrauensschutz zerstörende Kenntnis der Unrichtigkeit der Anrechnung nach § 130 Abs. 2 Nr. 4 AO in Betracht. Da laut Sachverhalt die entsprechende Verrechnung der 3.000 € für A kaum erkennbar war, war ihm die Rechtswidrigkeit nicht bekannt. Insoweit liegt auch keine grobe Fahrlässigkeit des A vor. Eine Rücknahme der Anrechnung nach § 130 AO scheidet daher aus.

Nach Auffassung der Rechtsprechung wird aber über die Anrechnung ausschließlich im Rahmen der Abrechnung durch einen Abrechnungsbescheid nach § 218 Abs. 2 AO entschieden. Der Abrechnungsbescheid sei gegenüber dem Verwaltungsakt der Anrechnung vorrangig. Nach Auffassung des I. Senats ist aber für den Abrechnungsbescheid bedeutungslos, ob die nachrangige Anrechnungsverfügung nach den §§ 130, 131 AO noch geändert werden dürfe. Der Abrechnungsbescheid gehe einer zuvor erlassenen Anrechnungsverfügung vor, ohne diese förmlich aufzuheben, und sei daher nicht an die Anrechnungsverfügung gebunden.

---

[73] *Jakob* AO, Rn. 574.

> Demgegenüber vertritt der VII. Senat die Auffassung, dass das Vorrangverhältnis nur aus verfahrensrechtlichen Gründen bestehe. Der Vorrang des Abrechnungsverfahrens nach § 218 Abs. 2 AO als spezielleres und umfassenderes Verfahren besage nichts über den Inhalt und den bei seinem Erlass zu beachtenden Bindungen an vorausgegangene Verwaltungsakte aus. Der Bestandsschutz sei daher zu beachten.
>
> Der hier vertretenen Auffassung nach widerspricht der generelle Ansatz beider Senate dem Grundgedanken des Verwaltungsakts als solchem. Dass ein Verwaltungsakt nicht mehr angreifbar sein soll, ist mit der Natur des Verwaltungsakts (unmittelbare Rechtswirkung nach außen) nicht vereinbar. Die Auffassung des VII. Senats beachtet wenigstens noch dessen Rechtsqualität hinsichtlich des Vertrauensschutzes. Dieser Auffassung ist auch unter klausurtaktischen Gedanken (§§ 130, 131 AO sind inzidenter mitzuprüfen) der Vorrang zu geben.

2. Der Widerruf nach § 131 AO

152 Der Widerruf rechtmäßiger Entscheidungen ist nur bei Verwaltungsakten mit Dauerwirkung (»mit Wirkung für die Zukunft«) möglich. Typische Fälle sind die Stundung nach § 222 AO oder die Aussetzung der Vollziehung gemäß § 361 Abs. 2 AO. Über seinen Wortlaut hinaus besteht die Möglichkeit des Widerrufs auch bei noch nicht vollzogenen Verwaltungsakten.[74]

153 Bei nicht begünstigenden Verwaltungsakten ist ein Widerruf bei Ermessensentscheidungen immer möglich, § 131 Abs. 1 AO. Da gebundene rechtmäßige Entscheidungen »erneut erlassen werden müssten«, kommt bei ihnen ein Widerruf nie in Betracht, § 131 Abs. 1 2. Halbs. AO.

154 Bei begünstigenden Ermessensverwaltungsakten greift zugunsten der Steuerpflichtigen ein Vertrauensschutz in Form des § 131 Abs. 2 AO, der den Widerruf nur in folgenden Fällen zulässt:

- Wenn er durch Rechtsvorschrift zugelassen (z.B. § 148 S. 3 AO) oder im Verwaltungsakt vorbehalten wurde, § 120 Abs. 2 Nr. 3 AO; die Nebenbestimmung ist auch durch Umschreibungen (»Stundung bis auf weiteres«) möglich.
- Wenn eine mit dem Verwaltungsakt verbundene Auflage (§ 120 Abs. 2 Nr. 4 AO) nicht oder nicht fristgerecht erfüllt wird; das Verschulden des Begünstigten ist bei der Ermessensausübung zu berücksichtigen.
- Wenn das Finanzamt aufgrund nachträglich eingetretener Tatsachen berechtigt wäre, den Verwaltungsakt nicht zu erlassen und das öffentliche Interesse ohne Widerruf gefährdet ist.

Die Ermessensausübung bei der Änderung von rechtmäßigen Dauerverwaltungsakten ist einzelfallgeprägt und nicht klausurmäßig abprüfbar.

155 Die Fristproblematik stellt sich bei Dauerverwaltungsakten i.d.R. nicht. Lediglich bei Berufung auf das Vorliegen der Tatbestände nach § 131 Abs. 2 AO ist gemäß Satz 2 die Jahresfrist des § 130 Abs. 3 AO zu beachten.

B. Die Änderung von Steuerbescheiden

I. Die Einteilung der Korrekturmöglichkeiten

156 Die Voraussetzungen für die Aufhebung oder Änderung von Steuerbescheiden regelt § 172 AO. Nach § 172 Abs. 1 S. 1 Nr. 2 AO ist eine Korrektur nur nach den Voraussetzungen der in a–c geregelten Fälle zulässig, es sei denn,

- der Bescheid ist vorläufig (§ 165 AO) oder steht unter dem Vorbehalt der Nachprüfung (§ 164 AO) oder
- die Korrektur ist anderweitig gesetzlich zugelassen; solche gesetzlichen Regelungen finden sich insbesondere in den §§ 173–175 AO oder in § 10d Abs. 1 S. 2 und 3 EStG.

---

74 *Jakob* AO, Rn. 575.

Die beiden Alternativen unterscheiden sich grundsätzlich dadurch, dass die §§ 164, 165 AO als 157
gesetzlich zulässige Nebenbestimmungen dem Bescheid beigefügt worden sein mussten, während durch die übrigen Regelungen allein aufgrund des Vorliegens der gesetzlichen Tatbestandsvoraussetzungen jeder Bescheid geändert werden kann.

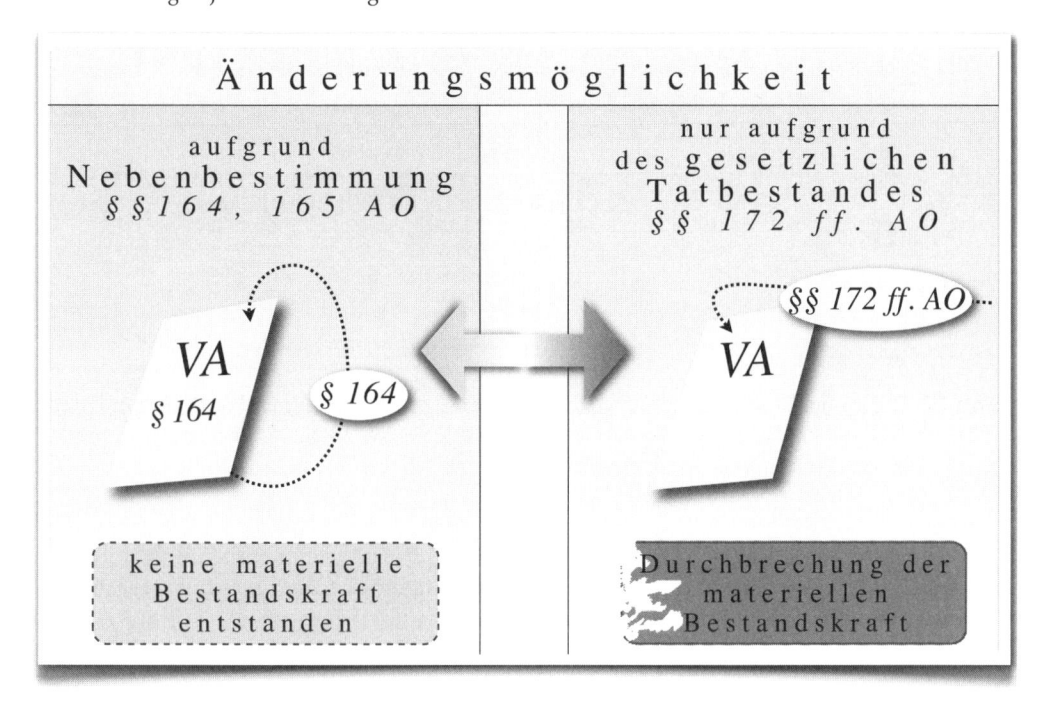

```
                        Änderungsmöglichkeit
         aufgrund                    nur aufgrund
      Nebenbestimmung             des gesetzlichen
        §§ 164, 165 AO              Tatbestandes
                                     §§ 172 ff. AO

                                        §§ 172 ff. AO
           VA                               VA
          § 164     § 164

       keine materielle            Durchbrechung der
        Bestandskraft                 materiellen
         entstanden                  Bestandskraft
```

Die gesetzlich zugelassenen Änderungsvorschriften dienen zur Durchbrechung der materiellen 158
Bestandskraft. Die Nebenbestimmungen der §§ 164, 165 AO lassen die materielle Bestandskraft insgesamt oder partiell erst gar nicht entstehen. Wird ein Änderungsbescheid wieder aufgehoben, tritt der ursprüngliche Bescheid wieder in Kraft.[75]

II. Sonderfall: Die gesonderte Feststellung des Verlustvortrags

§ 10d Abs. 4 EStG i.d.F. des Jahressteuergesetz 2010 enthält für die gesonderte Feststellung des 159
verbleibenden Verlustvortrags auch besondere Regelungen über den Erlass oder die Änderung dieses Bescheids. Die Vorschrift behandelt das Verhältnis von Einkommensteuerbescheid und gesondertem Verlustvortrag nicht ausdrücklich, aber »technisch« wie das Verhältnis Grundlagenbescheid – Folgebescheid. Wenn sich der Einkommensteuerbescheid ändert, schlägt dies nach § 10d Abs. 4 S. 4 EStG auf die Verlustfeststellung durch. Dies führt praktisch dazu, dass auch einer – mangels im Einkommensteuerbescheid berücksichtigter Verluste – nicht erlassenen Verlustfeststellung – technisch gesehen – eine materielle Bestandskraft zukommt. Eine neue Verlustfeststellung kann deshalb nur zusammen mit dem Erstbescheid erlassen werden oder dann, wenn der maßgebliche Einkommensteuerbescheid noch geändert werden kann oder werden könnte, dies aber mangels steuerbarer Auswirkungen unterbleibt, § 10d Abs. 4 S. 5 EStG.[76]

III. Die vorläufige Steuerfestsetzung

§ 165 AO ermöglicht der Finanzbehörde einen Steuerbescheid mit einem Vorläufigkeitsvermerk 160
zu versehen. Diese gesetzlich zugelassene Nebenbestimmung setzt eine Ungewissheit voraus, ob oder inwieweit eine Steuer entstanden ist.

---
75 BFH BStBl. II 2006, 346.
76 BFH BStBl. II 2002, 817.

Die Ungewissheit kann

- sachverhaltsbezogen sein, § 165 Abs. 1 S. 1 AO (Voraussetzung ist die Ungewissheit über eine Tatsache, z.B. ob ein Testament existiert, nicht über die steuerrechtliche Beurteilung eines feststehenden Sachverhalts) oder
- regelungsbezogen sein, § 165 Abs. 1 S. 2 AO. Das ist sie dann, wenn entweder das Inkrafttreten eines DBA (Nr. 1), die Umsetzung eines BVerfG-Urteils (Nr. 2) oder die Vereinbarkeit eines Steuergesetzes mit höherrangigem Recht wegen Anhängigkeit eines Verfahrens bei einem obersten Gericht – EuGH, BVerfG, BFH – (Nr. 3) ungewiss ist.

161 Die Vorläufigkeit bezieht sich nur auf einzelne Besteuerungsgrundlagen. Bestandskraft tritt insoweit nicht ein. Der Bescheid wird aber hinsichtlich der übrigen Besteuerungsgrundlagen partiell bestandskräftig.

Gemäß § 165 Abs. 1 S. 3 AO sind anzugeben:

- Umfang und
- Grund der Vorläufigkeit.

Fehlt die Angabe des Umfangs, ist die Nebenbestimmung nicht hinreichend bestimmt und daher nichtig. Der Bescheid wird dann insgesamt bestandskräftig. Wird der Grund der Vorläufigkeit nicht angegeben, ist die Nebenbestimmung wirksam, aber anfechtbar.[77]

Bei sachverhaltsbezogenen Ungewissheiten muss die Vorläufigkeit aufgehoben und der Steuerbescheid geändert werden, wenn die Ungewissheit beseitigt ist, § 165 Abs. 2 S. 2 AO.

Soweit der Bescheid vorläufig ist, kann die Festsetzung aufgehoben und geändert werden, ohne dass die Bestandskraft dem entgegensteht. Durch die Ablaufhemmung des § 171 Abs. 8 AO tritt keine Festsetzungsverjährung für den von der Vorläufigkeit umfassten Sachverhalt ein.

Die Vorläufigkeit kann auch mit einem Vorbehalt nach § 164 AO verbunden werden, § 165 Abs. 3 AO.

IV. Die Vorbehaltsfestsetzung

162 § 164 AO räumt der Verwaltung die Möglichkeit ein, das Entstehen einer materiellen Bestandskraft trotz Bekanntgabe zu verhindern. Denn gemäß § 164 Abs. 2 S. 1 AO kann die Behörde einen unter Vorbehalt der Nachprüfung stehenden Steuerbescheid zu jeder Zeit und beliebig oft ändern.

163 Einzige Voraussetzung ist, dass der Fall noch nicht abschließend geprüft wurde. Ob das der Fall ist, bestimmt ausschließlich die Behörde. Sie muss den Vorbehalt auch nicht begründen. Regelfall des Vorbehalts ist die Veranlagung eines Steuerpflichtigen, der für die Außenprüfung vorgesehen ist. Eine abschließende Prüfung kann durch den Steuerpflichtigen auch nicht durch einen Einspruch erzwungen werden. § 367 Abs. 2 S. 1 AO führt lediglich zu einer vollumfänglichen Prüfung. Diese muss aber nicht abschließend sein.[78]

164 Die Nebenbestimmung selbst kann auch jederzeit aufgehoben werden, § 164 Abs. 3 S. 1 AO. Eine Pflicht zur Aufhebung besteht nach § 164 Abs. 3 S. 3 AO nur, wenn eine Außenprüfung zu keiner Änderung geführt hat. Die Aufhebung des Vorbehalts steht einem Steuerbescheid gleich. Mit der Aufhebung entsteht erstmals materielle Bestandskraft. Der Bescheid ist daher in vollem Umfang durch einen Einspruch angreifbar.

165 Der Vorbehalt der Nachprüfung hemmt die Festsetzungsverjährung nicht, § 164 Abs. 4 AO. Mit Ablauf der Festsetzungsverjährung entfällt daher der Vorbehalt durch das Gesetz. Mangels behördlichen Handelns handelt es sich dann auch nicht um einen Verwaltungsakt. Will der Steuerpflichtige kurz vor Ablauf der Verjährung eine Änderung nach § 164 Abs. 2 S. 2 AO beantragen, führt das gemäß § 171 Abs. 3 AO zu einer Hemmung der Verjährung, bis über den Antrag entschieden ist.

---

77 Im Einzelnen str., vgl. *Hübschmann/Hepp/Spitaler* § 165 Rn. 24.
78 *Schwarz/Frotscher* § 164 Rn. 41.

V. Der Vertrauensschutz bei der Änderung

§ 176 AO schützt das Vertrauen des Steuerpflichtigen in den Rechts- und Meinungsstand im Zeitpunkt des Erlasses des Steuerbescheids. Er bindet die Verwaltung und die Gerichte.[79] Bei Änderungen des Steuerbescheids, insbesondere wenn bisher ein Vorbehalt der Nachprüfung nach § 164 AO bestand, aber auch im Rahmen der Mitberichtigung nach § 177 AO dürfen Rechtsprechungsänderungen (§ 176 Abs. 1 Nr. 3 AO) nicht zu Lasten des Steuerpflichtigen berücksichtigt werden. Der Bescheid ist dann unter Zugrundelegung der bisherigen Rechtsauffassung zu ändern. 166

Der gleiche Schutz besteht für den Fall, dass 167

- das BVerfG die Nichtigkeit eines Gesetzes feststellt, auf dem die bisherige Steuerfestsetzung beruht, (§ 176 Abs. 1 Nr. 1 AO) oder
- der BFH eine Norm für verfassungswidrig (§ 176 Abs. 1 Nr. 2 AO) oder ein BMF-Schreiben für rechtswidrig hält (§ 176 Abs. 2 AO).

Ein Vertrauen in die Rechtsprechung oder Verwaltungsauffassung im jeweilgen Veranlagungsjahr gewährt § 176 AO grundsätzlich nicht.[80] Wenn der Steuerpflichtige das Vertrauen in den rechtlichen status quo geschützt haben will, besteht für ihn die Möglichkeit, nach § 89 Abs. 2 AO eine verbindliche Auskunft zu beantragen. Diese ist allerdings ab 2007 gemäß den Abs. 3–5 gebührenpflichtig. 168

VI. Die schlichte Änderung

Außer der allgemeinen Zuordnung der Korrekturvorschriften für Steuerbescheide enthält § 172 AO im Abs. 1 unter Nr. 2a eine Änderungsmöglichkeit für Steuerbescheide auf Antrag oder mit Zustimmung des Steuerpflichtigen. § 172 Abs. 1 Nr. 2a AO schränkt diese weitgehende Grundvorschrift wesentlich dadurch ein, dass dies zugunsten des Steuerpflichtigen nur dann möglich ist, wenn er die Zustimmung oder den Antrag vor Ablauf der Einspruchs- oder Klagefrist, § 172 Abs. 1 S. 3 AO erteilt bzw. gestellt hat. 169

Zu seinen Lasten wird der Steuerpflichtige aber regelmäßig keinen Antrag stellen, sodass § 172 Abs. 1 Nr. 2a AO sich als Konkurrenz des Einspruchs darstellt. Beide setzen voraus, dass noch keine formelle Bestandskraft eingetreten ist. Die Änderungsmöglichkeit ist daher zunächst in ihren Voraussetzungen und Wirkungen dem Einspruch gegenüber zu stellen. 170

Bei einem Änderungsbegehren vor Ablauf der Einspruchsfrist ist deshalb stets zu klären, ob dies als Einspruch oder Antrag nach § 172 Abs. 1 Nr. 2a AO auszulegen ist. Zugunsten des Steuerpflichtigen ist aber in Zweifelsfällen nach dem Meistbegünstigungsgedanken ein Einspruch anzunehmen, wenn dessen formelle Voraussetzungen erfüllt sind. Auch eine Steuererklärung, die nach einem Schätzungsbescheid eingereicht wird, ist als Einspruch zu werten.[81] Denn dann können auch andere Tatbestände zugunsten des Steuerpflichtigen noch berücksichtigt werden. Der Drohung einer Verböserung kann sich der Steuerpflichtige durch Rücknahme entziehen. 171

Der Antrag muss auf eine bestimmte Änderung gerichtet sein. Die inhaltliche Konkretisierung muss vor Ablauf der Einspruchsfrist erfolgen. Ist das nicht geschehen, ist der Antrag unbestimmt und damit unwirksam. Gegenüber dem Einspruch ist dies die einzige stärkere formelle Anforderung. 172

---

79 BFH BStBl. II 2002, 840.
80 Bei der Aufgabe der Rechtsprechung zur Vererblichkeit von Verlustvorträgen hat der Große Senat (Beschl. v. 17.12.2007 – GrS 2/04, BStBl. II 2008, 608) eine weitergehende vertrauenschützende Übergangsregelung für notwendig gehalten. Die neue Rechtslage ist danach erst mit Wirkung für Todesfälle nach Bekanntgabe der Entscheidung (am 12.03.2008) anzuwenden.
81 BFH BStBl. II 2003, 505.

	SCHLICHTE ÄNDERUNG	EINSPRUCH
Form	formlos, auch telefonisch	schriftlich oder zur Niederschrift § 357 Abs. 1
Frist	**ZUGUNSTEN:** Antrag bis zur Unanfechtbarkeit des VA **ZUUNGUNSTEN:** Keine Frist	bis zur Unanfechtbarkeit des VA § 355 Abs. 1 AO
Wirkung	soweit die Zustimmung des Stpfl. reicht Änderung nur zu Gunsten möglich	Gesamtaufrollung des Falles auch Verböserung § 367 Abs. 2 S. 2 AO
Erweiterbarkeit	nach Eintritt der formellen Bestandskraft **nicht mehr erweiterbar**	im laufenden Einspruchsverfahren **beliebig erweiterbar**
Rechtsbehelf	Einspruch § 347 Abs. 1 AO	Klage § 40 FGO

173 Kompliziert wird die »schlichte« Änderung nach § 172 Abs. 1 Nr. 2a AO dann, wenn der Antrag verbeschieden wird.

- Wird dem Antrag stattgegeben, ergeht folglich ein Änderungsbescheid. Inwieweit dieser Bescheid Rechtsmitteln zugänglich ist, ist strittig. Nach wohl herrschender Auffassung ist ein Einspruch gegen diesen Bescheid nur dann zulässig, wenn noch gegen den Ausgangsbescheid Einspruch eingelegt werden könnte. Ansonsten fehlt, soweit dem Antrag entsprochen wurde, die Beschwer; soweit ein über das bisher beantragte hinausgehender Anspruch geltend gemacht wird, hindert § 351 Abs. 1 AO eine zulässige Änderung.[82]
- Wird dem Antrag ganz oder teilweise nicht entsprochen, kann der Steuerpflichtige entweder Einspruch einlegen, der sich wegen § 351 Abs. 1 AO ausschließlich auf den nicht gewährten Änderungsteil bezieht, oder wiederum einen Antrag nach § 172 Abs. 1 Nr. 2a AO. Für diesen Antrag ist aber dann § 351 Abs. 1 AO entsprechend anzuwenden.

174 Durch das StBerG 1999 wurde die Abhilfeentscheidung als zusätzliche Änderungsmöglichkeit in § 172 Abs. 1 Nr. 2d AO aufgenommen. Dadurch wurde klargestellt, dass die Abhilfe keiner Umdeutung des Einspruchs in einen Antrag auf schlichte Änderung bedarf.

VII. Änderung wegen neuer Tatsachen

1. Grundvoraussetzung

175 Die abgabenrechtlich wichtigste Änderungsnorm, die nicht rein mechanisch umgesetzt wird, enthält § 173 AO. In Anbetracht des in einem Steuerbescheid enthaltenen umfangreichen Sachverhaltes (i.d.R. Tatbestände eines ganzen Jahres) läuft jedes Festsetzungsverfahren in Gefahr, dass relevante Sachverhalte nicht bis zum Abschluss des immer unter Zeitdruck stehenden Ermittlungsverfahrens bekannt und berücksichtigt werden.

176 Um dennoch eine zügige Veranlagung zu ermöglichen, gewährt § 173 AO eine Durchbrechung der Bestandskraft, um nicht bekannte Sachverhalte in den Bescheid einfließen lassen zu können. Grundvoraussetzung ist, dass Tatsachen oder Beweismittel nachträglich bekanntwerden. Dabei sind

---

[82] Schwarz/*Frotscher* § 172 Rn. 39.

- Tatsachen alles, was zum Gegenstand der rechtlichen Subsumtion gemacht wurde; das können Einnahmen oder Ausgaben sein, die wertbildenden Faktoren einer Sache. Die Tatsache ist dabei von der Schlussfolgerung bzw. dem Ergebnis der Subsumtion abzugrenzen. Das kann im Einzelfall deshalb schwierig sein, weil auch gängige Begriffe wie Kauf oder Miete letztlich eine Zusammenfassung von Tatsachen enthalten, die eine bestimmte rechtliche Wertung auslösen. Für das richtige Ergebnis ist es am sinnvollsten, wenn das als Tatsache behandelt wird, was die Behörde als Grundlage der Rechtsanwendung genommen hat. Hatte die Behörde keine Kenntnis, dass überhaupt Einkünfte erzielt wurden, ist als Tatsache die gesamte Tätigkeit anzusehen, nicht die einzelnen Erträge oder Aufwendungen.[83]
- Beweismittel alle Erkenntnismittel zur Aufklärung des Sachverhalts, z.B. Schriftstücke, Belege oder andere Urkunden; Gutachten können dann Beweismittel sein, wenn sie die Erkenntnis neuer Tatsachen vermitteln und nicht nur Schlussfolgerungen enthalten.[84]

Über den Wortlaut hinaus liegt eine Tatsache oder ein Beweismittel im Sinne dieser Norm aber nur vor, wenn deren Kenntnis im Zeitpunkt des Erlasses zu einer abweichenden Steuerfestsetzung geführt hätte; maßgeblich sind insoweit nur »rechtserhebliche« Tatsachen. Die Testfrage lautet: Wäre das Finanzamt bei rechtzeitiger Kenntnis der ihr unbekannt gebliebenen Tatsache schon bei der ursprünglichen Steuerfestsetzung mit an Sicherheit grenzender Wahrscheinlichkeit zu einer anderen Entscheidung gelangt? 177

Nachträglich bekannt werden können diese Tatsachen oder Beweismittel nur, wenn sie 178

- im Zeitpunkt des Erlasses des Ausgangsbescheids schon existierten (ansonsten ist zu prüfen, ob ein rückwirkendes Ereignis vorliegt, § 175 Abs. 1 Nr. 2 AO)
- dem Finanzamt jedoch noch nicht bekannt waren; maßgeblich ist dabei die Kenntnis des Beamten, der den Steuerfall bearbeitet (str.); als bekannt gilt aber auch, was in den Steuerakten niedergelegt ist. Denn wenn der Beamte ohne Beiziehung der Akten entscheidet, liegt ein Ermittlungsfehler vor. Insoweit stellt die Zurechnung des Aktenwissens einen Sonderfall des Bekanntseins dar, da nur zugunsten des Steuerpflichtigen der Akteninhalt als bekannt vorausgesetzt wird.

Ermittlungsfehler des Finanzamts sind im Wege des Treu und Glaubens bei der Prüfung, was als bekannt gilt, zu berücksichtigen. Wer eine ordentliche Steuererklärung abgibt, kann Verstöße gegen die Ermittlungspflicht, wie etwa die erklärungsgemäße Veranlagung trotz widersprüchlicher und unvollständiger Angaben, für sich nutzen. Hat aber der Steuerpflichtige seine Mitwirkungspflicht nicht angemessen erfüllt, kann er sich auch nicht erfolgreich auf Ermittlungsfehler des Finanzamtes berufen.[85] Bei eindeutigen Steuererklärungen kann das Finanzamt von deren Richtigkeit und Vollständigkeit ausgehen.[86] 179

2. Aufteilung nach Steuerwirkung

Ob die Voraussetzungen für eine Änderung nach § 173 Abs. 1 AO vorliegen, ist für jede einzelne Tatsache oder jedes einzelne Beweismittel zu entscheiden. Dabei unterscheidet § 173 Abs. 1 AO danach, ob die Erfüllung des Grundtatbestands zu einer höheren oder niedrigeren Steuer führt. 180

Führt die Tatsache zu einer höheren Steuer, ist gemäß § 173 Abs. 1 Nr. 1 AO immer zu ändern. Dies gilt auch dann, wenn die höhere Steuer zu einem Vorteil für den Steuerpflichtigen führt, etwa weil nur dadurch die Anrechnung von Steuerabzügen möglich ist, z.B. § 36 Abs. 2 Nr. 2 EStG (»bei der Veranlagung erfasste Einkünfte«); im Wege der Gesamtbetrachtung ist die Regelung insoweit aber zu reduzieren, als auch dann die zusätzlichen Voraussetzungen des § 173 Abs. 1 Nr. 2 AO vorliegen müssen. 181

---

83 Vgl. die Zusammenstellung bei Schwarz/*Frotscher* § 173 Rn. 33 ff.
84 Schwarz/*Frotscher* § 173 Rn. 91.
85 Klein/*Rüsken* § 173 Rn. 80, 85.
86 BFH BStBl. II 2004, 911.

4. Kapitel. Korrektur von Steuerverwaltungsakten

182 Führt die Tatsache zu einer niedrigeren Steuer, wird eine Änderung nur durchgeführt, wenn alternativ

- kein grobes Verschulden des Steuerpflichtigen am nachträglichen Bekanntwerden vorliegt, § 173 Abs. 1 Nr. 2 S. 1 AO; dabei muss er sich ein grobes Verschulden eines Vertreters, insbesondere seines Steuerberaters zurechnen lassen (str., weil anders als in § 110 Abs. 1 S. 2 AO nicht ausdrücklich in § 173 Abs. 1 Nr. 2 AO erwähnt); eigene mangelnde steuerrechtliche Kenntnisse begründen kein grobes Verschulden; Fragen, die in Steuerformularen gestellt sind, müssen aber beantwortet werden.[87]

Fall: Architekt A erzielt einen Verlust und gibt keine Steuererklärung ab. Das Finanzamt erlässt einen Steuerbescheid mit Gewinn = 0 €. Erst als A einen Steuerberater konsultiert, beantragt er die Änderung des Steuerbescheids. Er trägt vor, dass in der Steuererklärung nur nach einem »Gewinn«, nicht aber nach Verlusten gefragt wurde.

Lösung: Zwar beinhaltet die Nichtabgabe einer Steuererklärung grundsätzlich ein grobes Verschulden,[88] wenn aber aufgrund eines entschuldbaren Rechtsirrtums keine Erklärung abgegeben wird, ist das ebenso unschädlich, wie wenn zu bestimmten Einkünften keine Angaben gemacht werden. Solange der Rechtsirrtum fortbesteht, ist auch entschuldbar, dass kein Rechtsbehelf geführt wird. A handelte auch nicht deshalb grob fahrlässig, weil er nicht früher einen Steuerberater konsultiert hat. Dem steuerrechtlichen Laien trifft grundsätzlich keine Pflicht, fachlichen Rat einzuholen. Der Bescheid kann daher noch geändert werden.

oder

- ein Zusammenhang mit einer Tatsache vorliegt, die zu einer höheren Steuer führt, § 173 Abs. 1 Nr. 2 S. 2 AO; d.h., dass der steuermindernde Vorgang nicht ohne den steuererhöhenden denkbar ist; der Zusammenhang kann auch nur mittelbar sein.

Fall: Die Galeristin B hat keine Umsatzsteuererklärung abgegeben. Das Finanzamt schätzt die Umsatzsteuer. Es unterstellt Umsätze von 100.000 € (= 19.000 € USt) und eine Vorsteuer von 6.000 €. Die Umsatzsteuer wird mit 13.000 € festgesetzt. Drei Monate nach Bekanntgabe des Bescheids reicht B eine Steuererklärung mit Umsätzen von 200.000 € (= 38.000 € USt) und Vorsteuern von 30.000 € ein. Sie errechnet eine Umsatzsteuer von nur 8.000 €.

Lösung: Die neu erklärten Umsätze und Vorsteuern sind neue Tatsachen nach § 173 AO. Die Umsätze führen zu einer Steuererhöhung und sind daher nach § 173 Abs. 1 Nr. 1 AO zu berücksichtigen. Die Vorsteuern sind grob schuldhaft erst verspätet bekannt geworden. Sie können daher nur insoweit beachtet werden, wie sie mit den steuererhöhenden – also den über die bisherigen Schätzungsbeträge hinausgehenden – Umsätzen in Zusammenhang stehen. Mangels unmittelbarem Zusammenhang ergibt sich dieser Zusammenhang nur über eine anteilige Berücksichtigung im Verhältnis der zusätzlich erklärten zu den geschätzten Umsätzen.[89] Nach § 173 Abs. 2 S. 2 AO kann deshalb nur die Hälfte (100.000 € zusätzliche Umsätze von insgesamt 200.000 € Gesamtumsätzen) der zusätzlichen Vorsteuer von (30.000 € – bisher geschätzte 6.000 € =) 24.000 €, also nur 12.000 € zusätzliche Vorsteuer beachtet werden. Insgesamt werden damit 12.000 € + 6.000 € = 18.000 € Vorsteuern berücksichtigt. Die verbleibenden Vorsteuern von (30.000 € – 18.000 € =) 12.000 € können nur im Rahmen des § 177 AO die Umsatzsteuer mindern.

Steuererhöhende Tatsachen dürfen nicht mit steuermindernden saldiert werden. Vielmehr ist in Hinblick auf die Mitberichtigung nach § 177 AO jede Tatsache streng für sich selbst zu betrachten.

---

87 Klein/*Rüsken* § 173 Rn. 125.
88 BFH BStBl. II 2005, 75.
89 BFH BStBl. II 2003, 785.

B. Die Änderung von Steuerbescheiden

VIII. Sonderfall: Verfahrensrechtliche Anpassung des Einkommensteuerbescheids des Anteilseigners bei verdeckter Gewinnausschüttung

Werden Leistungsvergütungen (z.B. für ein vom Anteilseigner gewährtes Darlehen) im Rahmen einer Außenprüfung bei einer Kapitalgesellschaft ganz oder teilweise in eine verdeckte Gewinnausschüttung umqualifiziert, muss der Gesellschafter die umqualifizierten Einkünfte i.d.R. nur anteilig versteuern. Ab 2009 fällt bei privat gehaltenen Anteilen dann die (i.d.R. ebenfalls günstigere) Abgeltungssteuer an. Bisher wurde der Betrag (z.B. als Darlehenszinsen) aber in voller Höhe erfasst. 183

In aller Regel stehen die Einkommensteuerbescheide eines Gesellschafters nicht unter dem Vorbehalt der Nachprüfung gemäß § 164 AO. Eine Änderung nach § 173 AO verhindert i.d.R. ein grobes Verschulden des Steuerpflichtigen. Die Anwendung des § 174 AO scheitert mangels mehrfacher Berücksichtigung, und da der Körperschaftsteuerbescheid kein Grundlagenbescheid für die Einkommensteuer des Anteilseigners ist, kann der Einkommensteuerbescheid auch nicht nach § 175 AO geändert werden. 184

Ab dem VZ 2007 enthält nun § 32a Abs. 1 S. 1 KStG eine eigenständige Änderungsvorschrift für den Erlass, die Aufhebung oder Änderung eines Steuerbescheids gegenüber dem Anteilseigner, soweit bei einer Kapitalgesellschaft ein Steuerbescheid mit Feststellungen über eine verdeckte Gewinnausschüttung erlassen, aufgehoben oder geändert wird. 185

§ 32a Abs. 1 S. 2 KStG enthält gegenüber § 171 AO eine eigenständige Regelung zur Ablaufhemmung. Die Festsetzungsfrist endet nicht vor Ablauf von einem Jahr nach Unanfechtbarkeit des Steuerbescheids hinsichtlich der Berücksichtigung der verdeckten Gewinnausschüttung gegenüber der Kapitalgesellschaft. Dem Körperschaftsteuerbescheid der ausschüttenden Kapitalgesellschaft kommt dabei nun doch eine grundlagenähnliche Funktion zu für den Bescheid des Gesellschafters. 186

IX. Widerstreitende Festsetzungen

Mit der materiellen Richtigkeit ist es nicht vereinbar, dass derselbe Sachverhalt in unterschiedlichen Bescheiden unterschiedlich gewertet wird. Um das Rechtsgefühl der Allgemeinheit, wonach ein solches Ergebnis nicht hinnehmbar ist, mit dem juristisch streng auf das einzelne Verwaltungsverfahren bezogene Denken in Einklang zu bringen, ermöglicht § 174 die Durchbrechung der Bestandskraft zur Harmonisierung widerstreitender Entscheidungen.[90] § 174 AO überwindet sogar entgegen § 110 Abs. 1 S. 1 Nr. 1 FGO die Rechtskraft von FG-Urteilen.[91] 187

Ein Widerstreit kann darin gegeben sein, dass ein Sachverhalt doppelt erfasst wurde (positiver Widerstreit) oder völlig unerfasst blieb (negativer Widerstreit). Die Beseitigung eines positiven Widerstreits regelt § 174 Abs. 1 und 2 AO, den negativen Widerstreit versuchen die Abs. 3–5 zu vermeiden. 188

1. Der positive Widerstreit

Der positive Widerstreit setzt voraus, dass ein bestimmter Sachverhalt in mehreren Bescheiden berücksichtigt wurde. Mehrere Bescheide können sein 189

- Steuerbescheide aus verschiedenen Veranlagungszeiträumen,
- Steuerbescheide gegen verschiedene Steuerpflichtige,
- Steuerbescheid und Feststellungsbescheid desselben Jahres und desselben Steuerpflichtigen.

Die doppelte Erfassung eines Vorgangs in verschiedenen Einkunftsarten oder bei Einkünften und privaten Abzügen desselben Steuerbescheids sind keine Anwendungsfälle des § 174 AO.

Der Begriff des »bestimmten Sachverhalts« wird vom BFH als einheitlicher Lebensvorgang definiert. Maßgeblich ist nicht, ob ein Sachverhalt deckungsgleich berücksichtigt wird.[92] Auch bei 190

---
90 Klein/*Rüsken* § 174 Rn. 1 f.
91 BFH BStBl. II 2004, 763.
92 So aber *Tipke/Kruse* § 174 Rn. 5.

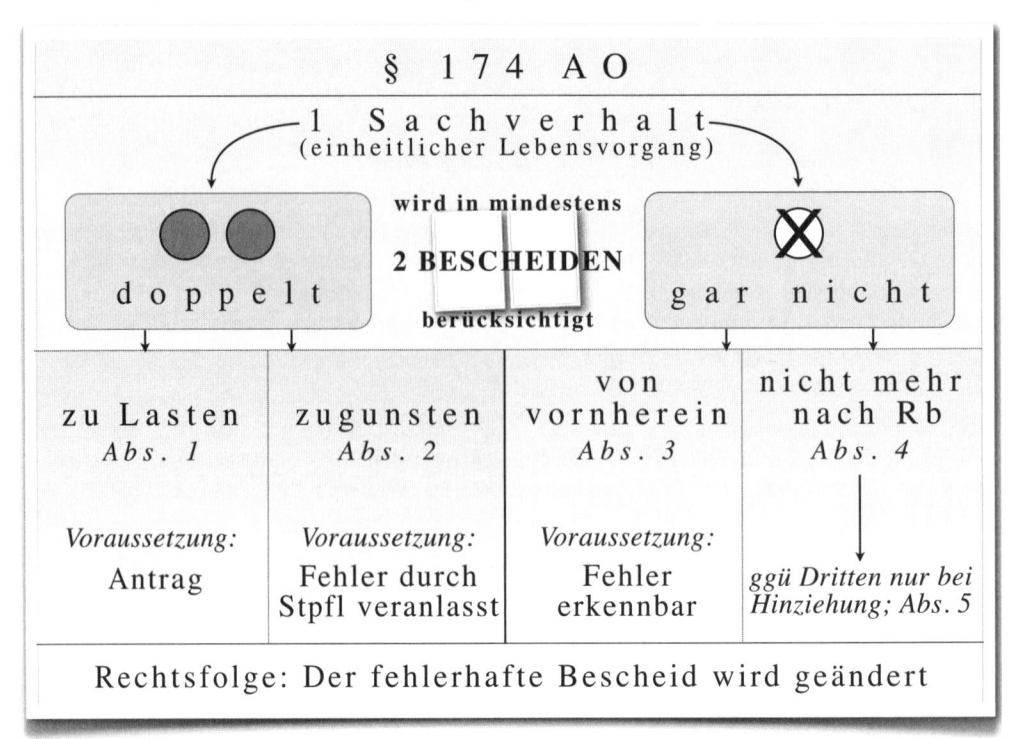

korrespondierenden Sachverhalten (Aufwand oder Ausgabe bei einem Steuerpflichtigen, Ertrag beim anderen) findet § 174 AO Anwendung.[93]

§ 174 AO				
1 Sachverhalt (einheitlicher Lebensvorgang) wird in mindestens 2 BESCHEIDEN berücksichtigt				
doppelt			gar nicht	
zu Lasten Abs. 1	zugunsten Abs. 2	von vornherein Abs. 3	nicht mehr nach Rb Abs. 4	
Voraussetzung: Antrag	Voraussetzung: Fehler durch Stpfl veranlasst	Voraussetzung: Fehler erkennbar	ggü Dritten nur bei Hinziehung; Abs. 5	
Rechtsfolge: Der fehlerhafte Bescheid wird geändert				

191 Wird ein bestimmter Sachverhalt in mehreren Bescheiden berücksichtigt, ist zu unterscheiden, ob die Berücksichtigung den Steuerpflichtigen begünstigt oder nicht.

- Bei einer mehrfachen Berücksichtigung zuungunsten des Steuerpflichtigen wird der fehlerhafte Bescheid gemäß § 174 Abs. 1 AO auf Antrag geändert. Ist die Festsetzungsverjährungsfrist für den fehlerhaften Bescheid schon abgelaufen, kann der Antrag auf Änderung gemäß § 174 Abs. 1 S. 2 AO bis zum Ablauf eines Jahres nach Unanfechtbarkeit einer der betroffenen Bescheide gestellt werden. Bei rechtzeitiger Antragstellung verjährt die Festsetzung gemäß § 174 Abs. 1 S. 3 AO nicht.
- Bei einer doppelten Berücksichtigung zugunsten des Steuerpflichtigen erfolgt gemäß § 174 Abs. 2 AO die Änderung auch ohne Antrag (Satz 1), wenn die doppelte Erfassung vom begünstigten Steuerpflichtigen durch einen Antrag oder eine Erklärung veranlasst wurde (Satz 2). Es reicht auch eine Mitveranlassung aus, diese muss aber überwiegend sein. Hat der Steuerpflichtige den Sachverhalt vollständig und richtig dargestellt, ist eine Änderung ausgeschlossen.

Beispiel: Das Finanzamt stellt bei der Veranlagung 02 fest, dass eine Einnahme, die bereits bei der Veranlagung 01 erfasst war, erst in 02 zu versteuern ist und setzt diesen Betrag nochmals in 02 an.

Durch die erneute Berücksichtigung derselben Einnahme liegt ein positiver Widerstreit zu Lasten des Steuerpflichtigen i.S.d. § 174 Abs. 1 vor. Es ist der fehlerhafte Bescheid für das Jahr 01 zu ändern.

2. Der negative Widerstreit

192 Wird ein bestimmter Sachverhalt nicht berücksichtigt, liegt ein negativer Widerstreit nur vor, wenn die Nichtberücksichtigung erkennbar deshalb erfolgte, weil der Sachverhalt in einem anderen Bescheid erfolgen sollte, § 174 Abs. 3 AO.

Erkennbar heißt, dass der Steuerbescheid dem Empfänger die Nichtberücksichtigung bewusst macht oder bei verständiger Würdigung bewusst machen würde. Anders als bei § 129 AO

---
[93] BFH BStBl. II 1997, 647.

kommt es auf die Empfängerebene an. Dabei ist auf den gesamten Sachverhaltsablauf abzustellen. Es ist aber egal, ob die Nichtberücksichtigung auf einen Fehler im Rechtlichen oder Tatsächlichen zurückzuführen ist.

Anders als bei § 174 Abs. 2 AO kommt es auch nicht darauf an, ob der Steuerpflichtige die fehlerhafte Nichtberücksichtigung verursacht hat. Entgegen dem Wortlaut (»kann«) des § 174 Abs. 3 AO handelt es sich nicht um eine Ermessensvorschrift. Eine Änderung ist an die Festsetzungsverjährung der anderen (richtigen) Steuerfestsetzung gebunden. 193

§ 174 Abs. 4 AO erleichtert die Änderung dann, wenn die Nichtberücksichtigung sich als Ergebnis eines gerichtlichen oder außergerichtlichen Rechtsbehelfs ergibt. Dann kommt es auf eine Veranlassung durch den Steuerpflichtigen an und die Änderung kann noch ein Jahr bis zur Aufhebung oder Änderung des fehlerhaften Bescheids durchgeführt werden. Eine (Folge-)Änderung nach § 174 Abs. 4 AO setzt weder voraus, dass mit der (Ausgangs-)Änderung zugunsten des Steuerpflichtigen dessen Antrag entsprochen wurde, noch dass die Auswirkungen der Änderung zugunsten und der Änderung zuungunsten des Steuerpflichtigen einander aufheben.[94] 194

Soll ein Sachverhalt gegenüber einem Dritten nach § 174 Abs. 4 AO berücksichtigt werden, weil sich aufgrund des Rechtsbehelfs eine Nichtberücksichtigung ergibt, gelten gemäß § 174 Abs. 5 AO die Erleichterungen nur dann auch gegenüber dem Dritten,[95] wenn dieser zum Verfahren hinzugezogen oder beigeladen war. 195

> **Fall:** Das Finanzamt erkennt in 02 Betriebsausgaben des A nicht an, weil sie als Sonderausgaben anzusehen sind. Sie werden aber nicht als Sonderausgaben berücksichtigt. A erkennt das erst nach Ablauf der Rechtsbehelfsfrist. Eine offenbare Unrichtigkeit scheidet aus. A beantragt eine Änderung nach § 174 Abs. 3 AO.

> **Lösung:**
> Hier liegt kein Fall des § 174 Abs. 3 AO vor, weil von diesem Fehler kein anderer Steuerbescheid betroffen ist.
>
> Anders wäre es, wenn das Finanzamt den Aufwand in 01 nicht berücksichtigt hätte, weil es zunächst der Auffassung war, dass die Ausgabe in 02 anzusetzen ist und nun seine Auffassung (zu Recht) korrigiert. Dann muss nun nach § 174 Abs. 3 AO der Steuerbescheid 01 geändert werden.

X. Änderung von Folgebescheiden

Die unkomplizierteste Änderungsnorm des Steuerrechts ist § 175 Abs. 1 Nr. 1 AO. Wird ein Grundlagenbescheid erlassen, geändert oder aufgehoben, kann ihm nur dann eine entsprechende Bindungswirkung zukommen, wenn er im Folgebescheid umgesetzt wird. Entsprechend bestimmt § 175 Abs. 1 Nr. 1 AO eine mechanische Übernahme des im Grundlagenbescheid Festgestellten. In der Praxis wird dies durch den für die Aktenablage und -verwaltung zuständigen Beamten vorgenommen. Eine rechtliche Wertung jeglicher Art ist durch die Bindungswirkung des § 182 Abs. 1 AO dem Finanzamt des Folgebescheids untersagt. 196

Für die Umsetzung hat das Finanzamt gemäß § 171 Abs. 10 AO zwei Jahre nach Bekanntgabe des Grundlagenbescheids Zeit. Wird ein Grundlagenbescheid versehentlich bei der Festsetzung des Folgebescheids nicht beachtet, liegt insoweit eine offenbare Unrichtigkeit gemäß § 129 AO vor.[96] Kein Grundlagenbescheid für die Festsetzung des Kindergelds ist der Einkommensteuerbescheid des Kindes.[97] 197

---

94 BFH BStBl. II 2005, 637.
95 Ein Gesellschafter ist im Rahmen der einheitlichen und gesonderten Gewinnfeststellung nicht Dritter im Sinne dieser Vorschrift (BFH BStBl. II 2004, 914).
96 BFH BStBl. II 2003, 867.
97 BFH BStBl. II 2002, 296.

XI. Rückwirkende Ereignisse

1. Rückwirkungen im Steuerrecht

198 § 38 AO bestimmt, dass Ansprüche aus dem Steuerschuldverhältnis mit der Verwirklichung des gesetzlichen Tatbestands des Steuergesetzes entstehen. Einmal entstandene Ansprüche kann der Steuerpflichtige nicht mehr beseitigen. Dem Steuerrecht ist daher grundsätzlich die Rückwirkung fremd. Der Versuch, Steuerwirkung zu beseitigen, in dem der steuerauslösende Vorgang rückgängig gemacht wird, führt regelmäßig zu einer neuen steuerwirksamen Folge.[98]

2. Der Tatbestand des § 175 Abs. 1 Nr. 2 AO

199 Davon zu unterscheiden sind aber Vorgänge, die den Steuertatbestand, der einem bestimmten Veranlagungszeitraum zugeordnet wird, nachträglich verändern. Das ist immer dann der Fall, wenn ein nachträgliches Ereignis einen verwirklichten Sachverhalt umgestaltet, z.B.

- Anfechtungen, Minderungen,
- Berichtigung der Vorbilanz,
- Ausschlagung einer Erbschaft,
- Ausfall der Kaufpreisforderung bei Veräußerungsgewinnen,
- Rückgängigmachung eines Anteilsverkaufs,[99]
- Wegfall einer Voraussetzung für eine Steuervergünstigung, wenn sie eine bestimmte Zeit vorliegen muss oder die Grundlage für die Gewährung bildet, § 175 Abs. 2 AO;

nicht aber

- Rechtsprechung- oder Gesetzesänderungen,
- vertraglich vereinbarte Rückwirkungen,
- nachträglich erteilte Spendenbescheinigungen,[100]
- Steuerklauseln; bei den Steuerklauseln handelt es sich allerdings um eine umstrittene und unübersichtliche Gesamtmaterie, da der BFH in einigen Ausnahmefällen und unter vielfältigen Sonderbedingungen eine steuerliche Anerkennung bewilligte. Zudem gibt es eine Fülle von Aufsätzen, die der Anerkennung solcher Klauseln das Wort reden. Unstritig ist in der Literatur, dass tatsächliche Vorgänge nicht durch Rechtsklauseln beseitigt werden können, die vorsehen, dass alles rückgängig gemacht wird, falls das Finanzamt einen Steuertatbestand als verwirklicht ansieht.[101]

200 Für solche rückwirkenden Ereignisse, die den materiell-rechtlichen Gehalt betreffen, ermöglicht § 175 Abs. 1 Nr. 2 AO eine verfahrensrechtliche Änderung. Die Festsetzungsfrist beginnt insoweit gemäß § 175 Abs. 1 S. 2 AO erst mit Ablauf des Kalenderjahres, in dem das Ereignis eintritt. Wurden Ehegatten zusammen zur Einkommensteuer veranlagt und wählt ein Ehegatte vor Bestandskraft des ihm gegenüber ergangenen Bescheids die getrennte Veranlagung, sind die Ehegatten auch dann getrennt zur Einkommensteuer zu veranlagen, wenn der gegenüber dem anderen Ehegatten ergangene Zusammenveranlagungsbescheid bereits bestandskräftig geworden ist. Der Antrag auf getrennte Veranlagung stellt hinsichtlich des gegenüber dem anderen Ehegatten ergangenen Zusammenveranlagungsbescheids ein rückwirkendes Ereignis dar. Die dementsprechend erneut in Lauf gesetzte Festsetzungsfrist beginnt ihm gegenüber mit Ablauf des Kalenderjahres, in dem der Antrag auf getrennte Veranlagung gestellt wird.[102]

---

98 *Jakob* AO, Rn. 20, 637 ff.
99 BFH BStBl. II 2004, 107.
100 BFH BStBl. II 2003, 554.
101 Klein/*Rüsken* § 175 Rn. 91 ff. m.w.N.
102 BFH BStBl. II 2005, 690.

XII. Die Kompensation von materiellen Fehlern

1. Rechtsgedanke der Mitberichtigung

Die Durchbrechung der Bestandskraft wird auf die in Kapitel 4 dargestellten Fälle beschränkt. Nur unter den beschriebenen Voraussetzungen wird der Rechtsfriede zugunsten der materiellen Richtigkeit zurückgedrängt. 201

Das heißt aber nicht, dass nur der die Bestandskraft durchbrechende Sachverhalt bei der Änderung des Bescheids berücksichtigt wird. Vielmehr ist dann das Ziel des Verfahrensrechts, die materiell richtige Entscheidung zum Inhalt des neuen Verwaltungsakts zu machen. Wenn die richtige Steuer festgesetzt werden kann, soll sie festgesetzt werden.[103]

2. Grundaufbau des § 177 AO

Dieses Ergebnis will § 177 AO gewährleisten. Sämtliche Fehler des Bescheids, die nicht zu einer verfahrensrechtlichen Durchbrechung der Bestandskraft führen, werden im Rahmen einer Änderung mitberichtigt. Diese Fehler, die, gleich aus welchem Grund, nicht selbst die Bestandskraft durchbrechen, bezeichnet das Gesetz als »materielle Fehler«. 202

Die richtige Entscheidung ist die Festsetzung der richtigen Steuer; diese bemisst sich mit Blick auf § 176 AO, der gemäß § 177 Abs. 4 AO auch bei der Mitberichtigung anzuwenden ist, zugunsten des Steuerpflichtigen nach der Entscheidungslage zum Zeitpunkt des Erlasses des Ausgangsbescheids. 203

§ 177 Abs. 1 AO regelt für Änderungen zu Lasten, § 177 Abs. 2 AO für Änderungen zugunsten des Steuerpflichtigen, dass die materiellen Fehler unter sich saldiert berücksichtigt werden müssen. § 177 Abs. 3 AO regelt, dass auch Berichtigungen nach § 129 AO in die Mitberichtigung miteinfließen.

3. Die Technik des § 177 AO

Für die technische Umsetzung des § 177 AO gibt es unterschiedliche Handhabungen, die aber alle zum selben Ziel führen. Die dem Gesetzeszweck am nächsten kommende Methode geht von der Feststellung eines Korrekturrahmens aus.[104] 204

Dazu wird zunächst festgestellt, inwieweit die Bestandskraft erschüttert ist. Insoweit gilt, dass mit Blick auf die Bestandskraft zugunsten des Steuerpflichtigen die Steuer nicht höher als bisher festzusetzen ist, zu Lasten aber auch nicht niedriger festgesetzt werden darf.

Durch die Summe aller steuererhöhenden Änderungen ergibt sich eine neue Obergrenze für die Festsetzung, die mit der aus der Summe aller steuermindernden Änderungen ermittelten Untergrenze einen Änderungsrahmen vorgibt, innerhalb dessen eine Festsetzung nicht durch die Bestandskraft behindert wird. 205

Durch die Ermittlung der richtigen Steuer, wird festgestellt, welches Ziel überhaupt erreicht werden soll. Für die richtige Steuer ist die verfahrensrechtliche Korrekturmöglichkeit bedeutungslos. Deshalb sind sämtliche Fehler zu saldieren und dieser Saldo mit der bisher festgesetzten Steuer zu verrechnen. 206

Liegt das Ergebnis innerhalb des Änderungsrahmens, so wird die richtige Steuer festgesetzt. Im Übrigen versucht man so nahe wie möglich an das Ziel zu gelangen, in dem entweder die Ober- oder Untergrenze des Änderungsrahmens als Steuer festgesetzt wird.

---

103 Die gesetzliche Bezeichnung als »Berichtigung« ist dabei systematisch unsauber.
104 *Helmschrott/Schaeberle/Scheel* S. 298.

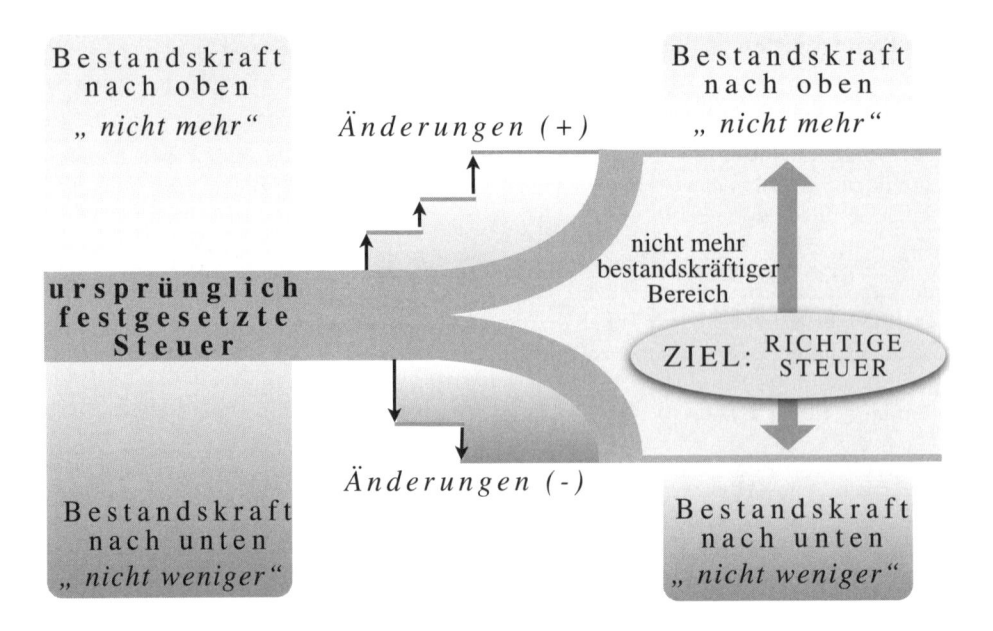

```
Bestandskraft                                    Bestandskraft
  nach oben          Änderungen (+)                nach oben
 „nicht mehr"                                    „nicht mehr"

                                              nicht mehr
                                             bestandskräftiger
   ursprünglich                                 Bereich
   festgesetzte
      Steuer                              ZIEL:  RICHTIGE
                                                  STEUER


                     Änderungen (-)
 Bestandskraft                                  Bestandskraft
  nach unten                                     nach unten
 „nicht weniger"                               „nicht weniger"
```

4. Das Verhältnis zu § 129 AO

207   § 177 AO will die Mitberichtigung von materiellen Fehlern im Rahmen eines Änderungstatbestands. § 177 AO wirkt also nur gegenüber Änderungstatbeständen. Eine Berichtigung nach § 129 AO löst daher keine Mitberichtigung nach § 177 AO aus. Bei einer Berichtigung nach § 129 AO wird die Wirkung des § 177 AO über die Ermessensausübung erreicht.

	ERMESSEN bei § 129 AO	**MITBERICHTIGUNG** nach § 177 AO
Voraussetzung	Berichtigung nach § 129 AO	Änderung nach §§ 172 - 175 AO
Korrekturrahmen	Berichtigungsweite des § 129 AO	durch §§ 172 - 175 AO bestimmt
Berücksichtigt	materielle Fehler, auch Unrichtigkeiten	materielle Fehler, auch Unrichtigkeiten

Ist eine Berichtigung einer offenbaren Unrichtigkeit nach § 129 AO z.B. wegen Verjährung nicht mehr möglich, kann dieser Fehler bei Änderungstatbeständen wie ein materieller Fehler gemäß § 177 Abs. 3 AO mitberichtigt werden.

XIII. Die Anfechtungsbeschränkung bei Änderungen

208   § 351 Abs. 1 AO beschränkt den Einspruch gegen Änderungsbescheide auf die Änderung selbst. Soweit die ursprüngliche materielle Bestandskraft nicht durch Änderungsnormen überwunden werden kann, soll dies auch nicht durch den Einspruch gegen den Änderungsbescheid ermöglicht werden. Im Einspruchsverfahren gegen den Änderungsbescheid ist daher nur Verfahrensgegenstand, ob die Änderung zulässig und veranlasst war.

209   Dies bestätigt die scheinbar einschränkende Regelung des § 351 Abs. 1 2. Halbs. AO. Denn soweit eine bisher nicht berücksichtigte Änderungsnorm eine noch weitgehendere Änderung zugelassen hätte, ist die durchgeführte Änderung entsprechend rechtswidrig.

XIV. Die Änderungsbescheide im Einspruchsverfahren

Wird ein angegriffener Steuerbescheid während des Einspruchsverfahrens geändert, ordnet § 365 Abs. 3 AO an, dass der geänderte Bescheid Gegenstand des Verfahrens wird. Der Einspruchsführer muss also nicht nochmals ein Rechtsmittel einlegen oder beantragen, dass sein Einspruch auch gegen den neuen Bescheid fortwirken soll. Voraussetzung ist aber, dass ein wirksamer Einspruch eingelegt ist.

210

Fall: A hat im Februar 06 eine Umsatzsteuererklärung für das Jahr 05 abgegeben. Als im Juli 06 der EuGH eine der Erklärung zugrunde liegende Rechtsauffassung des BFH als europarechtswidrig verwarf, legte A Einspruch gegen die als Vorbehaltsfestsetzung geltende Erklärung ein. Im August 06 hob das Finanzamt den Festsetzungsvorbehalt auf. Im Januar 08 teilte A dem Finanzamt mit, dass er seinen Einspruch als Änderungsantrag nach § 164 Abs. 2 AO gewertet sehen will.

Wie muss das Finanzamt entscheiden?

Lösung: Der Einspruch ist als unzulässig zu verwerfen, weil er verspätet eingelegt worden ist.

Die Steueranmeldung wird nach § 355 Abs. 1 S. 2 AO einen Monat nach Eingang formell bestandskräftig, obwohl aufgrund § 164 AO keine materielle Bestandskraft entsteht. Ein Einspruch, der erst im Juli 06 eingeht, ist daher verfristet.

Daran ändert sich auch dadurch nichts, dass das Finanzamt im August durch die Aufhebung des Vorbehalts einen erneut vollumfänglich angreifbaren Steuerbescheid erlässt. Denn gegen einen Steuerbescheid kann nicht bereits vor seinem Ergehen ein Rechtsmittel eingelegt werden.

Der Einspruch hätte zwar als Änderungsantrag nach § 164 Abs. 2 AO gewertet werden müssen, durch die Aufhebung des Vorbehalts wurde diesem Antrag aber nicht entsprochen. Dagegen hätte sich A mit einem Einspruch wehren müssen. Der verspätet eingelegte Einspruch wird auch nicht über § 365 Abs. 3 AO auf den Änderungsbescheid fokussiert. Denn die Norm setzt einen zulässigen Einspruch voraus. Ein solcher Einspruch ging aber nicht bis September 06 beim Finanzamt ein.

Es kann deshalb dahingestellt bleiben, ob das im Januar 08 mitgeteilte Begehr, seinen ersten Einspruch als Änderungsantrag zu werten, als Einspruch gegen die Aufhebung des Vorbehalts zu werten ist oder als Änderungsantrag nach § 164 Abs. 2 AO. Denn in beiden Fällen wäre das Begehren als verfristet zurückzuweisen.

… A. Wesen und Bedeutung der Umsatzsteuer

2. Teil. Umsatzsteuer

5. Kapitel. Einführung

A. Wesen und Bedeutung der Umsatzsteuer

Die Umsatzsteuer ist mit einem Aufkommen von etwa 180 Mrd. € jährlich eine der ertragsstärksten Steuern in der Bundesrepublik Deutschland.[105] Die Umsatzsteuer lässt sich dabei anhand verschiedener Kriterien in das Steuersystem einordnen. **211**

Sie ist eine **indirekte Steuer**, weil Steuerschuldner (der zur Steuerzahlung Verpflichtete) und der wirtschaftlich Belastete (Endverbraucher) nicht identisch sind.[106] Betrachtet man die gesetzestechnische Ausgestaltung, handelt es sich bei der Umsatzsteuer um eine Verkehrssteuer. Sie wird durch die Teilnahme am Leistungsaustauschverkehr ausgelöst. Die Umsatzsteuer mag zwar im Rechtssinn eine **Verkehrssteuer** sein, weitaus wichtiger ist aber der hinter der Umsatzsteuer stehende Belastungsgedanke. Danach soll der Endverbraucher für die von ihm von einem anderen Unternehmer bezogenen Gegenstände oder Dienstleistungen letztendlich die Steuer wirtschaftlich aufwenden und mit dieser belastet werden. Die Umsatzsteuer ist daher eine **allgemeine Verbrauchssteuer**.[107] Sie zielt auf den beim Verkauf von Gegenständen und Dienstleistungen durch einen Unternehmer erzielten Mehrwert. Die Steuer wird praktisch auf alle Gegenstände und Dienstleistungen erhoben, die zur Verwendung im Steuergebiet gekauft oder verkauft werden. Damit steht aber auch schon ein weiterer wesentlicher Aspekt der Umsatzsteuer fest. Gegenstände oder Dienstleistungen, die nicht im Steuergebiet konsumiert werden sollen, werden nicht mit der Umsatzsteuer belastet. Im Gegenzug werden Gegenstände, die in das Steuergebiet eingeführt werden, mit Umsatzsteuer belastet. Gleiches gilt i.d.R. für Dienstleistungen, die im Steuergebiet verbraucht werden. **212**

Es handelt sich um eine allgemeine Steuer, die im Prinzip auf sämtliche wirtschaftliche Tätigkeiten in Form der Lieferung von Gegenständen und der Erbringung von Dienstleistungen erhoben wird. Die Steuer wird letztendlich vom Endverbraucher getragen und soll die Unternehmer nicht belasten. Die Steuer wird als Prozentsatz des Preises berechnet. **213**

Die Umsatzsteuer wird **stufenweise** erhoben. Die Steuerpflichtigen, also die für Umsatzsteuer registrierten Unternehmen, zahlen die bei ihren Verkäufen von ihren Kunden erhaltenen Umsatzsteuern an die Finanzbehörden. Gleichzeitig können sie den Umsatzsteuerbetrag abziehen, den sie an andere Steuerpflichtige gezahlt haben, bei denen sie für Zwecke ihrer Unternehmenstätigkeiten Einkäufe getätigt haben (sog. Vorsteuerabzug). Es wird also de facto nur der Differenzbetrag zwischen der Umsatzsteuer auf die Leistungseinkäufe und die Leistungsverkäufe abgeführt. Hierdurch wird sichergestellt, dass die Umsatzsteuer unabhängig von der Anzahl der Umsätze auf den Vorstufen ist. Es kommt also nicht darauf an, durch wie viele Handelsstufen beispielsweise ein und dieselbe Ware geht, bevor sie vom Endverbraucher erworben wird. Für Unternehmer ist daher die Umsatzsteuer grundsätzlich neutral (sog. Neutralitätsgrundsatz). Die Steuer wird quasi fraktioniert erhoben. Die nachfolgende Grafik veranschaulicht die Zahlungsströme bei der Umsatzsteuer. **214**

---

105 Aktuelle Übersichten hierzu sind unter www.bundesfinanzministerium.de zu finden.
106 BVerfG, Beschl. v. 13.06.1997 – 1 BvR 201/97, UR 1997, 387.
107 Vgl. auch EuGH, Urt. v. 26.06.1997 – Rs. C-370/95, C-371/95, C-372/95 – Careda SA, Femara, Facomare, UR 1997, 357, Tz. 11 ff.

Zahlungsströme bei der Umsatzsteuer

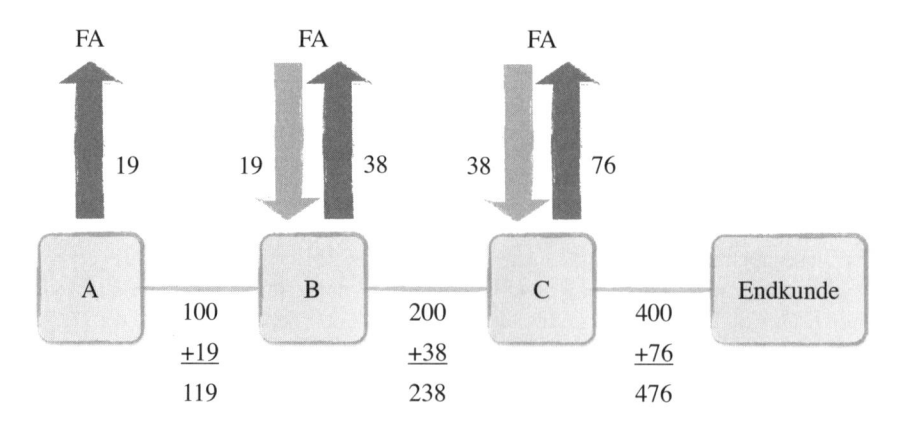

215 Unternehmer A verkauft eine Ware für 100 € zuzüglich 19 % Umsatzsteuer (= 19 €). Er führt die 19 € Umsatzsteuer an das Finanzamt ab und stellt Unternehmer B hierüber eine zum Vorsteuerabzug berechtigende Rechnung aus. Unternehmer B seinerseits verkauft die Ware für 200 € + 38 € Umsatzsteuer an Unternehmer C weiter und stellt ebenfalls eine zum Vorsteuerabzug berechtigende Rechnung mit Ausweis von Umsatzsteuer aus. B hat nun einerseits den Vorsteuerabzug i.H.v. 19 € und schuldet andererseits aus seiner Ausgangsleistung 38 €. Per Saldo zahlt B an das Finanzamt 19 €, nachdem der Vorsteuerabzug mit der Ausgangsteuerschuld verrechnet worden ist. Der Einzelhändler C wiederum verkauft die gleiche Ware für 400 € + 76 € an den Endkunden. Er erhält eine zum Vorsteuerabzug berechtigende Rechnung von Unternehmer B. C führt dementsprechend 38 € (die Differenz zwischen Vorsteuerabzug i.H.v. 38 € und Ausgangsteuerschuld i.H.v. 76 €) an das Finanzamt ab.

216 An diesem Beispiel zeigt sich auch die fraktionierte Zahlung. Per Saldo wendet der Endkunde 76 € Umsatzsteuer auf, um die Ware zu erhalten. Unternehmer A und B zahlen jeweils 19 € an das Finanzamt. Unternehmer C 38 €. In Summe erhält das Finanzamt also 76 €, was genau dem Betrag entspricht, den der Endkunde aufgewendet hat.

217 Man spricht in diesem Zusammenhang von der sog. »**Allphasen-Netto-Umsatzsteuer mit Vorsteuerabzug**«. Unternehmern, die eine Leistung beziehen, um sie für eigene Ausgangsumsätze zu verwenden, gewährt das UStG den Vorsteuerabzug. Im Ergebnis zahlt der Unternehmer daher nur die Differenz der Umsatzsteuer zwischen der empfangenen Leistung und der erbrachten Leistung. Daher auch der Begriff Mehrwertsteuer. In fast allen anderen Mitgliedstaaten der EU wird ausschließlich der Begriff Mehrwertsteuer verwendet. Lediglich in Österreich und in Deutschland spricht man aus historischen Gründen von Umsatzsteuer. Die Allphasen-Netto-Umsatzsteuer mit Vorsteuerabzug, wie wir sie heute kennen, führte das UStG 1967 mit Wirkung ab dem 01.01.1968 ein.[108]

218 Die Umsatzsteuer ist ein Bundesgesetz (Art. 105 Abs. 2 GG). Sie wird durch die Landesfinanzbehörden im Auftrag des Bundes verwaltet (Art. 108 Abs. 3 GG). Eine Ausnahme hierzu gilt für die Einfuhrumsatzsteuer. Sie wird gemäß Art. 108 Abs. 1 GG durch die Bundesfinanzbehörden, Zollbehörden, verwaltet. **Sachlich zuständig** für die Verwaltung der Steuer ist die örtliche Landesfinanzbehörde (§ 16 AO i.V.m. § 17 Abs. 2 FVG). Die örtliche Zuständigkeit richtet sich nach § 17 AO i.V.m. § 21 AO. Zuständig ist daher das Finanzamt, in dessen Bezirk der Unternehmer sein Unternehmen führt. Bei im Ausland ansässigen Unternehmen regelt § 21 Abs. 1 S. 2 AO i.V.m. UStZustVO, welches Finanzamt örtlich zuständig ist.

219 Neben dem Umsatzsteuergesetz finden sich weitere Regelungen in der **Umsatzsteuerdurchführungsverordnung** (UStDV). Unmittelbar anwendbar ist zudem die Verordnung EG 1777/2005, mit der verschiedene Zweifelsfragen zur Aufklärung des Umsatzsteuerrechts euro-

---

108 *Jakob* USt, S. 9.

paweit einheitlich geklärt worden sind.[109] Daneben veröffentlicht das Bundesfinanzministerium seit dem 01.10.2010 einen Umsatzsteuer-Anwendungserlass, der für die Finanzverwaltung bei der Auslegung des Umsatzsteuergesetzes bindend ist. Weder die Steuerpflichtigen, noch die Finanzgerichte sind an den Umsatzsteuer-Anwendungserlass gebunden. Der Umsatzsteuer-Anwendungserlass wird regelmäßig durch weitere BMF-Schreiben geändert.[110] Eine weitere wesentliche Rechtsquelle für das Umsatzsteuerrecht ist die sogenannte **Mehrwertsteuer-Systemrichtlinie**.[111]

B. Europarecht und Umsatzsteuer

Bereits das UStG 1967 diente neben der Verbesserung der Wettbewerbsneutralität vor allem auch der Harmonisierung des Umsatzsteuerrechts innerhalb der damaligen EG. Die sogenannte 1. und 2. Umsatzsteuer-Richtlinie[112] bildeten zunächst die gemeinschaftsrechtliche Grundlage. Wesentlich zur Harmonisierung der Umsatzsteuer innerhalb der EG trug die sogenannte 6. EG-Richtlinie 77/388/EWG[113] bei.

220

Ab dem 01.01.1993 entfielen an den Binnengrenzen zu den anderen Nachbarstaaten der EU sämtliche Zollformalitäten. Der **Binnenmarkt** ist definiert als ein Raum ohne Binnengrenzen, in dem der freie Verkehr von Waren, Personen, Dienstleistungen und Kapital gemäß den Bestimmungen des EU-Vertrags gewährleistet ist. Bei Güterlieferungen über die Binnengrenzen hatten die Zollstellen daher nicht mehr mitzuwirken. Der Rat der EU entwickelte aus diesem Grund ein System, das die Grenzkontrollen aus umsatzsteuerlicher Sicht entbehrlich machen sollte.

221

Am 28.11.2006 verabschiedete der ECOFIN-Rat die Richtlinie 2006/112/EG, mit der die 6. EG-Richtlinie 77/388/EWG neugefasst worden ist. Die Neufassung ist zum 01.01.2007 in Kraft getreten. Zum gleichen Zeitpunkt hob der ECOFIN-Rat die 1. EG-Richtlinie, die 6. EG-Richtlinie und die jeweiligen Änderungsakte auf. Durch die Neufassung sollten grundsätzlich keine Änderungen des geltenden Rechts erfolgen. Die neue Richtlinie, die als sogenannte **Mehrwertsteuer-Systemrichtlinie (MwStSystRL)** bezeichnet wird, diente vielmehr dazu, die gemeinschaftsrechtliche Grundlage klarer und eindeutiger zu fassen.

222

Die MwStSystRL umfasst mehr als 400 Artikel. Nach Art. 411 Abs. 2 MwStSystRL gelten Verweisungen auf die aufgehobenen Richtlinien als Verweisung auf die neue Mehrwertsteuer-Systemrichtlinie nach Maßgabe der Entsprechungstabelle in Anhang XII zur MwStSystRL.

223

Der EU-Ministerrat beschloss am 12.02.2008 das sog. Mehrwertsteuerpaket. Dieses umfasst drei Rechtsakte. Es handelt sich um eine der wesentlichsten Änderungen im Bereich der Mehrwertsteuer-Systemrichtlinie und ihrer Vorgängerrichtlinie, der 6. EG-Richtlinie 77/388/EWG. Zum einen wird hierdurch für Dienstleistungen das Bestimmungslandprinzip gestärkt, indem grundsätzlich als Leistungsort der Verbrauchs- oder Empfängerort vorgesehen ist, und daneben der Anwendungsbereich der bisherigen einzigen Anlaufstelle (One-Stop-Shop) auch auf Telekommunikations-, Rundfunk- und Fernsehdienstleistungen ausgeweitet. Daneben brachte das Mehrwertsteuerpaket wesentliche Änderungen im Bereich des Vorsteuervergütungsverfahrens für in der EU ansässige Unternehmer. Die Regelungen sind zum 01.01.2010 in Kraft getreten. Für das Vorsteuervergütungsverfahren gab es infolge technischer Schwierigkeiten eine verlängerte Antragsfrist bis zum 31.03.2011.[114]

224

---

109 Diese Verordnung befindet sich derzeit in Überarbeitung. Es ist mit einer Neuerscheinung im Jahr 2011 zu rechnen.
110 Die aktuellste Fassung findet man unter www.bundesfinanzministerium.de.
111 ABl. EU Nr. l 347, S. 1 und ABl. EU 2007 Nr. l 335, S. 60.
112 ABl. EG 1967 Nr. L 71, 1301, 1303 führte ein gemeinsames Mehrwertsteuersystem innerhalb der EG ein.
113 ABl. EG 1977 Nr. L 145, S. 1.
114 RL 2008/8/EG v. 12.02.2008, ABl. EU 2008 Nr. L44, S. 11; RL 2008/9/EG v. 12.02.2008, ABl. EU 2008 Nr. L44, S. 23; EG-VO 143/08 v. 12.02.2008, ABl. EU 2008 Nr. L44, S. 1.

225 Widersprechen sich das deutsche Umsatzsteuerrecht und die gemeinschaftrechtliche Grundlage (insbesondere die MwStSystRL), so ist der nationale Gesetzgeber verpflichtet, das nationale Recht an das Gemeinschafsrecht anzupassen. Darüber hinaus ist jeder Rechtsanwender (insbesondere die Gerichte und die Finanzverwaltung) verpflichtet, das deutsche Umsatzsteuergesetz richtlinienkonform auszulegen. Dies gebietet bereits der Effektivitätsgrundsatz des Art. 4 Abs. 3 Unterabs. 2 EU-Vertrag. Der Steuerpflichtige kann sich bei für ihn günstigen Regelungen unmittelbar auf die entsprechende Bestimmung der MwStSystRL berufen. Der EuGH hat festgestellt, dass im Grunde alle Vorschriften der Mehrwertsteuer-Systemrichtlinie und der früheren 6. EG-Richtlinie 77/388/EWG unmittelbar anwendbar sind.[115] Der Steuerpflichtige kann, muss sich aber nicht auf das Gemeinschaftsrecht berufen. Er wird dies in aller Regel nur dann tun, wenn dies für ihn günstig ist. Der Steuerpflichtige kann sich auch dann auf die Mehrwertsteuer-Systemrichtlinie berufen, wenn der nationale Gesetzgeber diese zwar ordnungsgemäß in das deutsche Umsatzsteuerrecht umgesetzt hat, aber die Verwaltung diese in einer Art und Weise anwendet, die gegen das Gemeinschaftsrecht verstößt.[116] Bei Zweifeln über die Auslegung des Gemeinschaftsrechts kann das Finanzgericht die Entscheidung aussetzen und eine Vorabentscheidung beim EuGH einholen.[117] Der BFH muss bei Zweifeln über die Auslegung der gemeinschaftrechtlichen Grundlage dem EuGH diese Zweifelsfragen zur Vorabentscheidung gemäß Art. 267 AEUV vorlegen. Unterlässt ein Gericht willkürlich die Vorlage an den EuGH, so entzieht es dem Steuerpflichtigen seinen gesetzlichen Richter und verstößt daher gegen Art. 101 GG.[118] Es ist die Pflicht des Gesetzgebers, gemeinschaftswidriges nationales Recht unverzüglich zu ändern. Bei einem qualifizierten Verstoß kann der Steuerpflichtige gegebenenfalls sogar gemeinschaftsrechtliche Schadensersatzansprüche gegen den Mitgliedstaat ableiten.[119]

---

115 EuGH, Urt. v. 08.06.2006 – Rs. C-430/04 – Feuerbestattungsverein Halle; Slg. 2006, I-4999; EuGH, Urt. v. 18.01.2001 – Rs. C-150/99 – Lindö-Park, Slg. 2001 I-493.
116 EuGH, Urt. v. 11.07.2002, Rs. C-62/00 – Marks & Spencer, Slg. 2002, I-6325.
117 EuGH, Urt. v. 06.10.1982 – Rs. C-283/81 – SRL CILFIT und Lamificio di Gavardo SpA, Slg. 1982, I-3415 und Urt. v. 22.10.1987 – Rs. C-314/85 – Foto Frost, Slg. 1987, I-4199.
118 BVerfG, Beschl. v. 22.10.1986 – 2 BvR 197/83; BVerfGE 73, 339 – Solange II.
119 EuGH, Urt. v. 18.01.2001 – Rs. C-150/99 – Lindö-Park, Slg. 2001, I-493; BFH, Urt. v. 13.01.2009 – V R 35/03, BStBl. II 2005, 460.

6. Kapitel. Besteuerungstatbestände

Das Umsatzsteuerrecht kennt im Prinzip nur **vier Besteuerungstatbestände**. Von überragender 226 Bedeutung sind dabei Lieferungen oder Leistungen, die gegen Entgelt im Inland durch einen Unternehmer ausgeführt werden (**Leistungsaustausch**). Um bestimmte Besteuerungslücken zu schließen, werden aber auch **unentgeltlich** erbrachte Lieferungen oder Leistungen in besonderen Fällen besteuert. Der **Einfuhrtatbestand** trägt in besonderer Art und Weise der Umsatzsteuer als Verbrauchssteuer Rechnung. Während Waren, die das Land verlassen, grundsätzlich von der Umsatzsteuer entlastet werden sollen, werden aus dem Drittland eingeführte Waren belastet. Die korrespondierende Vorschrift hierzu auf europäischer Ebene ist der **innergemeinschaftliche Erwerb**. Tragende Säule des Umsatzsteuersystems ist das Recht auf Vorsteuerabzug. Der wesentliche Rechtsscheinträger ist hier eine ordnungsgemäße Rechnung. In einer Art fiskalischer Gefährdungshaftung[120] regelt daher § 14c, dass ein Rechnungsaussteller für in einer Rechnung ausgewiesene Steuer schuldet.

A. Leistungsaustausch

I. Lieferung oder Leistung gegen Entgelt

Das Umsatzsteuerrecht ist wie kaum eine andere Steuerart sehr systematisch aufgebaut. Bei dem 227 mit weitem Abstand wichtigsten Besteuerungstatbestand, der Lieferung oder Leistung durch einen Unternehmer gegen Entgelt im Inland (Leistungsaustausch) gibt das Gesetz das Prüfungsschema quasi vor. Die §§ 1–13b UStG befassen sich mit der Besteuerung von Ausgangsumsätzen. Für die Klausur empfiehlt es sich daher, folgendes Prüfungsschema einzuhalten:

1. Steuerbarkeit § 1 Abs. 1 Nr. 1 S. 1 UStG i.V.m. § 3, 3a, 3b, 3c, 3e, 3g UStG
   - Lieferung oder sonstige Leistung gegen Entgelt
   - Unternehmer § 2 UStG
   - im Inland
2. Steuerbefreiung § 4–9 UStG
3. Bemessungsgrundlage § 10 UStG
4. Steuersatz § 12 UStG
5. Steuerschuld und Entstehungszeit § 13, 13b Abs. 1, § 20 UStG
6. Steuerschuldner § 13a, 13b UStG

1. Leistung

a) Lieferung oder sonstige Leistung

Der wichtigste Besteuerungstatbestand ist der sog. **Leistungsaustausch**. Ein solcher ist gegeben, 228 wenn ein Unternehmer eine Leistung gegen Entgelt im Inland ausführt. Leistung ist dabei der Oberbegriff. Er umfasst sowohl **Lieferung** als auch **sonstige Leistungen**. Voraussetzung ist aber stets ein Leistungsaustausch. Die Frage nach dem Tatbestandsmerkmal »gegen Entgelt« ist identisch mit der Frage, ob ein Leistungsaustausch vorliegt. Für Umsatzsteuerzwecke ist daher ein Leistungsaustausch gegeben, wenn folgende Voraussetzungen erfüllt sind:

- Ein Leistender und ein Leistungsempfänger – also **zwei Beteiligte** – sind vorhanden.
- Der Leistende erbringt eine Leistung im wirtschaftlichen Sinne. Das heißt, der Leistungsempfänger erhält ein Vorteil, aufgrund dessen er als Empfänger einer Dienstleistung anzusehen ist.[121]

---

120 *Jakob* USt, S. 17.
121 EuGH, Urt. v. 29.02.1996 – Rs. C-215/95 – Mohr, Slg. 1996, I-959.

- Leistung und Gegenleistung stehen in einem **wechselseitigen Zusammenhang**. Das heißt, der Leistungsempfänger wendet entweder das Entgelt durch Bezahlung auf oder erbringt seinerseits eine Leistung im umsatzsteuerlichen Sinn (**Tauschumsatz**, vgl. § 3 Abs. 12 UStG).
- Es besteht eine innere Verknüpfung zwischen Leistung und Gegenleistung.

229 Leistender Unternehmer[122] kann grundsätzlich jede Person oder Person in Vereinigung sein, die steuerliche Rechtsfähigkeit besitzt. Leistender können daher natürliche und juristische Personen sein. Ebenso können Personenmehrheiten, die als Einheiten nach außen auftreten, Leistender sein. Liegt eine sog. umsatzsteuerliche Organschaft (§ 2 Abs. 2 UStG) vor, so handelt es sich bei zivilrechtlich selbstständigen Gesellschaften gleichwohl aus umsatzsteuerlicher Sicht um ein Unternehmen gemäß § 2 Abs. 2 S. 1 Nr. 2 S. 3 UStG. Leistungen zwischen Organträger und Organgesellschaft stellen daher nichtsteuerbare Innenumsätze dar.

230 Im Umsatzsteuerrecht ist es nicht erforderlich, dass sich Leistung und Gegenleistung **gleichwertig** gegenüberstehen.[123] Es kommt alleine darauf an, dass der Leistende in Erwartung einer Gegenleistung gehandelt hat. Lediglich in den Fällen der sog. Mindestbemessungsgrundlage regelt § 10 Abs. 5 UStG, dass für Leistung an bestimmte Leistungsempfänger (Gesellschafter, Angehörige, Arbeitnehmer) ein bestimmtes Mindestentgelt anzunehmen ist.

231 Es unterliegen nur Leistungen im **wirtschaftlichen Sinne** der Umsatzbesteuerung. Das heißt, es muss sich um Leistungen handeln, bei denen ein über die reine Entgeltentrichtung hinausgehendes eigenes wirtschaftliches Interesse des Zahlenden verfolgt wird. Die reine Geldentrichtung ist keine Leistung im wirtschaftlichen Sinn. Die Bereitschaft, eine Leistung zu erbringen, kann eine steuerbare Leistung sein, vorausgesetzt der Empfänger dieser Leistung entrichtet hierfür ein Entgelt.

> **Beispiel:** Studentin S kauft in der Gaststätte zwei Halbe Bier und bezahlt hierfür 8,40 €. Das Bezahlen selbst stellt in diesem Fall keine Lieferung dar.

232 Ein Leistungsaustausch liegt auch dann nicht vor, wenn eine Lieferung nur rückgängig gemacht wird. Hierbei ist im Einzelfall eine nichtsteuerbare **Rückgabe** von einer steuerbaren **Rücklieferung** abzugrenzen. Für die Abgrenzung kommt es maßgeblich auf die Sicht des ursprünglichen Lieferungsempfängers an. Möchte er die ursprünglich erhaltene Sache nur zurückgeben, so handelt es sich um eine nichtsteuerbare Rückgabe. Hat hingegen der ursprüngliche Lieferant ein eigenes Interesse daran, die Sache zurückzuerhalten und möchte daraufhin der ursprüngliche Lieferungsempfänger die Sache zurückliefern, so handelt es sich um eine steuerbare Rücklieferung.[124]

aa) Sonderfall Schadenersatz

233 Im Falle des echten Schadenersatzes fehlt es an der Kausalität zwischen Leistung und Gegenleistung. Der Schadenersatz wird nicht geleistet, weil der Leistungsempfänger eine Lieferung oder sonstige Leistung erhalten hat. Vielmehr muss der zum Schadenersatz Verpflichtete Kraft Gesetz oder aufgrund vertraglicher Regelung für einen Schaden und seine Folgen einstehen. **Echter Schadenersatz** ist daher nicht umsatzsteuerbar.[125] Von **unechtem Schadenersatz** spricht man hingegen, wenn die Ersatzleistung tatsächlich die (teilweise) Gegenleistung für eine Lieferung oder sonstige Leistung darstellt.

234 Entscheidendes Abgrenzungskriterium ist, ob eine echte Wechselbeziehung zwischen Leistung und Gegenleistung gegeben ist. Die Abgrenzung kann im Einzelfall schwierig sein. Echter Schadenersatz ist in folgenden Fällen gegeben:

- Vertragsstrafen wegen Nichterfüllung §§ 340, 341 BGB,
- Schadenersatz wegen Nichterfüllung §§ 280, 281 BGB,
- Verzugszinsen, Fälligkeitszinsen und Prozesszinsen §§ 288, 291 BGB; § 353 HGB.

---

122 Zum Unternehmerbegriff im Einzelnen: 2. Kapitel A.2.
123 Abschn. 1.1 Abs. 1 S. 9 UStAE.
124 BFH, Urt. v. 12.01.2008 – XI R 46/07, BStBl. 2009 II, 558.
125 Abschn. 1.3 Abs. 1 S. 1 UStAE.

Kein Schadenersatz ist hingegen gegeben, wenn der Geschädigte im Auftrag des Schädigers selbst den zugefügten Schaden beseitigt. In diesem Fall kommt es zu einem Leistungsaustausch.[126] Ebenso ist die Ausgleichszahlung für einen Handelsvertreter gemäß § 89b HGB kein Schadenersatz, sondern eine Gegenleistung für erlangte Vorteile aus der Tätigkeit des Handelsvertreters. Räumt ein Mieter vorzeitig die Mieträume und erhält hierfür eine Vergütung, so handelt es sich nicht um Schadenersatz, sondern um ein Leistungsentgelt. 235

Fall: Der A entwendet aus dem Supermarkt Wildener Edelbranntwein zum Preis von 5,89 € und konsumiert diesen anschließend. Wenige Tage später wird A überführt und erstattet an die Supermarktkette pauschalisierten Schadensersatz i.H.v. 50 €.

Lösung: Die Geldzahlung stellt einen echten Schadensersatz in Geld gemäß § 823 Abs. 2 S. 1 i.V.m. §§ 249 Abs. 1, 251 Abs. 1 BGB dar. Es handelt sich dabei allerdings nicht um Entgelt für eine Leistung i.S.v. § 10 Abs. 1 S. 2 UStG, weil dem A die gestohlene Flasche Branntwein nicht willentlich zugewendet wurde. Der A zahlt nicht, weil er eine Leistung erhalten hat, sondern weil er gesetzlich verpflichtet ist, den von ihm verursachten Schaden zu begleichen. Ein Leistungsaustausch i.S.v. § 1 Abs. Nr. 1 S. 1 UStG liegt folglich nicht vor.

bb) Geschäftsveräußerung im Ganzen

Die Geschäftsveräußerung im Ganzen wäre grundsätzlich als eine Vielzahl von Lieferungen und sonstigen Leistungen steuerbar. Der veräußernde Unternehmer müsste für jedes einzelne übertragene Wirtschaftsgut die Steuerbarkeit (insbesondere den Leistungsort) bestimmen, prüfen ob eine Steuerbefreiungsvorschrift einschlägig ist sowie die Bemessungsgrundlage und den Steuersatz bestimmen. Der Erwerber würde dann für alle im Inland steuerbaren Lieferungen und sonstigen Leistungen eine Rechnung mit Ausweis von Umsatzsteuer erhalten und hätte unter den übrigen Voraussetzungen des § 15 Abs. 1 UStG den Vorsteuerabzug. Dies würde nicht nur den Veräußernden vor große praktische Schwierigkeiten stellen. Es würde auch bedeuten, dass dem Erwerber zunächst relativ viel Liquidität entzogen wird. Denn er müsste zunächst die Umsatzsteuer in voller Höhe an den Veräußerer bezahlen und würde diese Liquidität erst dann und soweit zurückerhalten, als die Finanzbehörden diese Vorsteuer an ihn erstatten.[127] Vor diesem Hintergrund erlaubt es die Mehrwertsteuer-Systemrichtlinie den Mitgliedstaaten eine Geschäftsveräußerung im Ganzen so zu behandeln, als ob keine Lieferung oder sonstige Leistung vorliegt (Art. 19, 29 MwStSystRL). 236

Deutschland hat von dieser Möglichkeit Gebrauch gemacht und unterwirft die Umsätze im Rahmen einer Geschäftsveräußerung im Ganzen von einem Unternehmer an einen anderen Unternehmer für dessen Unternehmen nicht der Umsatzsteuer (§ 1 Abs. 1a UStG). Eine Geschäftsveräußerung im Ganzen liegt danach vor, wenn ein ganzes Unternehmen oder ein gesondert geführter Betrieb innerhalb eines Unternehmens im Ganzen übereignet wird oder in eine Gesellschaft eingebracht wird. Der Vorgang ist dann insgesamt nicht steuerbar. Der Erwerber tritt in die umsatzsteuerliche Rechtsposition des Veräußerers gemäß § 1 Abs. 1a UStG ein. Häufig, aber nicht immer zwingend, haftet der Erwerber auch gemäß § 75 AO für Unternehmenssteuern des Veräußerers. Der abgabenrechtliche Haftungstatbestand ist separat zu prüfen. 237

Voraussetzung für eine Geschäftsveräußerung im Ganzen ist, dass der Veräußerer eine **organische Zusammenfassung** von Sachen und Rechten überträgt, die es dem Erwerber ermöglicht, **ohne größeren finanziellen Aufwand das Unternehmen fortzuführen**. Es müssen also die **wesentlichen Grundlagen** des Geschäfts übertragen werden und es muss sich um einen in der Gliederung des Unternehmens gesondert geführten Betrieb handeln. Der Erwerber muss zudem umsatzsteuerlicher Unternehmer i.S.d. § 2 UStG sein. Es genügt aber, wenn er durch den Erwerb seine unternehmerische Tätigkeit aufnimmt. 238

Welches die wesentlichen Geschäftsgrundlagen sind, richtet sich nach den tatsächlichen Verhältnissen im Zeitpunkt der Übertragung. Es ist auch ausreichend, wenn einzelne wesentliche Geschäftsgrundlagen – insbesondere Betriebsgrundstücke – nicht mit übertragen werden, sondern 239

---
126 BFH, Urt. v. 11.03.1965 – V 37/62 S, BStBl. III, 303.
127 *Jakob* USt, S. 109.

langfristig vermietet oder verpachtet werden.[128] Wann genau auch bei der Zurückbehaltung wesentlicher Geschäftsgrundlagen noch von einer Geschäftsveräußerung im Ganzen auszugehen ist, ist in den Details umstritten. Der BFH hat dem EuGH hierzu einige Fragen zur Vorabentscheidung vorgelegt.[129] Von einem gesondert geführten Betrieb ist i.d.R. auszugehen, wenn der veräußerte Teil des Unternehmens einen für sich selbst lebensfähigen Organismus darstellt, der nach Art eines selbstständigen Unternehmens betrieben worden ist. Folgende Merkmale sprechen für einen gesondert geführten Betrieb:

- eigener Kundenstamm
- eigene Buchführung
- freie Preisgestaltung
- selbstständiges Auftreten in der Art eines Zweigbetriebes
- eigenes Personal

Fall: Unternehmer Zugimaier besitzt ein Geschäftshaus in Lechbruck im Allgäu, das er durch Vermietung nutzt. Dies stellt seine einzige unternehmerische Tätigkeit dar. Zugimaier beendet seine unternehmerische Tätigkeit durch Verkauf des Geschäftshauses an die Krösus Immobilienverwaltungs KG. Die bestehenden Mietverträge werden allesamt fortgeführt.

Liegt eine Geschäftsveräußerung im Ganzen vor?

Lösung: Die Vermietungstätigkeit des Zugimaier stellt sein gesamtes umsatzsteuerliches Unternehmen dar. Das Geschäftshaus stellt zusammen mit den Mietverträgen das gesamte (Vermietungs-)Unternehmen des Zugimaier dar. Die Mietverträge gehen ohnehin kraft Gesetz auf den Erwerber über (§ 566 BGB). Durch die Übereignung des Geschäftshauses ist die Krösus Immobilienverwaltungs KG in der Lage, das bestehende Vermietungsunternehmen ohne großen zusätzlichen Aufwand fortzuführen. Es liegt somit eine gemäß § 1 Abs. 1a UStG nicht steuerbare Geschäftsveräußerung im Ganzen vor. Zugimaier darf keine Rechnung mit gesondertem Ausweis von Umsatzsteuer ausstellen und muss auch keine Umsatzsteuer aus dem Veräußerungsgeschäft an sein Finanzamt abführen. Die Krösus Immobilienverwaltungs KG tritt in die umsatzsteuerliche Rechtsposition des Zugimaier gemäß § 1 Abs. 1a S. 3 UStG ein.

b) Lieferungen

240 Der Oberbegriff der Leistung unterteilt sich in Lieferungen und sog. sonstige Leistungen. Lieferungen sind dann gegeben, wenn ein Unternehmer (oder in seinem Auftrag ein Dritter) dem Leistungsempfänger (oder in dessen Auftrag einem Dritten) die Verfügungsmacht an einem Gegenstand verschafft. Dies ist dann gegeben, wenn der Leistungsempfänger im eigenen Namen über den Gegenstand verfügen kann. Ein Leistender verschafft die **Verfügungsmacht** an einem Gegenstand, wenn er dem Leistungsempfänger willentlich und endgültig die wirtschaftliche Substanz, den Wert und den Ertrag eines Gegenstands zuwendet. Der Abnehmer muss faktisch in der Lage sein, mit dem Gegenstand nach Belieben verfahren zu können und ihn wie ein Eigentümer zu nutzen.[130]

241 Die Verschaffung der Verfügungsmacht geht häufig mit der zivilrechtlichen Erfüllungshandlung – also der Übertragung des Eigentums i.S.d. BGB – einher. Dies ist aber nicht immer und zwingend der Fall, weil das Umsatzsteuerrecht harmonisiert ist. Käme es auf die zivilrechtliche Verschaffung des Eigentums an, wäre jede Harmonisierungsbemühung zum Scheitern verurteilt. Es liegt auf der Hand, dass in den 27 Mitgliedstaaten die Frage, wann zivilrechtlich Eigentum verschafft wird, 27 Mal unterschiedlich beantwortet wird.

242 Vor diesem Hintergrund kann es im umsatzsteuerlichen Sinn nicht auf die zivilrechtliche Eigentumsverschaffung ankommen. Es gibt daher Fälle, in denen zwar zivilrechtlich Eigentum verschafft worden ist, gleichwohl aber keine Verschaffung der Verfügungsmacht im umsatzsteuerlichen Sinn vorliegt. Dies ist z.B. der Fall, wenn zu **Sicherungszwecken** ein Gegenstand gemäß

---
128 BFH, Urt. v. 04.07.2002 – V R 10/01, BStBl. II 2004, 662.
129 BFH, EuGH-Vorlage v. 14.07.2010 – XI R 27/08, UR 2010, 766.
130 Abschn. 3.1 Abs. 2 S. 1 und 2 UStAE.

§§ 929, 930 BGB übereignet wird. Umgekehrt kann es genauso sein, dass an dem Gegenstand zivilrechtlich noch kein Eigentum verschafft worden ist, aus umsatzsteuerlicher Sicht aber sehr wohl die Verfügungsmacht auf den Leistungsempfänger übergegangen ist. Dies ist beispielsweise bei einer Übereignung mit **Eigentumsvorbehalt** gemäß §§ 929, 158 BGB der Fall. Zivilrechtlich liegt zwar noch keine Eigentumsverschaffung vor, gleichwohl ist der Abnehmer aber in aller Regel in der Lage, mit dem Gegenstand nach Belieben zu verfahren. Bei einem **Kauf auf Probe** (§ 454 BGB) wird die Verfügungsmacht erst nach Billigung des Angebots durch den Empfänger verschafft.[131]

Gegenstand einer Lieferung können grundsätzlich alle körperlichen Gegenstände, also Sachen nach § 90 BGB und Tiere nach § 90a BGB sein. Auch solche Wirtschaftsgüter, die wie körperliche Sachen behandelt werden (z.B. Elektrizität), können aus umsatzsteuerlicher Sicht geliefert werden. Gerade die Lieferung solcher Gegenstände, die nur wie körperliche Sachen behandelt werden, ist aus Sicht des Umsatzsteuerrechts schwierig zu erfassen. Vor diesem Hintergrund überrascht es nicht, dass für die Lieferung von Gas und Elektrizität ein eigener Lieferort durch § 3g UStG fingiert wird. 243

c) Sonstige Leistungen

Das Umsatzsteuergesetz definiert sonstige Leistungen als Leistungen, die keine Lieferungen sind (§ 3 Abs. 9 S. 1 UStG). Darunter ist die Verschaffung eines wirtschaftlichen Vorteils zu verstehen, der nicht in der Verschaffung der Verfügungsmacht an einem Gegenstand liegt. Dieser Vorteil kann in einem **Tun, Dulden** oder **Unterlassen** bestehen. Häufig wird sich eine sonstige Leistung in einem Tun manifestieren,[132] z.B. als Berater, Geschäftsbesorger, Friseur oder Maler. Die sonstige Leistung kann aber auch aus einem Dulden bestehen, z.B. als Vermieter, Verpächter, Darlehensgeber oder Überlasser von Urheberrechten. Auch das bloße Unterlassen kann eine sonstige Leistung darstellen, z.B. wenn es ein Unternehmer unterlässt, in Wettbewerb zu einem anderen Unternehmer zu treten. 244

d) Abgrenzung Lieferung und sonstige Leistung

Bei einer einheitlichen Leistung, die sowohl Lieferungselemente als auch Elemente einer sonstigen Leistung enthält, richtet sich die Einstufung als Lieferung oder sonstige Leistung danach, welche Leistungselemente aus Sicht des Durchschnittsverbrauchers und unter Berücksichtigung des Willens der Vertragsparteien den wirtschaftlichen Gehalt der Leistung bestimmen.[133] 245

Es macht im Umsatzsteuerrecht einen sehr großen Unterschied, ob eine Lieferung oder eine sonstige Leistung gegeben ist. Zwar werden grundsätzlich beide Vorgänge besteuert, für Lieferungen und sonstige Leistungen greifen jedoch unterschiedliche Vorschriften, was den **Leistungsort** anbelangt. Während für Lieferungen die §§ 3 Abs. 5a, 6–8, 3c, 3e, 3f und 3g UStG den Lieferort bestimmen, bestimmt sich bei sonstigen Leistungen der Leistungsort nach §§ 3a, 3b und 3f UStG. 246

Nicht nur für die Bestimmung des Leistungsortes ist es maßgeblich, zwischen Lieferungen und sonstigen Leistungen zu differenzieren. Auch für die Frage, ob **Steuerbefreiungen** einschlägig sind (§ 4 ff. UStG), kommt es maßgeblich darauf an, ob es sich um eine Lieferung oder sonstige Leistung handelt. Schließlich spielt diese Frage auch noch eine wesentliche Rolle bei der Bestimmung des zutreffenden **Steuersatzes** (§ 12 UStG). 247

Sofern kein körperlicher Gegenstand geliefert wird, ist die Abgrenzung zwischen Lieferungen und sonstigen Leistungen i.d.R. unproblematisch. So stellt beispielsweise die Einräumung eines Nutzungsrechts in jedem Fall eine sonstige Leistung dar. Probleme ergeben sich insbesondere bei der Abgrenzung zwischen Lieferungen und sonstigen Leistungen bei **Software** und anderen digitalen Gütern. Der Verkauf von **Standardsoftware** auf einem physischen Datenträger, also auf einer CD-ROM oder einer DVD, stellt nach einhelliger Auffassung eine Lieferung dar.[134] Die Übertragung von **Individualsoftware** wird dagegen als sonstige Leistung betrachtet. Hier steht die intellektuelle Leistung des Programmierers im Vordergrund und nicht die Verschaffung der 248

---

131 Abschn. 3.1 Abs. 3 S. 5 UStAE.
132 *Jakob* USt, S. 103.
133 BFH, Urt. v. 21.06.2001 – V R 80/99, BStBl. II 2003, 810.
134 Vgl. BFH, Urt. v. 30.07.1986 – V R 41/76, BStBl. II 1986, 874.

Verfügungsmacht an einem Datenträger. Die Situation ist also vergleichbar mit der Übergabe einer technischen Zeichnung durch einen Ingenieur, der im Rahmen eines Forschungsauftrags eine neue Maschine entwickelt hat. Auch hier ist es evident, dass nicht die Lieferung des Papiers, sondern die Entwicklung der Maschine im Vordergrund steht.

249 Etwas anderes gilt hingegen dann, wenn Standardsoftware online zur Verfügung gestellt wird. Die Übertragung von Standardsoftware auf elektronischem Weg (z.B. über das Internet) stellt eine sonstige Leistung dar.[135]

250 Umstritten war lange Zeit, wie das Anfertigen von Kopien zu behandeln ist. Beschränkt sich die Tätigkeit des Unternehmers auf das bloße Vervielfältigen von Dokumenten, so handelt es sich um Lieferungen.[136]

> **Fall 1:** Student A fährt in die USA und macht mit seiner Digitalkamera Fotos. Hinterher lädt er diese in einem entsprechenden Portal hoch und lässt sich Abzüge zuschicken.
>
> a) Das Portal befindet sich in Deutschland, druckt die Bilder in Deutschland und übersendet diese.
> b) Das Portal befindet sich in Österreich, druckt in Österreich und übersendet diese aus Österreich an den Studenten nach Deutschland.

> **Lösung:** Die Entwicklung eines vom Kunden belichteten Films sowie die Bearbeitung von auf physischen Datenträgern oder auf elektronischem Weg übersandten Bilddateien stellt eine Lieferung dar, wenn gleichzeitig Abzüge gefertigt werden. Für die in Deutschland gedruckten und übersandten Bilder befindet sich der Ort der Lieferung daher gemäß § 3 Abs. 6 UStG in Deutschland. Für die aus Österreich übersandten Bilder ist zunächst § 3c UStG zu prüfen. Der Ort der Lieferung könnte sich unter den Voraussetzungen des § 3c UStG in Deutschland befinden. Sofern die Voraussetzungen der sogenannten Versandhandelsregelung nicht erfüllt sind, handelt es sich um in Österreich steuerbare Vorgänge.

> **Fall 2a:** Der Architekturstudent S erwirbt online das für sein Studium erforderliche Architektur-, Planungs- und Visualisierungsprogramm »UltraArchi 3000« auf einer DVD direkt vom Hersteller.
>
> Liegt eine Lieferung oder eine sonstige Leistung vor?

> **Lösung:** Die Überlassung von Software über das Internet oder andere elektronische Netze stellt grundsätzlich eine sonstige Leistung i.S.v. § 3 Abs. 9 UStG dar, da das Dienstleistungselement im Vordergrund steht. Allerdings liegt eine Lieferung vor, wenn Standardsoftware in gegenständlicher Form, also auf einem Datenträger (hier eine DVD) überlassen wird. Folglich ist die vorliegende Leistung als Lieferung i.S.d. § 3 Abs. 1 UStG zu qualifizieren.

> **Fall 2b (Abwandlung von 2a):** Wie Grundfall, nur diesmal nutzt S die vom Hersteller angebotene Möglichkeit, sich die grundsätzlich standardisierte Software individuell anpassen zu lassen.
>
> Liegt eine Lieferung oder eine sonstige Leistung vor?

> **Lösung:** Durch die Anpassung hat S nunmehr keine Standardsoftware mehr erhalten, sondern sogenannte Individualsoftware. Damit überwiegt wieder das Dienstleistungselement, sodass eine sonstige Leistung vorliegt (vgl. EuGH, Urt. v. 27.10.2005 – Rs. C-41/04 – Levob Verzekeringen, UR 2006, 20, Tz. 30).

e) Haupt- und Nebenleistung

251 Für die umsatzsteuerliche Beurteilung eines Sachverhalts ist es wichtig danach zu differenzieren, ob ein sich aus mehreren Teilen zusammensetzender Vorgang eine einheitliche Leistung im umsatzsteuerlichen Sinn darstellt oder ob es sich um mehrere, getrennt zu beurteilende selbstständige Einzelleistungen handelt. Wer in der Klausur übersieht, dass es sich tatsächlich um selbst-

---

135 Abschn. 3.5 Abs. 3 Nr. 8 UStAE.
136 EuGH, Urt. v. 11.02.2010 – Rs. C-88/09 – Graphic Procédé, Slg. 2010, I-0.

ständig zu beurteilende Einzelleistungen handelt, wird nur einen Teil des Sachverhalts lösen und damit zwangsläufig wesentliche Teile der Klausur unbearbeitet lassen. Grundsätzlich gilt, dass bürgerlich-rechtlich selbstständige Leistungen auch aus umsatzsteuerlicher Sicht als selbstständige Leistung zu behandeln sind. Es ist daher i.d.R. jede sonstige Leistung als eigene **selbstständige Leistung** zu betrachten.[137]

Beispiel: Der Möbelhändler M verkauft an den Steuerberater S vier Stühle für sein Besprechungszimmer. Es handelt sich um vier separate Lieferungen.

Es gibt aber auch Situationen, bei denen trotz bürgerlich-rechtlich selbstständiger Leistung aus umsatzsteuerlicher Sicht eine einheitliche Leistung vorliegt. Dies ist dann der Fall, wenn mehrere gleichwertige Faktoren zur Erreichung eines wirtschaftlichen Ziels beitragen und aus diesem Grund zusammengehören. Die einzelnen Faktoren müssen so ineinandergreifen, dass sie bei natürlicher Betrachtung hinter dem Ganzen zurücktreten. Dafür genügt es nicht, dass die einzelnen Leistungen auf einem einheitlichen Vertrag beruhen und für sie ein Gesamtentgelt vereinbart worden ist. Entscheidend ist vielmehr der wirtschaftliche Gehalt der erbrachten Leistung.[138] Eine einheitliche Leistung kann jedenfalls nur dann vorliegen, wenn es sich um die Tätigkeit desselben Unternehmers handelt. Entgeltliche Leistungen unterschiedlicher Unternehmer sind auch dann jeweils für sich zu beurteilen, wenn sie gegenüber demselben Leistungsempfänger erbracht werden.[139]

Fall 1: Die Kronkorken AG hat sich auf Abfüllanlagen für Bierflaschen spezialisiert. Brauermeister B bestellt für seine Brauerei in Bamberg eine neue Abfüllanlage. Die Anlage wird in Hamburg produziert, von dort nach Bamberg geliefert und im Brauereigebäude vor Ort fest eingebaut. Hierfür haben die Parteien vereinbart, dass der Lieferant 100.000 € für die Abfüllanlage, 3.000 € für den Transport und 20.000 € für die Montage erhält, jeweils zzgl. gesetzlicher Umsatzsteuer.

Lösung: Es handelt sich um eine Werklieferung einer ortsfesteingebauten, maschinellen Anlage. Dies stellt einen einheitlichen wirtschaftlichen Vorgang dar. Die einheitlich zu beurteilende Werklieferung nach § 3 Abs. 4 UStG wird im Inland erbracht, wo die Anlage betriebsfertig eingebaut und übergeben wird.[140]

Erbringt ein Unternehmer mehrere Leistungen an einen Leistungsempfänger und handelt es sich dabei nicht um einen einheitlichen wirtschaftlichen Vorgang, so kann es sich um **Haupt- und Nebenleistungen** handeln. Nebenleistungen sind wirtschaftlich, aber nicht rechtlich selbstständig. Nebenleistungen sind insbesondere dann gegeben, wenn 252

- sie mit der Hauptleistung eng zusammenhängen,
- sie im Vergleich zur Hauptleistung nebensächlich sind,
- die Hauptleistung wirtschaftlich ergänzen oder verbessern,
- und üblicherweise im Gefolge der Hauptleistung vorkommen.

Fall 2: Student S schließt mit dem Mobilfunk-Provider D3 einen Datentarifvertrag ab und zahlt hierfür monatlich 49,99 €. Er kann mit diesem Tarif in beliebigen Mengen Daten aus dem Internet herunterladen und erhält zusätzlich mit Abschluss des Vertrags ein Netbook umsonst.

Lösung: D3 erbringt keine unentgeltliche Lieferung im Hinblick auf das Netbook. Vielmehr dient die »kostenlose« Abgabe der Hardwarekomponente dazu, dem Studenten die Nutzung des Datentarifvertrags zu ermöglichen. Es handelt sich in diesem Fall um eine unselbstständige Nebenleistung zu der (einheitlichen) Telekommunikationsleistung.[141]

---

137 EuGH, Urt. v. 25.02.1999 – Rs. C-349/96 – Card Protection Plan, Slg. 1999, I973.
138 Abschn. 3.10. Abs. 2 UStAE.
139 Abschn. 3.10. Abs. 4 S. 1 und 2 UStAE.
140 Abschn. 3.12 Abs. 4 S. 3 UStAE.
141 Abschn. 3.10 Abs. 6 Nr. 6 UStAE.

6. Kapitel Besteuerungstatbestände

Fall 3a: Der gehbehinderte A möchte einkaufen gehen. Dazu bestellt er sich ein Taxi. Der Taxifahrer wartet vereinbarungsgemäß auf A, während dieser einkauft. Nach dem Einkauf fährt A mit dem Taxi wieder nach Hause zurück.

Lösung: Es liegt eine einheitliche Leistung vor, wenn aufgrund des Wesens des fraglichen Umsatzes aus Sicht eines Durchschnittsverbrauchers eine einheitliche Leistung vorliegt. Maßgebend ist eine Gesamtbetrachtung aller Umstände, unter denen der Umsatz erfolgt. I.d.R. ist jede Leistung (Lieferung oder sonstige Leistung) als eigene, selbstständige Leistung zu betrachten, allerdings darf eine wirtschaftlich einheitliche Leistung im Interesse eines funktionierenden Mehrwertsteuersystems nicht künstlich aufgespalten werden.

253 Die Fahrt ist anhand dieser Grundsätze als einheitlicher wirtschaftlicher Vorgang zu bewerten, der nicht in zwei verschiedene Beförderungsleistungen aufgeteilt werden kann (vgl. BFH, Beschl. v. 24.10.1990 – V B 60/89, BFH/NV 1991, 562).

Fall 3b (Abwandlung von 3a): Ändert sich etwas, wenn A mit dem Taxifahrer vereinbart hat, dass dieser ihn nach einem Anruf von A wieder abholt?

Lösung: In diesem Fall liegt keine einheitliche Leistung vor, weil Hin- und Rückfahrt dieser Art aus der Sicht des Durchschnittsverbrauchers regelmäßig als zwei getrennte Beförderungsleistungen und nicht als eine (einheitliche) Leistung zu beurteilen sind (vgl. BFH, Urt. v. 31.05.2007 – V R 18/05, BStBl. II 2008, 206, Rn. 21).

2. Unternehmer

254 Beim Leistungsaustausch ist der Unternehmer das Steuersubjekt. Anders ist dies beispielsweise bei der Einfuhr oder dem innergemeinschaftlichen Erwerb neuer Fahrzeuge, wo es nicht auf die Unternehmereigenschaft ankommt, um einen steuerbaren Umsatz zu begründen. Nur dem Unternehmer steht auch das Recht auf Vorsteuerabzug gemäß § 15 Abs. 1 UStG zu. Das Gesetz definiert in § 2 Abs. 1 UStG, was ein Unternehmer ist. Voraussetzung ist daher eine

- gewerbliche oder berufliche Tätigkeit, also jede nachhaltige Tätigkeit zur Erzielung von Einnahmen, auch wenn die Absicht, Gewinn zu erzielen fehlt oder eine Personenvereinigung nur gegenüber ihren Mitgliedern tätig wird (§ 2 Abs. 1 S. 3 UStG),
- die selbstständig ausgeübt wird.

a) Unternehmerfähigkeit

255 Unternehmer kann jede Person oder jedes Gebilde sein, das als solches nach außen auftritt und daher Umsätze in eigener Person verwirklichen kann. Unternehmer können daher sämtliche natürlichen und juristischen Personen sein. Auch juristische Personen des öffentlichen Rechts können Unternehmer sein. Auch nichtrechtsfähige Gesellschaften, Personenvereinigungen und Unternehmenszusammenschlüsse können Unternehmer i.S.d. § 2 UStG sein. Nach ständiger Rechtsprechung des EuGH ist im Mehrwertsteuersystem der Gemeinschaft der Grundsatz der **Rechtsformneutralität** zu beachten.[142] Das heißt, für die Beurteilung der Unternehmereigenschaft ist lediglich maßgeblich, ob eine wirtschaftliche Tätigkeit ausgeübt wird. Ist eine solche wirtschaftliche Tätigkeit gegeben, spielt die Rechtsform, in der diese wirtschaftliche Tätigkeit ausgeübt wird, für die umsatzsteuerliche Unternehmereigenschaft keine Rolle. Aus diesem Grund kann gleichermaßen eine natürliche Person wie eine Aktiengesellschaft umsatzsteuerlicher Unternehmer sein.

256 Dies zeigt sich auch daran, dass selbst die Ausübung einer illegalen Tätigkeit die Unternehmereigenschaft begründen kann, sofern es sich um eine wirtschaftliche Tätigkeit handelt.[143]

---

142 EuGH, Urt. v. 04.12.1990 – Rs. C-186/89 – Van Tiem, Slg. 1990, I-4363, Urt. v. 11.07.1996 – Rs. C-306/94 – Régie dauphinoise, UR 1996, 304 und Urt. v. 29.04.2004 – Rs. C-77/01 – EDM, UR 2004, 292.
143 EuGH, Urt. v. 11.06.1998 – Rs. C-283/95 – Karlheinz Fischer, EuZW 1998, 637.

Das Umsatzsteuerrecht kennt im Gegensatz zum Einkommensteuerrecht **keine Zusammenveranlagung**. Sind Ehefrau und Ehemann aufgrund eigener unternehmerischer Tätigkeit umsatzsteuerliche Unternehmer, so werden sie unabhängig voneinander zur Umsatzsteuer veranlagt.

257

b) Selbstständigkeit

Voraussetzung für die Unternehmereigenschaft ist, dass die Tätigkeit selbstständig ausgeübt wird. Das Umsatzsteuergesetz enthält keine positive Definition des Begriffs Selbstständigkeit. § 2 Abs. 2 UStG definiert lediglich den umgekehrten Fall: eine nicht selbstständig ausgeübte Tätigkeit.

258

Natürliche Personen sind dann unselbstständig tätig, wenn sie in einem Unternehmen so eingegliedert sind, dass sie den Weisungen des Unternehmers Folge zu leisten haben. Nach Auffassung der Finanzverwaltung und der Rechtsprechung ist die Frage der Selbstständigkeit natürlicher Personen für die Umsatzsteuer, Einkommensteuer und Gewerbesteuer nach denselben Grundsätzen zu beurteilen.[144] Dabei ist die Selbstständigkeit nicht nach zivilrechtlichen, sondern nach wirtschaftlichen Gesichtspunkten zu beurteilen. Es kommt maßgeblich darauf an, wer das Risiko der wirtschaftlichen Betätigung trägt. Erhält beispielsweise eine natürliche Person eine erfolgsunabhängige Vergütung, so spricht dies gegen eine selbstständige Tätigkeit. Andererseits ist eine selbstständige Tätigkeit dann anzunehmen, wenn die natürliche Person für ihre Tätigkeit im Erfolgsfall vergütet wird, bei der Gestaltung der Betriebsausgaben frei ist und auch einen etwaigen Verlust selbst zu tragen hat.

259

Aus diesem Grund sind z.B. **Aufsichtsratsmitglieder** stets selbstständig tätig, da sie nicht weisungsabhängig sein können. Einnahmen aus Aufsichtsratstätigkeiten stellen daher steuerpflichtige Entgelte für Leistungen eines selbstständigen Unternehmers dar. Ebenso sind **Lehrbeauftragte** an Hochschulen und **Honorarprofessoren** grundsätzlich selbstständig tätig.

260

Besonders problematisch ist das Kriterium der Selbstständigkeit bei **Gesellschaftern/Geschäftsführern**. Natürliche Personen als Gesellschafter, die Geschäftsführungs- und Vertretungsleistungen an eine Personengesellschaft erbringen, sind grundsätzlich selbstständig tätig. Auch ein gesellschaftsvertragliches Weisungsrecht der Personengesellschaft gegenüber ihrem Gesellschafter kann nach Auffassung der Finanzverwaltung nicht zu einer Weisungsgebundenheit i.S.d. § 2 Abs. 2 Nr. 1 UStG führen.[145] Natürliche Personen als Gesellschafter für Kapitalgesellschaften erbringen hingegen nach Auffassung der Finanzverwaltung in aller Regel nichtselbstständige Leistungen, wenn sie nach § 2 Abs. 2 Nr. 1 UStG weisungsgebunden sind.

261

> **Beispiel:** Alleinaktionär J.P. hält 100 % der Anteile an der Pharmagesellschaft B, gleichzeitig ist er Vorstandsvorsitzender. Für seine Tätigkeit erhält er eine Vergütung. Zwischen der B AG und J.P. ist ein Arbeitsvertrag geschlossen, der unter anderem einen Urlaubsanspruch, feste Arbeitszeiten sowie Lohnfortzahlung im Krankheitsfall regelt.
>
> Der Alleinaktionär ist im Rahmen seiner Tätigkeit als Vorstandsvorsitzender nicht selbstständig tätig.

c) Gewerbliche oder berufliche Tätigkeit

Voraussetzung für die umsatzsteuerliche Unternehmereigenschaft ist, dass der Unternehmer gewerblich oder beruflich nach § 2 Abs. 1 S. 3 UStG tätig wird. Das heißt, er muss eine selbstständige und nachhaltige Tätigkeit zur Erzielung von Einnahmen ausüben. Es kommt allerdings nicht darauf an, dass der Unternehmer in der Absicht handelt, **Gewinn** zu erzielen. Der umsatzsteuerliche Unternehmerbegriff ist vollständig eigenständig zu bestimmen. Es bestehen keinerlei Parallelen zum HGB oder zum einkommensteuerlichen Begriff des Gewerbebetriebs oder der selbstständigen Arbeit. Es ist auch nicht Voraussetzung, dass sich der Unternehmer am allgemeinen wirtschaftlichen Verkehr beteiligt. Bereits das Gesetz stellt klar, dass eine unternehmerische Tätigkeit im umsatzsteuerlichen Sinn auch dann vorliegen kann, wenn der Unternehmer eine Personenvereinigung ist, die nur gegenüber ihren Mitgliedern tätig wird – sich also folglich nicht am allgemeinen Wirtschaftsverkehr beteiligt.

262

---

144 Abschn. 2.2 Abs. 2 S. 1 UStAE; BFH, Urt. v. 11.10.2007 – V R 77/05, BStBl. II 2008, 443.
145 Abschn. 2.2 Abs. 2 S. 3 UStAE.

263 Der Unternehmer muss Leistungen i.S.d. UStG erbringen. Es muss sich dabei um Leistungen im wirtschaftlichen Sinn handeln. Es ist nicht erforderlich, dass die Leistungen in Deutschland steuerbar sind. Die Unternehmereigenschaft ist auch dann zu bejahen, wenn beispielsweise ein Unternehmer ausschließlich ausländische Kunden berät und sich daher der Leistungsort seiner sonstigen Leistung ausschließlich gemäß § 3a Abs. 2 UStG im Ausland befindet.

264 Keine gewerbliche oder berufliche Tätigkeit ist hingegen gegeben, wenn sich eine Gesellschaft ausschließlich auf das Haben und Halten von Anteilen beschränkt. Eine reine **Holding** ist aus diesem Grund kein umsatzsteuerlicher Unternehmer, denn es werden keine Lieferungen oder sonstigen Leistungen im Rahmen eines Leistungsaustausches erbracht.[146] Die bloße Vereinnahmung von Dividenden und Gewinnanteilen stellt keine unternehmerische Tätigkeit dar. Konsequenterweise kann die Holding für diesen nicht unternehmerischen Bereich auch keine Vorsteuern geltend machen.

265 Etwas anderes gilt hingegen dann, wenn die Holding administrative, finanzielle, kaufmännische oder technische Dienstleistungen an die jeweiligen Beteiligungsgesellschaften erbringt. Eine Holdinggesellschaft, die im Sinne einer einheitlichen Leitung aktiv in das laufende Tagesgeschäft ihrer Tochtergesellschaft eingreift (sog. **Führungs- oder Funktionsholding**) ist daher unternehmerisch tätig. Das Erwerben, Halten oder Veräußern von Gesellschaftsanteilen stellt nur dann eine unternehmerische Tätigkeit dar, wenn

- es sich um einen gewerblichen Wertpapierhandel handelt, Gesellschaftsanteile erworben und veräußert werden und dadurch eine nachhaltige, auf Einnahmeerzielungsabsicht gerichtete Tätigkeit ausgeübt wird;[147]
- die Beteiligung nicht um ihrer selbst willen gehalten wird, sondern der Förderung einer bestehenden oder beabsichtigten unternehmerischen Tätigkeit gilt. Wenn also beispielsweise ein Unternehmen Anteile an einem wichtigem Zulieferer hält, um sich günstige Einkaufskonditionen zu verschaffen;
- die Beteiligung auch dazu erworben wird, um unmittelbar in die Verwaltung der Gesellschaft einzugreifen, etwa durch administrative, finanzielle, kaufmännische oder technische Dienstleistungen.

266 Für die Frage, ob ein Unternehmer nachhaltig tätig ist, ist auf das Gesamtbild der Verhältnisse abzustellen. Es gibt eine Reihe von Kriterien, die für die Nachhaltigkeit einer Tätigkeit sprechen. Hierzu zählen beispielsweise:[148]

- eine mehrjährige Tätigkeit
- planmäßiges Handeln
- auf Wiederholung angelegte Tätigkeit
- die Ausführung mehr als nur eines Umsatzes
- die Intensität des Tätigwerdens
- Auftreten wie ein Händler
- Unterhalten eines Geschäftslokals
- Auftreten nach außen

d) Erzielung von Einnahmen

267 Im Umsatzsteuerrecht kommt es ausschließlich darauf an, dass der Unternehmer beabsichtigt, nachhaltig Einnahmen zu erzielen. Es wird also nicht gefordert, dass der Unternehmer Gewinne erwirtschaftet. Die Unternehmereigenschaft ist daher auch dann gegeben, wenn aus ertragssteuerlicher Sicht Liebhaberei gegeben ist.

e) Beginn und Ende der Unternehmereigenschaft

268 Die Unternehmereigenschaft i.S.d. § 2 Abs. 1 UStG beginnt bereits mit der ersten nach außen auf die Ausführung entgeltlicher Leistung gerichteten **Vorbereitungshandlung**. Der Unternehmer kann daher Vorsteuern aus Leistungsbezügen zur Vorbereitung seiner entgeltlichen Tätigkeit schon in dem Voranmeldungszeitraum abziehen, in dem er eine zum Vorsteuerabzug berechti-

---

[146] EuGH, Urt. v. 29.04.2009 – Rs. C-77/01 – EDM, Slg 2009, I-4295.
[147] EuGH, Urt. v. 29.04.2004 – C-7701, EDM, Slg 2009, I-4295.
[148] Abschn. 2.3 Abs. 5 S. 4 UStAE.

gende Rechnung erhält. Es ist also nicht erforderlich, dass der Unternehmer bereits seinerseits Umsätze getätigt hat.

Dies gilt sogar selbst dann, wenn der Unternehmer zu einem späteren Zeitpunkt sein Unternehmen einstellt und nie über die Vorbereitungsphase hinausgekommen ist. In diesem Extremfall ist es nicht einmal erforderlich, dass der Unternehmer überhaupt einen Ausgangsumsatz getätigt hat.[149] 269

Die Unternehmereigenschaft **endet** mit dem letzten Tätigwerden des Unternehmers. Die Unternehmereigenschaft erlischt erst, wenn der Unternehmer alle Rechtsbeziehungen abgewickelt hat, die mit dem aufgegebenen Betrieb im Zusammenhang stehen. Aus diesem Grund gehört z.B. auch die spätere Veräußerung von Betriebsvermögen noch zur Unternehmertätigkeit.[150] 270

f) Umfang des Unternehmens

Das Unternehmen umfasst die gesamte gewerbliche und berufliche Tätigkeit des Unternehmers (§ 2 Abs. 1 S. 2 UStG). Dies bedeutet, dass ein Unternehmer nur ein umsatzsteuerliches Unternehmen haben kann. Hat beispielsweise eine natürliche Person ein Vermietungsunternehmen und einen Gewerbebetrieb, so handelt es sich aus umsatzsteuerlicher Sicht um ein Unternehmen. Dabei ist es ohne Bedeutung, ob diese Unternehmen örtlich weit auseinanderliegen, unterschiedlichen Wirtschaftszweigen angehören oder gemeinsam nach außen in Erscheinung treten. 271

Das Unternehmen erstreckt sich dabei auch auf im Ausland gelegene Betriebsstätten oder Zweigniederlassungen. Innerhalb des Unternehmens sind steuerbare Umsätze grundsätzlich nicht möglich. Eine Ausnahme bildet hierbei lediglich das sogenannte innergemeinschaftliche Verbringen, wenn also Gegenstände über eine Gemeinschaftsgrenze hinweg verbracht werden, ohne gleichzeitig veräußert zu werden. 272

g) Sonderfall: Umsatzsteuerliche Organschaft

Bei einer umsatzsteuerlichen Organschaft werden rechtlich selbstständige Gesellschaften aus umsatzsteuerlicher Sicht wie ein Unternehmen behandelt. Organgesellschaften können dabei nur juristische Personen sein. Organträger hingegen können auch natürliche Personen oder Personenvereinigungen sein. Eine umsatzsteuerliche Organschaft liegt gemäß § 2 Abs. 2 Nr. 2 UStG vor, wenn eine juristische Person als Organgesellschaft in das Unternehmen eines anderen Unternehmens nach dem Gesamtbild der tatsächlichen Verhältnisse 273

- finanziell
- wirtschaftlich und
- organisatorisch

eingegliedert ist.

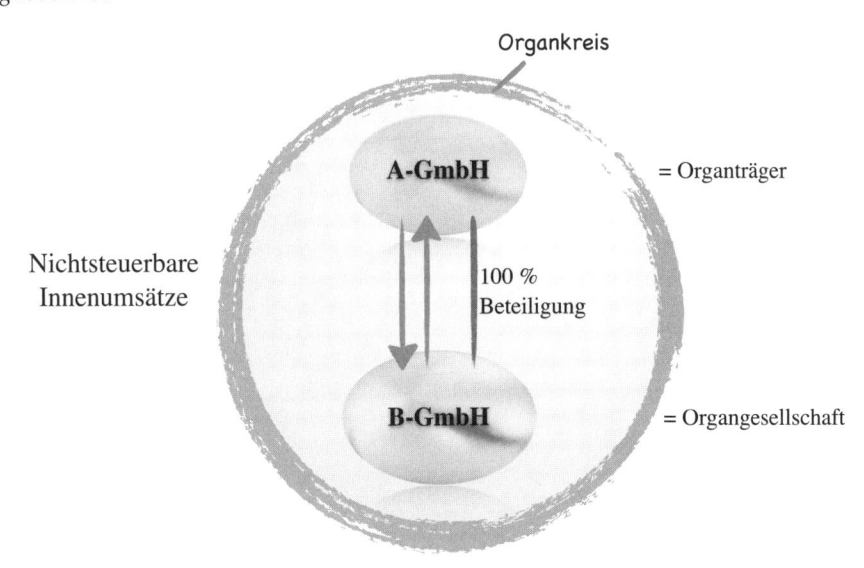

---

[149] EuGH, Urt. v. 29.02.1996 – Rs. C-10/94 – Inzo, UR 1996, 116.
[150] Abschn. 2.6 Abs. 6 S. 4 UStAE.

Als Folge der Organschaft handelt es sich aus umsatzsteuerlicher Sicht um ein Unternehmen. Zwischen den Organgesellschaften liegen nichtsteuerbare Innenumsätze vor.

274 Unter **finanzieller Eingliederung** versteht man den Besitz der entscheidenden Anteilsmehrheit. Es kommt maßgeblich auf den jeweiligen Gesellschaftsvertrag an. Entsprechen die Beteiligungsverhältnisse den Stimmrechtsverhältnissen, so ist es ausreichend, wenn der Organträger über mehr als 50 % der Stimmrechte in der Organgesellschaft verfügt. Die **wirtschaftliche Eingliederung** ist gegeben, wenn die Organgesellschaft nach dem Willen des Unternehmers im Rahmen des Gesamtunternehmens wirtschaftlich tätig ist. Das heißt, es muss ein enger wirtschaftlicher Zusammenhang mit der Tätigkeit des Organträgers bestehen. Dies ist bereits dann gegeben, wenn zwischen dem Organträger und der Organgesellschaft aufgrund gegenseitiger Förderung und Ergänzung mehr als nur unerhebliche wirtschaftliche Beziehungen bestehen.

275 Die organisatorische Eingliederung ist gegeben, wenn der Organträger sichergestellt hat, dass er in der Organgesellschaft seinen Willen auch tatsächlich durchsetzen kann. Die organisatorische Eingliederung setzt in aller Regel die personelle Verflechtung der Geschäftsführung des Organträgers und der Organgesellschaft voraus.[151]

3. Im Inland

a) Überblick

276 Ein steuerbarer Leistungsaustausch i.S.d. § 1 Abs. 1 Nr. 1 UStG setzt voraus, dass es sich um eine Lieferung oder sonstige Leistung im Inland handelt. Es liegt auf der Hand, dass der deutsche Fiskus kein Besteuerungsrecht hat, wenn beispielsweise ein chinesischer Unternehmer in China sein Fahrrad verkauft. Nicht immer sind aber die Fälle so eindeutig, wie in dem gerade genannten Beispiel. In der Klausur ist es daher die Aufgabe, den Ort der Lieferung oder der sonstigen Leistung exakt zu bestimmen. Insbesondere bei Sachverhalten mit einem grenzüberschreitenden Bezug ist dies zwingend erforderlich, um festzustellen, ob der Vorgang überhaupt dem deutschen Umsatzsteuergesetz unterliegt. Das Umsatzsteuergesetz definiert für Lieferungen und sonstige Leistungen jeweils eigene Lieferorte. Schematisch und stark vereinfacht lässt sich dies wie folgt darstellen:

Bestimmung des Liefer- und Leistungsortes

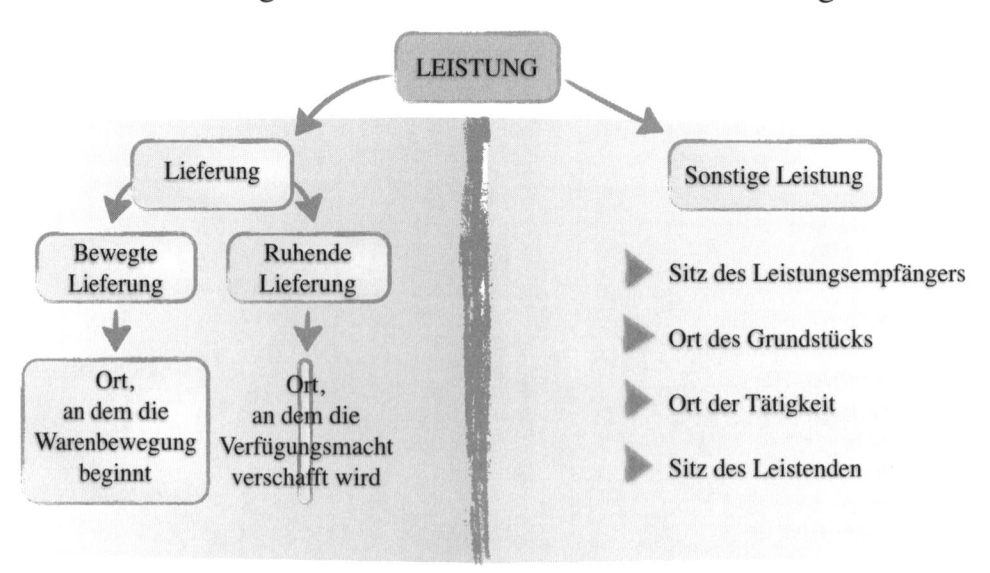

```
                        LEISTUNG
                       /        \
                  Lieferung      Sonstige Leistung
                  /      \
           Bewegte    Ruhende          ▸ Sitz des Leistungsempfängers
          Lieferung  Lieferung
              |         |              ▸ Ort des Grundstücks
           Ort,       Ort,
        an dem die  an dem die         ▸ Ort der Tätigkeit
       Warenbewegung Verfügungsmacht
         beginnt    verschafft wird    ▸ Sitz des Leistenden
```

277 Aus umsatzsteuerlicher Sicht ist nur zwischen drei Gebieten zu differenzieren. Das **Inland**, das gemäß § 1 Abs. 2 S. 1 UStG das gesamte deutsche Hoheitsgebiet mit Ausnahme von Büsingen, der Insel Helgoland und der Freihäfen umfasst.

---

151 BFH, Urt. v. 03.04.2008, V R 76/05, BStBl. II 2008, 905.

Das sog. **übrige Gemeinschaftsgebiet**. Darunter ist das Gebiet der übrigen 26 EU-Mitgliedstaa- 278
ten zu verstehen. Hier ist anzumerken, dass eine Reihe von EU-Mitgliedstaaten über amorphe
Gebiete verfügen, die zwar zum Hoheitsgebiet des jeweiligen Mitgliedstaats zählen, aber aus
umsatzsteuerlicher Sicht nicht übriges Gemeinschaftsgebiet darstellen. Hierzu zählen beispielsweise für Dänemark Grönland, für Griechenland der Berg Athos, für Italien San Marino, für die
Niederlande die überseeischen Gebiete Aruba und die niederländischen Antillen.[152]

Der Rest der Welt wird **Drittlandsgebiet** genannt. Es handelt sich dabei um diejenigen Gebiete, 279
die weder zum übrigen Gemeinschaftsgebiet noch zum Inland gehören. Hierzu zählen beispielsweise Andorra, Gibraltar, die Schweiz, der Vatikanstaat, die USA und China.

b) Leistungsort bei Lieferungen

Das Umsatzsteuergesetz nennt in § 3 Abs. 5a UStG die Vorschriften, nach denen sich bei Liefe- 280
rungen der Lieferort bestimmt. Dabei sind die Spezialvorschriften der §§ 3c, 3e, 3f und 3g UStG
grundsätzlich vorrangig zu prüfen. In der Klausur dürften jedoch, mit Ausnahme des § 3c UStG,
insbesondere § 3 Abs. 6–7 UStG die wesentliche Rolle spielen.

aa) Bewegte Lieferungen

Das Gesetz differenziert bei Lieferungen zwischen sog. ruhenden Lieferungen und bewegten 281
Lieferungen. Bewegte Lieferungen gelten gemäß § 3 Abs. 6 S. 1 UStG grundsätzlich dort als aus-
geführt, wo die Beförderung oder Versendung an den Abnehmer oder in dessen Auftrag an einen
Dritten (z.B. Lagerhalter) beginnt. Voraussetzung für eine bewegte Lieferung ist daher, dass der
Gegenstand entweder befördert oder versendet wird. **Versenden** ist gegeben, wenn der Transport von einem selbstständigen Dritten (z.B. einem Spediteur) durchgeführt wird. Eine **Beförderung** liegt vor, wenn der Transport vom Lieferer oder dem Abnehmer selbst oder durch deren
Personal durchgeführt wird. Man spricht in diesen Fällen von sog. Beförderungs- oder Versen-
dungslieferungen.

> **Beispiel:** M in München geht zu einem Elektroeinzelhändler und kauft einen Flachbildfernsehapparat.
> M nimmt den Fernsehapparat gleich mit nach Hause in seine Wohnung in München Pasing.
>
> Es handelt sich um eine bewegte Lieferung gemäß § 3 Abs. 6 UStG. M selbst befördert den Gegen-
> stand vom Laden zu sich nach Hause.

bb) Ruhende Lieferungen

Wird der Gegenstand der Lieferung nicht befördert oder versendet, so spricht man von einer 282
ruhenden Lieferung. Der Lieferort befindet sich gemäß § 3 Abs. 7 S. 1 UStG in diesen Fällen
dort, wo sich der Gegenstand zum Zeitpunkt der Verschaffung der Verfügungsmacht befindet.
§ 3 Abs. 7 UStG findet daher nur dann Anwendung, wenn der Liefergegenstand im Zusammenhang mit der Lieferung nicht zum Lieferungsempfänger verbracht wird. Dies ist etwa bei der Lieferung von Grundstücken oder anderen unbeweglichen Liefergegenständen der Fall. § 3 Abs. 7
S. 2 UStG regelt die Lieferorte bei sog. Reihengeschäften.

cc) Reihen- und Dreiecksgeschäfte

Reihengeschäfte können aus umsatzsteuerlicher Sicht recht kompliziert werden. Dabei ist ins- 283
besondere die Bestimmung der zutreffenden Lieferorte schwierig. Eine wesentliche Rolle spielt
diese Frage dann, wenn ein Reihengeschäft über eine Grenze hinweg stattfindet. In diesem Fall
stellt sich zusätzlich die Frage, welche der Lieferungen als steuerbefreite Ausfuhrlieferung (§ 4
Nr. 1 Buchst. a UStG i.V.m. § 6 UStG) oder innergemeinschaftliche Lieferung gemäß (§ 4
Nr. 1 Buchst. b UStG i.V.m. § 6a UStG) zu behandeln ist.

Was unter einem Reihengeschäft zu verstehen ist, wird legal definiert in § 3 Abs. 6 S. 5 UStG. 284
Danach liegt ein Reihengeschäft vor, wenn

- mehrere Unternehmer
- Umsatzgeschäfte über denselben Gegenstand abschließen und
- der Gegenstand bei der Beförderung oder Versendung unmittelbar vom ersten Unternehmer an den letzten Abnehmer gelangt.

---

152 Abschn. 1.10 Abs. 1 S. 2 UStAE.

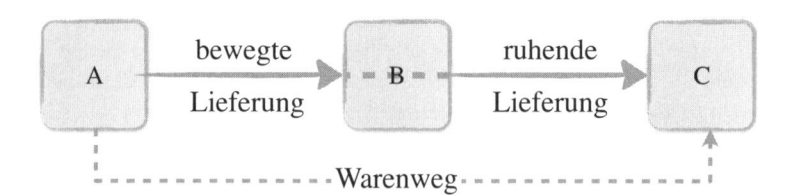

```
     bewegte              ruhende
A  ──────────▶   B   ──────────▶   C
    Lieferung            Lieferung
└┄┄┄┄┄┄┄┄┄┄┄┄┄┄ Warenweg ┄┄┄┄┄┄┄┄┄┄┄┄┄┘
```

285 Um die zutreffenden Lieferorte zu bestimmen, ist zunächst die **bewegte Lieferung** zu ermitteln. Sie ist gleichsam Ausgangspunkt, um die Lieferorte für etwaige vorangehende oder nachfolgende ruhende Lieferungen zu bestimmen. Bei einem Reihengeschäft kann stets nur eine Lieferung als bewegte Lieferung qualifiziert werden. Die bewegte Lieferung ist anhand der Frage zu bestimmen, wer den **Transportauftrag** gegeben hat oder ggf. die Ware selbst befördert hat. Gibt der erste Lieferer den Transportauftrag, so ist die Lieferung von ihm als bewegte Lieferung zu qualifizieren. Gibt der letzte in der Reihe den Transportauftrag, so ist die Lieferung an ihn als bewegte Lieferung zu qualifizieren. Etwas schwieriger sind die Fälle zu ermitteln, bei denen ein mittlerer Unternehmer den Transportauftrag gibt. Hier gilt gemäß § 3 Abs. 6 S. 6 1. Alternative UStG die Grundregel, dass die Lieferung an ihn als die bewegte Lieferung zu qualifizieren ist. Es besteht jedoch unter gewissen Voraussetzungen die Möglichkeit, die Lieferung von ihm als bewegte Lieferung zu qualifizieren.

286 Im oben genannten Beispielfall soll A den Transportauftrag gegeben haben. Die Lieferung von ihm ist die bewegte Lieferung. Ihr Lieferort bestimmt sich gemäß § 3 Abs. 6 S. 1 UStG danach, wo die Warenbewegung beginnt.

287 Die sich anschließende ruhende Lieferung ist eine Lieferung, die der bewegten Lieferung nachfolgt. Ihr Lieferort bestimmt sich daher gemäß § 3 Abs. 7 S. 2 Nr. 2 UStG. Die Warenlieferung ist dort steuerbar, wo die Warenbewegung endet. Dieses Beispiel zeigt auch deutlich, warum zunächst die bewegte Lieferung zu bestimmen ist. Der Ort der anderen Lieferung richtet sich gemäß § 3 Abs. 7 S. 2 UStG danach, ob sie der bewegten Lieferung vorangeht oder nachfolgt.

288 Im nachfolgenden Beispiel wird eine Ware unmittelbar von Deutschland nach Österreich zum Endkunden C bewegt. A rechnet an den österreichischen Zwischenhändler B ab. B wiederum rechnet an seinen Endkunden C ab.

Reihengeschäfte

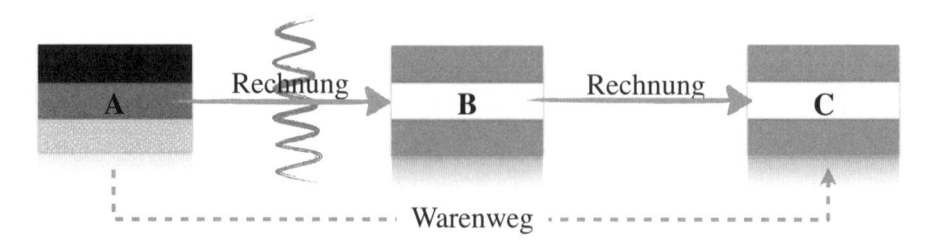

```
          Rechnung              Rechnung
  A   ──────────────▶   B   ──────────────▶   C
└┄┄┄┄┄┄┄┄┄┄┄┄┄┄┄ Warenweg ┄┄┄┄┄┄┄┄┄┄┄┄┄┄┄┄┘
```

▸ mehrere Unternehmer schließen über denselben Gegenstand Umsatzgeschäfte ab

und

▸ der Gegenstand gelangt bei der Beförderung oder Versendung unmittelbar vom ersten Unternehmer (A) an den letzten Abnehmer (C)

289 Um im vorliegenden Fall die Lieferorte zutreffend zu bestimmen, ist es entscheidend zu wissen, wer die Ware befördert oder den Transportauftrag an die Spedition für die Versendung gegeben hat. Unterstellt man, dass C die Ware unmittelbar bei A abgeholt hat, so bedeutet dies Folgendes:

290 Die bewegte Lieferung ist gemäß § 3 Abs. 6 S. 1 und S. 5 UStG die Lieferung von B an C. Der Lieferort befindet sich dort, wo die Warenbewegung beginnt. Lieferort ist mithin Deutschland. Der Vorgang ist daher in Deutschland steuerbar. Die Lieferung von A an B ist eine der bewegten

Lieferung vorangehende ruhende Lieferung. Der Lieferort bestimmt sich gemäß § 3 Abs. 7 S. 2 Nr. 1 UStG. Lieferort ist mithin auch Deutschland. Im Ergebnis kann also festgehalten werden, dass in diesem Beispielsfall beide Vorgänge in Deutschland steuerbar sind.

Ein besonderer Fall des Reihengeschäfts ist das sog. **Dreiecksgeschäft** gemäß § 25b UStG. Der § 25b UStG enthält keine Sonderregelung für den Ort der Lieferung bei Reihengeschäften. Das heißt, die Lieferorte sind nach Maßgabe des § 3 Abs. 6–7 UStG zu bestimmen. Die Bedeutung des § 25b UStG besteht vielmehr darin, die Steuerschuldnerschaft für die letzte Lieferung auf den letzten Abnehmer zu verlagern und dass der innergemeinschaftliche Erwerb des mittleren Unternehmers im Bestimmungsland als besteuert gilt.

§ 25b UStG hat folgende Tatbestandsvoraussetzung:

- Es müssen drei Unternehmer aus drei unterschiedlichen Mitgliedstaaten mit unterschiedlichen Umsatzsteuer-Identifikationsnummern beteiligt sein.
- Es müssen zwei Umsatzgeschäfte über denselben Gegenstand, der unmittelbar vom ersten Lieferer an den letzten Abnehmer gelangt (Reihengeschäft), stattfinden. Dabei muss der Gegenstand in einen anderen Mitgliedstaat gelangen.
- Der erste Lieferer oder der erste Abnehmer befördert oder versendet den Gegenstand.

Die Bedeutung des Dreiecksgeschäfts soll an folgenden Beispielen veranschaulicht werden:

> **Beispiel:** Der niederländische Unternehmer NL verkauft die Ware an den französischen Unternehmer FR. FR seinerseits verkauft die Ware unmittelbar weiter an D in Deutschland. Der niederländische Unternehmer erteilt der Spedition X den Auftrag, die Ware unmittelbar aus den Niederlanden nach Deutschland zu transportieren.

Dreiecksgeschäfte

Rechtsfolgen ohne Dreiecksgeschäft

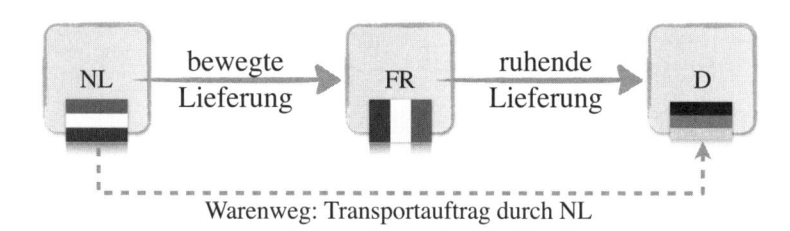

NL —bewegte Lieferung→ FR —ruhende Lieferung→ D

Warenweg: Transportauftrag durch NL

Rechtsfolgen ohne Dreiecksregelung

▸ i.g. Erwerb durch FR in Deutschland

▸ i.g. Erwerb durch FR in Frankreich (§ 3d S. 2 UStG)

▸ Inlandslieferung durch FR in DE

Ziel der Dreiecksregelung

▸ Vermeidung von umsatzsteuerlichen Verpflichtungen des FR in Deutschland, wo die Warenbewegung endet.

Die Voraussetzungen des § 25b UStG sind in diesem Fall gegeben. Es handeln drei Unternehmer mit unterschiedlichen Umsatzsteuer-Identifikationsnummern aus verschiedenen Mitgliedstaaten. Es findet ein Reihengeschäft statt, da die Ware unmittelbar vom ersten Unternehmer (NL) zum letzten (D) gelangt. Die Ware wird durch NL versendet, da dieser den Spediteur X beauftragt hat. Voraussetzung ist zudem, dass die Rechnung des FR an D einen Hinweis auf das innergemeinschaftliche Dreiecksgeschäft enthält.

Die bewegte Lieferung des NL ist gemäß § 3 Abs. 6 UStG analog in den Niederlanden steuerbar. Die sich anschließende ruhende Lieferung von FR an D ist gemäß § 3 Abs. 7 S. 2 Nr. 2 UStG in

Deutschland steuerbar. FR müsste dementsprechend in Deutschland einen innergemeinschaftlichen Erwerb gemäß § 1a UStG versteuern und gleichzeitig eine steuerbare Ausgangslieferung an D erklären. FR müsste sich zu diesem Zweck in Deutschland für umsatzsteuerliche Zwecke registrieren lassen. Er müsste Umsatzsteuer-Voranmeldungen abgeben. Außerdem müsste er eine Rechnung mit Ausweis von deutscher Steuer an D stellen. Dies wird hier durch die Sonderregelung des § 25b UStG vermieden. FR muss keinen innergemeinschaftlichen Erwerb versteuern und die Steuerschuld für die Lieferung an D geht auf diesen über. FR muss sich daher bei vorliegenden Voraussetzungen des innergemeinschaftlichen Dreiecksgeschäfts gemäß § 25b UStG aus einem solchen Vorgang in Deutschland nicht für Umsatzsteuerzwecke erfassen lassen.

Dreiecksgeschäfte

NL — bewegte Lieferung → FR — ruhende Lieferung → D

Warenweg: Transportauftrag durch NL

RECHNUNG
- ohne USt
- USt-ID-Nr. NL
- USt-ID-Nr. FR
- Hinweis auf steuerfreie i.g. Lieferung

RECHNUNG
- ohne USt
- USt-ID-Nr. FR
- USt-ID-Nr. D
- Hinweis auf § 25b UStG
- Hinweis auf Steuerschuldnerschaft des D

dd) Sondertatbestände

296 Es gibt eine Reihe von Sondertatbeständen bei der Lieferung von Gegenständen.

297 Die Lieferung von Gegenständen an Bord eines Schiffs, eines Luftfahrzeugs oder einer Eisenbahn während einer Beförderung innerhalb des Gemeinschaftsgebiets gilt gemäß § 3e Abs. 1 UStG als dort ausgeführt, wo die Beförderungsleistung begonnen hat.

298 Die Lieferung von Gas oder Elektrizität an einen Unternehmer, dessen Haupttätigkeit in Bezug auf den Erwerb dieser Gegenstände in deren Lieferung besteht und der nur in einem untergeordneten Maße diese selbst verbraucht, gilt gemäß § 3g Abs. 1 UStG dort ausgeführt, wo der Abnehmer sein Unternehmen betreibt.

299 In Fällen des Versandhandels regelt § 3c UStG ebenfalls einen besonderen Lieferort. Lieferungen an Privatpersonen im Rahmen des Versandhandels sind grundsätzlich gemäß § 3 Abs. 6 UStG dort steuerbar, wo die Warenbewegung beginnt. Werden aber bei Lieferungen in andere Mitgliedstaaten gewisse Lieferschwellen überschritten, so verlagert sich der Lieferort gemäß § 3c UStG in den anderen Mitgliedstaat.

c) Leistungsort bei sonstigen Leistungen

aa) Spezialregelungen

300 Neben den Grundregeln für Leistungen gegenüber Unternehmern und Nichtunternehmern gibt es eine Reihe von Sonderregelungen. Diese sind vorrangig zu prüfen. Es handelt sich dabei insbesondere um folgende Fälle:

- Sonstige Leistungen im Zusammenhang mit einem Grundstück gemäß § 3a Abs. 3 Nr. 1 UStG.

- Die kurzfristige Vermietung von Beförderungsmitteln gemäß § 3a Abs. 3 Nr. 2 UStG.
- Kulturelle, künstlerische, wissenschaftliche, unterrichtende, sportliche, unterhaltende oder ähnliche Leistungen gemäß § 3a Abs. 3 Nr. 3 Buchst. a UStG.
- Die Abgabe von Speisen und Getränken zum Verzehr an Ort und Stelle (Restaurationsleistungen in den Fällen des § 3a Abs. 3 Nr. 3 Buchst. b UStG).
- Die Arbeiten an beweglichen, körperlichen Gegenständen gegenüber Nichtunternehmern gemäß § 3a Abs. 3 Nr. 3 Buchst. c UStG.
- Die Vermittlungsleistung gegenüber Nichtunternehmern gemäß § 3a Abs. 3 Nr. 4 UStG.
- Katalogleistungen an Nichtunternehmer, die im Drittlandsgebiet ansässig sind gemäß § 3a Abs. 4 UStG.
- Elektronisch erbrachte Dienstleistungen an Nichtunternehmer im Gemeinschaftsgebiet gemäß § 3a Abs. 5 UStG.
- Besondere Ausnahmefälle für den Fall, dass der Leistungserbringer im Drittlandsgebiet ansässig ist gemäß § 3a Abs. 6 UStG.
- Beförderungsleistungen gemäß § 3b UStG.
- Abgaben von Speisen und Getränken in einem Beförderungsmittel gemäß § 3e UStG.

bb) Leistungen gegenüber Unternehmern

301 Nach der Umsetzung des sog. **Mehrwertsteuerpakets** bestehen bei sonstigen Leistungen zwei Grundregeln zur Bestimmung des Leistungsortes.

Leistungen gegenüber Unternehmern (sog. **B2B-Leistungen**) sind gemäß § 3a Abs. 2 UStG grundsätzlich dort steuerbar, wo der Leistungsempfänger sein Unternehmen betreibt.

Leistungen gegenüber Nichtunternehmern (sog. **B2C-Leistungen**) gelten gemäß § 3a Abs. 1 UStG als von dem Ort ausgeführt, von dem der leistende Unternehmer sein Unternehmen aus betreibt.

302 Ist der Leistungsempfänger ein Unternehmer und bezieht er die Leistung für sein Unternehmen, ist der Ort der sonstigen Leistung dort, wo der Leistungsempfänger sein Unternehmen betreibt (§ 3a Abs. 2 S. 1 UStG). Dies gilt auch, wenn die sonstige Leistung an eine Betriebsstätte des Leistungsempfängers ausgeführt wird. In diesem Fall befindet sich der Leistungsort am Ort der Betriebsstätte des Leistungsempfängers gemäß § 3a Abs. 2 S. 2 UStG.

303 Der leistende Unternehmer kann regelmäßig davon ausgehen, dass er die Leistung an einen anderen Unternehmer erbringt, wenn dieser ihm seine von einem anderen Mitgliedstaat erteilte Umsatzsteuer-Identifikationsnummer (§ 27a UStG) mitteilt.

304 Erbringt der leistende Unternehmer eine Leistung gegenüber einem Unternehmer, der in einem Drittstaat ansässig ist, so wird dieser in aller Regel nicht über eine **Umsatzsteuer-Identifikationsnummer** verfügen. Bei der Umsatzsteuer-Identifikationsnummer handelt es sich um eine besondere Nummer, die ausschließlich für Umsatzsteuerzwecke in der EU registrierten Unternehmen erteilt wird. In diesem Fall hat der leistende Unternehmer den Nachweis der Unternehmereigenschaft des Leistungsempfängers in aller Regel durch eine Bescheinigung einer Behörde des Sitzstaates zu führen.

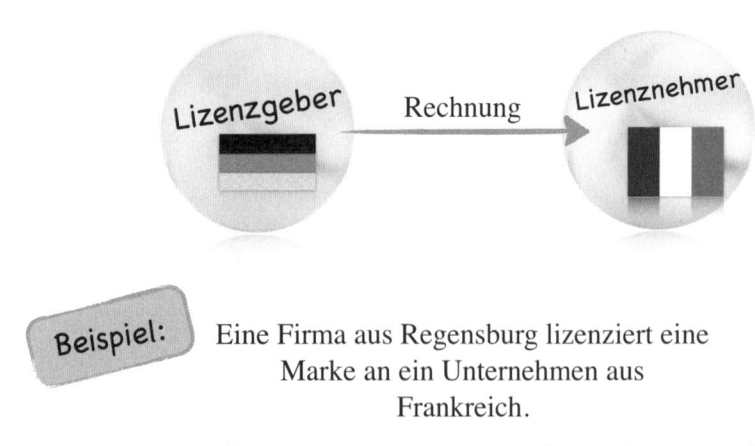

Beispiel: Eine Firma aus Regensburg lizenziert eine Marke an ein Unternehmen aus Frankreich.

305 Die Lizenzierung der Marke stellt eine sonstige Leistung gemäß § 3a Abs. 2 UStG dar. Der Leistungsort befindet sich in Frankreich, da der Lizenznehmer ein Unternehmer ist. Der deutsche Lizenzgeber erbringt daher einen Umsatz, der nicht in Deutschland steuerbar ist. Unter der Annahme, dass Frankreich die Mehrwertsteuer-Systemrichtlinie zutreffend umgesetzt hat, ist der Leistungsort vielmehr in Frankreich. Der Vorgang unterliegt daher französischem Mehrwertsteuerrecht.

cc) Leistungen gegenüber Nicht-Unternehmern

306 Erbringt der leistende Unternehmer seine sonstige Leistung gegenüber einem Nicht-Unternehmer oder einem Unternehmer für dessen nichtunternehmerischen Bereich, so befindet sich der Ort der sonstigen Leistung dort, wo der leistende Unternehmer sein Unternehmen unterhält (§ 3a Abs. 1 UStG). Erbringt der leistende Unternehmer seine Leistung von einer Betriebsstätte, so ist diese Betriebsstätte als Leistungsort maßgeblich. Das Prüfungsschema für Leistung gegenüber Nicht-Unternehmern soll anhand folgender Grafik veranschaulicht werden:

Dienstleistungen an Nicht-Unternehmer

1. Vermittlungsleistung?	Ort, an dem vermittelte Leistung steuerbar ist §3a Abs. 3 Nr. 4 UStG
2. Grundstücksbezogene Leistung	Ort des Grundstücks § 3a Abs. 3 Nr. 1 UStG
3. Beförderungsleistungen	
Personenbeförderung	Ort der Beförderungsstrecke § 3b Abs. 1 UStG
Nichtinnergemeinschaftliche Güterbeförderung	Ort der Beförderungsstrecke §3b Abs. 1 UStG
innergemeinschaftliche Güterbeförderung	Ort: Beginn der Beförderung § 3b Abs. 3 UStG
Nebentätigkeiten bei Güterbeförderung	Ort der Dienstleistung § 3b Abs. 2 UStG
4. Veranstaltungen	Ort der Dienstleistung § 3a Abs. 3 Nr. 3 UStG

A. Leistungsaustausch

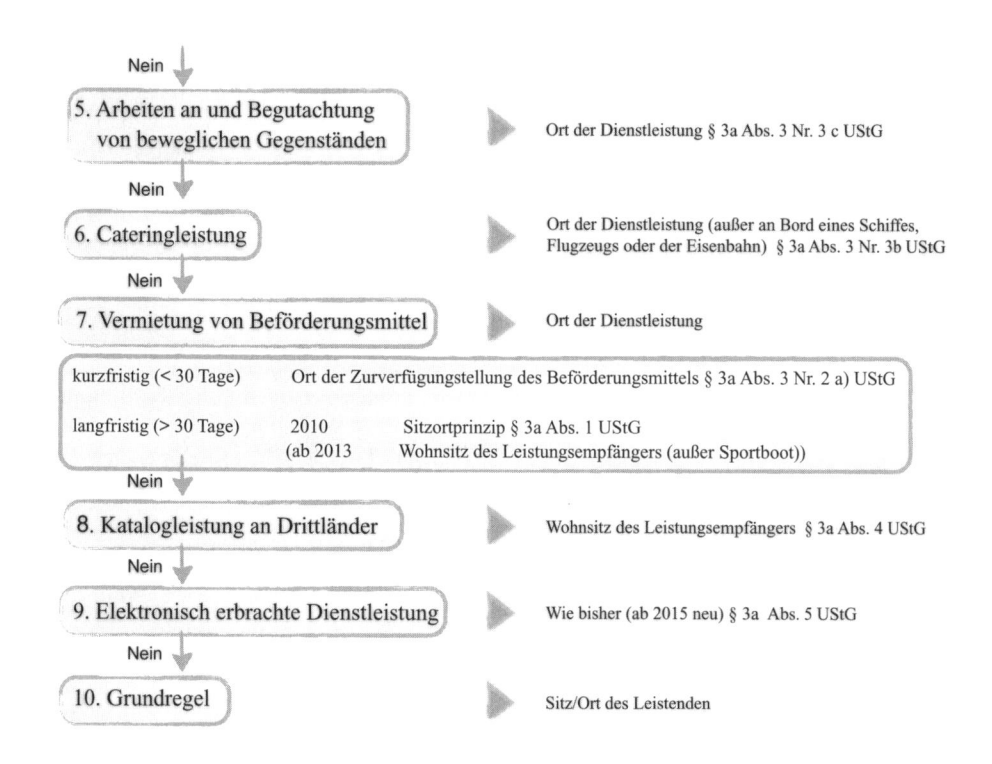

Nein ↓	
5. Arbeiten an und Begutachtung von beweglichen Gegenständen	▶ Ort der Dienstleistung § 3a Abs. 3 Nr. 3 c UStG
Nein ↓	
6. Cateringleistung	▶ Ort der Dienstleistung (außer an Bord eines Schiffes, Flugzeugs oder der Eisenbahn) § 3a Abs. 3 Nr. 3b UStG
Nein ↓	
7. Vermietung von Beförderungsmittel	▶ Ort der Dienstleistung
kurzfristig (< 30 Tage)	Ort der Zurverfügungstellung des Beförderungsmittels § 3a Abs. 3 Nr. 2 a) UStG
langfristig (> 30 Tage)	2010 Sitzortprinzip § 3a Abs. 1 UStG (ab 2013 Wohnsitz des Leistungsempfängers (außer Sportboot))
Nein ↓	
8. Kataloglleistung an Drittländer	▶ Wohnsitz des Leistungsempfängers § 3a Abs. 4 UStG
Nein ↓	
9. Elektronisch erbrachte Dienstleistung	▶ Wie bisher (ab 2015 neu) § 3a Abs. 5 UStG
Nein ↓	
10. Grundregel	▶ Sitz/Ort des Leistenden

4. Steuerbefreiung

a) Überblick

Die Steuerbefreiungsvorschriften finden sich in den §§ 4–8 UStG. Ergänzend gibt es zu den einzelnen Steuerbefreiungsvorschriften in den §§ 8–24 UStDV weitere Vorschriften. Diese regeln insbesondere die Nachweisvoraussetzung, um einzelne Steuerbefreiungsvorschriften in Anspruch zu nehmen. Eine Besonderheit des Umsatzsteuergesetzes ist § 9 UStG. Unter gewissen Voraussetzungen können Steuerpflichtige auf Steuerbefreiungen verzichten (sog. **Option**). 307

Die Steuerbefreiungsvorschriften lassen sich in verschiedene Gruppen klassifizieren. Zum Teil dienen sie der **Wettbewerbsneutralität**. Dies ist insbesondere der Fall für die Steuerbefreiung für innergemeinschaftliche Lieferungen gemäß § 4 Nr. 1 Buchst. b UStG i.V.m. § 6a UStG und für Ausfuhren gemäß § 4 Nr. 1 Buchst. a UStG i.V.m. § 6 UStG. Zum Teil dienen sie sozialen Erwägungen. Vor diesem Hintergrund sind beispielsweise Heilbehandlungen (§ 4 Nr. 14 UStG), Leistungen der Gesundheitsvorsorge (§ 4 Nr. 15–17 UStG) sowie gewisse kulturelle Leistungen (§ 4 Nr. 20–23 UStG) und die Leistung bestimmter gemeinnütziger Einrichtungen (§ 4 Nr. 18, 24, 25, 27 UStG) steuerbefreit. 308

Die Steuerbefreiungsvorschriften können jedoch auch anhand ihrer Wirkung qualifiziert werden. Man spricht in diesem Zusammenhang von sog. **echten** und **unechten Steuerbefreiungsvorschriften**. Eine vollständige Entlastung von deutscher Umsatzsteuer tritt nur dann ein, wenn nicht nur der Ausgangsumsatz steuerfrei ist, sondern dem leistenden Unternehmer gleichzeitig auch das Recht auf Vorsteuerabzug erhalten bleibt. In diesem Fall spricht man von einer echten Steuerbefreiung (vgl. § 15 Abs. 3 UStG). Wird hingegen zwar die Steuerfreiheit für den Ausgangsumsatz gewährt, dem leistenden Unternehmer aber gleichzeitig der Vorsteuerabzug versagt, so handelt es sich um eine unechte Steuerbefreiung. Da der leistende Unternehmer kein Vorsteuerabzugsrecht hat, muss er de facto die Vorsteuer der von ihm bezogenen Eingangsleistungen als Aufwand bei der Kostenkalkulation für seine Ausgangsleistung mit berücksichtigen. Es tritt in diesem Fall nur eine teilweise Entlastung von der Umsatzsteuer ein. 309

b) Echte Steuerbefreiung

Die wohl wichtigste echte Steuerbefreiung sieht § 4 Nr. 1 Buchst. a und Buchst. b UStG i.V.m. § 6, 6a UStG für innergemeinschaftliche Lieferungen oder Ausfuhrlieferungen vor. Der Unternehmer, der eine innergemeinschaftliche Lieferung oder Ausfuhrlieferung tätigt, behält das Recht auf vollen Vorsteuerabzug für die von ihm erworbenen Eingangsleistungen (vgl. § 15 310

Abs. 3 Nr. 1 Buchst. a UStG). Ware, die das Land verlässt, wird grundsätzlich von deutscher Umsatzsteuer entlastet. Gleichzeitig wird sie in aller Regel mit lokaler Umsatzsteuer des Bestimmungslandes belastet. Lieferungen in das übrige Gemeinschaftsgebiet werden unter den Voraussetzungen des § 6a UStG von der Umsatzsteuer befreit. Korrespondierend dazu muss der Erwerber im Bestimmungsmitgliedstaat einen innergemeinschaftlichen Erwerb gemäß § 1a UStG bzw. den entsprechenden lokalen Vorschriften im Bestimmungsmitgliedstaat versteuern. Das gleiche Prinzip gilt grundsätzlich bei Lieferungen in das Drittlandsgebiet. Die Ausfuhr ist unter den Voraussetzungen des § 6 UStG von der Umsatzsteuer befreit. Die korrespondierende Einfuhr im Bestimmungsland führt grundsätzlich zu einer Besteuerung der Einfuhr.

311 Voraussetzung für eine innergemeinschaftliche Lieferung gemäß § 4 Nr. 1b i.V.m. § 6a UStG ist:

- Eine Warenbewegung vom Inland in das übrige Gemeinschaftsgebiet durch Beförderung oder Versendung des Unternehmers oder des Abnehmers.
- Der Abnehmer ist ein Unternehmer, der den Gegenstand für sein Unternehmen erwirbt.
- Der Erwerb unterliegt beim Abnehmer in einem anderen Mitgliedstaat der Umsatzbesteuerung (innergemeinschaftlicher Erwerb).
- Es ist ein Buch- und Belegnachweis gemäß § 17a und c UStDV zu führen.

Nur bei Erfüllung all dieser Voraussetzungen ist die Lieferung im Inland steuerbefreit.

312 Die Steuerbefreiungsvorschrift für Ausfuhrlieferungen gemäß § 4 Nr. 1 Buchst. a i.V.m. § 6 UStG ist unter folgenden Voraussetzungen erfüllt:

- Lieferung eines Gegenstands aus dem Inland in das Drittlandsgebiet.
- Der Lieferant befördert oder versendet die Ware. Befördert oder versendet der Abnehmer die Ware, so muss es sich um einen ausländischen Abnehmer handeln (vgl. § 6 Abs. 1 S. 1 Nr. 2 UStG).
- Der liefernde Unternehmer hat einen Buch- und Belegnachweis gemäß § 8–13 UStDV zu führen.

313 Während bei der Einfuhr und Ausfuhr in das Drittlandsgebiet die Grenzen zollrechtlich überwacht werden und daher die Warenbewegungen behördlich genau dokumentiert werden, ist dies seit Inkrafttreten des Binnenmarktes 1993 bei Warenlieferung in das übrige Gemeinschaftsgebiet und aus dem übrigen Gemeinschaftsgebiet nach Deutschland nicht der Fall. An die Stelle der Grenzkontrollen sind besondere Erklärungspflichten (Zusammenfassende Meldungen (§ 18a UStG) und die Umsatzsteuer-Identifikationsnummer (§ 27a UStG) getreten.

Innergemeinschaftliche Lieferungen und Ausfuhrlieferungen

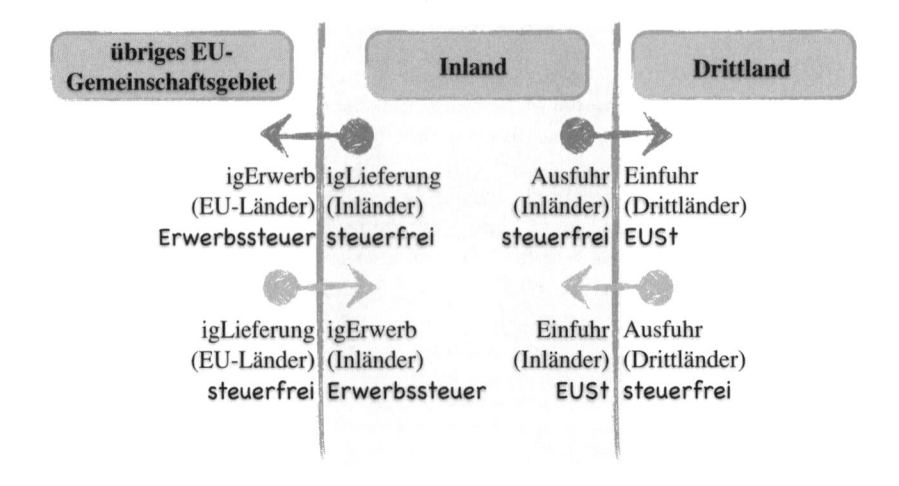

übriges EU-Gemeinschaftsgebiet	Inland	Drittland
igErwerb (EU-Länder) Erwerbssteuer	igLieferung (Inländer) steuerfrei	Ausfuhr (Inländer) steuerfrei	Einfuhr (Drittländer) EUSt
igLieferung (EU-Länder) steuerfrei	igErwerb (Inländer) Erwerbssteuer	Einfuhr (Inländer) EUSt	Ausfuhr (Drittländer) steuerfrei

314 Der liefernde Unternehmer kommt nur in den Genuss der Steuerbefreiung für innergemeinschaftliche Lieferungen, wenn sein Abnehmer ein Unternehmer ist. Die Unternehmereigen-

schaft wird grundsätzlich durch die sogenannte **Umsatzsteuer-Identifikationsnummer** dokumentiert. Der liefernde Unternehmer erklärt nicht nur steuerfreie innergemeinschaftliche Lieferungen in seiner Umsatzsteuer-Voranmeldung. Er ist gleichzeitig auch dazu verpflichtet, die Umsatzsteuer-Identifikationsnummer aufzuzeichnen und in der Zusammenfassenden Meldung (§ 18a UStG) zu melden. Die Zusammenfassende Meldung geht an das Bundeszentralamt für Steuern. Das Bundeszentralamt für Steuern meldet die Gesamtheit der innergemeinschaftlichen Lieferungen aufgegliedert nach den einzelnen Umsatzsteuer-Identifikationsnummern nach Brüssel. Dort werden die Informationen im sogenannten VAT Information Exchange System (kurz VIES) konsolidiert. Das Finanzamt des Warenerwerbers kann hier die Informationen abrufen, in welchem Umfang andere EU-Unternehmer innergemeinschaftliche Lieferungen auf die Umsatzsteuer-Identifikationsnummer des jeweiligen Steuerpflichtigen gemeldet haben. Auf diese Art und Weise soll kontrolliert werden, ob der Warenerwerber im zutreffenden Umfang innergemeinschaftliche Erwerbe gemäß § 1a UStG gemeldet hat.

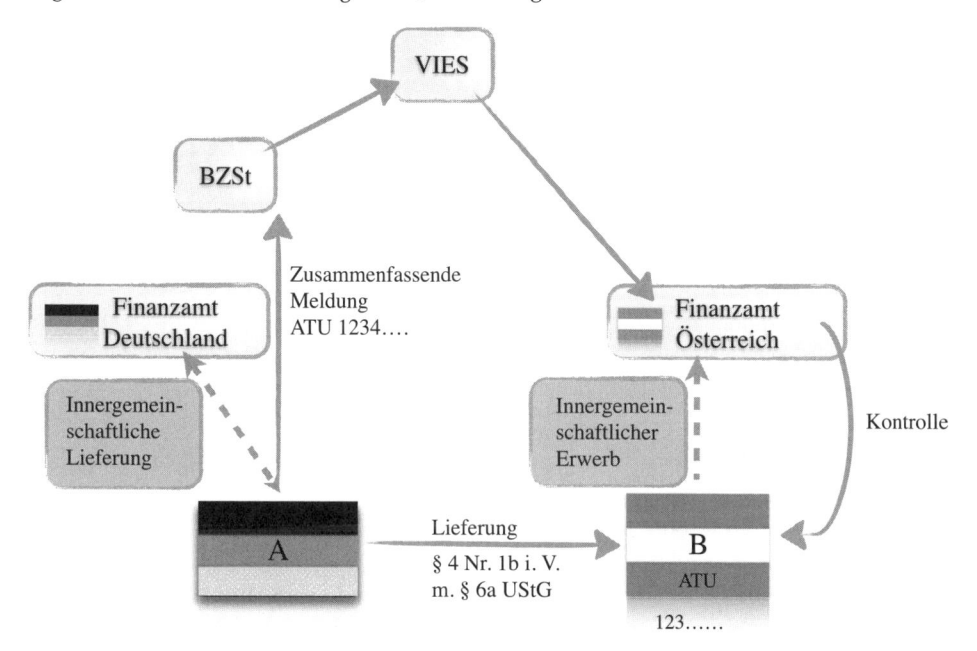

Fall: Der in Starnberg wohnhafte Autohändler Cosgi verkauft einen Ferrari an den italienischen Kunden Irion S.r.l. Irion S.r.l. nennt Cosgi die Umsatzsteuer-Identifikationsnummer ITE12345678. Cosgi zeichnet diese Umsatzsteuer-Identifikationsnummer in seinen Büchern auf und erstellt eine Rechnung ohne gesonderten Umsatzsteuerausweis. Irion S.r.l. holt das Fahrzeug ab und transportiert es auf eigener Achse nach Italien. Irion S.r.l. will das Fahrzeug in Italien weiterverkaufen.

Lösung: Cosgi erbringt eine Lieferung, da er die Verfügungsmacht an dem Ferrari der Firma Irion S.r.l. gemäß § 3 Abs. 1 UStG verschafft hat. Der Lieferort befindet sich gemäß § 3 Abs. 6 S. 1 UStG in Deutschland, da es sich um eine bewegte Lieferung handelt und die Warenbewegung in Deutschland beginnt. Cosgi ist auch Unternehmer i.S.d. § 2 UStG. Fraglich ist, ob die Lieferung gemäß § 4 Nr. 1 Buchst. b UStG i.V.m. § 6a UStG steuerbefreit sein kann. Der Ferrari ist durch den Abnehmer in das übrige Gemeinschaftsgebiet (hier Italien) gemäß § 6a Abs. 1 S. 1 Nr. 1 UStG befördert worden. Der Abnehmer ist ein Unternehmer, der das Fahrzeug für sein Unternehmen erwirbt. Dies ist auch der Fall, wenn er das Fahrzeug weiterveräußert. Der Erwerb des Gegenstands unterliegt in Italien den Vorschriften der Umsatzbesteuerung, d.h. Irion S.r.l. muss in Italien einen innergemeinschaftlichen Erwerb gemäß § 1a UStG analog nach italienischem Recht versteuern. Cosgi hat auch die Voraussetzung der Steuerbefreiung buch- und belegmäßig aufgezeichnet. Die Steuerbefreiung ist daher zu gewähren.

c) Unechte Steuerbefreiung und Option

315 Bei bestimmten steuerbefreiten Umsätzen wird dem leistenden Unternehmer gemäß § 15 Abs. 2 UStG der Vorsteuerabzug versagt. Die Rückausnahme des § 15 Abs. 3 UStG greift nicht. Die Lieferung oder Leistung des Unternehmers sind dann zwar steuerbefreit, allerdings hat er für die von ihm eingangsseitig bezogenen Lieferungen und sonstigen Leistung kein Vorsteuerabzugsrecht, was seinen Aufwand erhöht. Dies gilt z.B. bei steuerfreien Kreditumsätzen gemäß § 4 Nr. 8 Buchst. a UStG.

316 Um diese nachteiligen Wirkung einer Steuerbefreiung bei Zwischenumsätzen von Unternehmern zu vermeiden, gewährt § 9 UStG unter gewissen Voraussetzungen die Möglichkeit, auf eine Steuerbefreiung zu verzichten. Man spricht in diesem Zusammenhang von der **Option zur Steuerpflicht.** Bei einer Option wird dann der an sich steuerfreie Umsatz steuerpflichtig und demgemäß auch der Vorsteuerabzug gewährt. Die Belastungswirkung entspricht dann der eines von Anfang an nicht steuerbefreiten Umsatzes.

> **Fall:** Vermieter V gehört ein mehrgeschossiges Wohn- und Geschäftsgebäude in München. Im Erdgeschoss zieht ein Bekleidungsgeschäft ein, im ersten OG ein freier Versicherungsmakler, der dort sein Büro betreibt, und im zweiten OG eine Familie zu Wohnzwecken. V möchte möglichst viel Vorsteuer aus dem Bau des Hauses geltend machen können.

> **Lösung:** V erbringt eine sonstige Leistung i.S.d. § 3 Abs. 9 UStG, die darin besteht, die Nutzung durch die Mieter zu dulden. V ist Unternehmer i.S.d. § 2 UStG. Seine Leistung ist gemäß § 3a Abs. 3 Nr. 1 Buchst. a UStG als grundstücksbezogene Leistung in jedem Fall im Inland steuerbar.
>
> Die Leistung ist grundsätzlich gemäß § 4 Nr. 12a UStG von der Umsatzsteuer befreit. Dies bedeutet für V aber auch, dass er gemäß § 15 Abs. 2 S. 1 Nr. 1 UStG zunächst aus den von ihm eingangsseitig bezogenen Leistungen keinerlei Vorsteuerabzug geltend machen kann.
>
> Er kann jedoch unter gewissen Voraussetzungen zur Steuerpflicht gemäß § 9 UStG optieren. Dies ist dann der Fall, wenn er an einen anderen Unternehmer vermietet, der die Leistung seinerseits für sein Unternehmen bezieht (§ 9 Abs. 1 UStG). Die Vermietung an einen Unternehmer, der die gemietete Fläche für private Zwecke nutzt, kann daher nicht steuerpflichtig gestellt werden.
>
> Zudem setzt § 9 Abs. 2 S. 1 UStG für die Option bei Vermietungsumsätzen voraus, dass der Mieter seinerseits ausschließlich Umsätze tätigt, die ihn zum Vorsteuerabzug berechtigen. Dies bedeutet, dass der Vermieter V für die Vermietung an den im Erdgeschoss befindlichen Mieter zur Steuerpflicht optieren kann, da dieser seinerseits steuerpflichtige Ausgangsumsätze an seine Kunden erbringt. Die Umsätze des Versicherungsvertreters sind jedoch gemäß § 4 Nr. 11 UStG von der Umsatzsteuer befreit. Da der Mieter im ersten OG deswegen nicht zum Vorsteuerabzug berechtigt ist (vgl. § 15 Abs. 2 S. 1 Nr. 1 UStG), kann auch der Vermieter V für die Vermietungsleistung nicht zur Umsatzsteuerpflicht gemäß § 9 Abs. 1 und 2 UStG optieren.

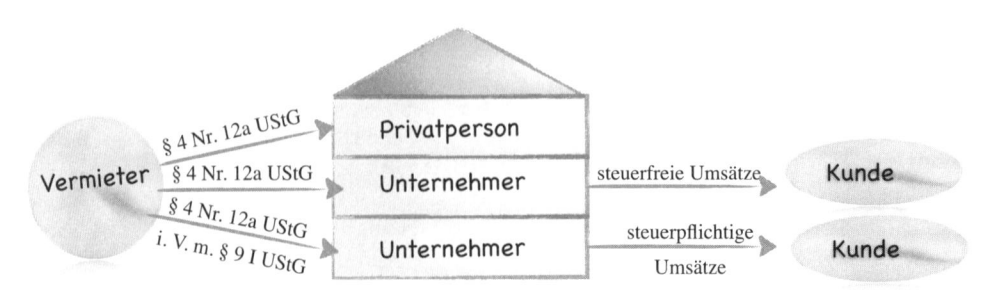

5. Bemessungsgrundlage

a) Entgelt

317 Das Entgelt ist die Bemessungsgrundlage der steuerbaren Leistung. Entgelt ist gemäß § 10 Abs. 1 S. 2 UStG **alles, was der Leistungsempfänger aufwendet**, um die Leistung zu erhalten, jedoch abzüglich der Umsatzsteuer. Maßgeblich ist also daher, was die Parteien als Entgelt für die Leistung vereinbart haben. Entgelt ist auch dann Bemessungsgrundlage, wenn es dem objektiven

A. Leistungsaustausch

Wert der bewirkten Leistung nicht entspricht.[153] Der Umfang des Entgelts beschränkt sich nicht nur auf die bürgerlich-rechtlich bestimmte oder bestimmbare Gegenleistung für eine Leistung, sondern auf alles, was der Leistungsempfänger tatsächlich für die an ihn bewirkte Leistung aufwendet. Zum Entgelt gehört auch das, was ein anderer (Dritter) dem Unternehmer für die Leistung zuwendet (§ 10 Abs. 1 S. 3 UStG). Aufwendungen, die dem Leistenden selbst entstehen, die er aber nicht weiterberechnet, sind nicht Teil des Entgelts. Gewährt der Leistende eine Zahlungsvergünstigung, wie z.B. ein Skonto, so mindert dies das Entgelt. Die Bemessungsgrundlage muss selbst dann bestimmt werden, wenn ein Umsatz steuerfrei ist, denn auch steuerfreie Umsätze müssen in der Umsatzsteuer-Voranmeldung erklärt werden.

Fall 1: Martin ist begeisterter Heimwerker. Für die Renovierung seines Wohnzimmers kauft er im Oktober 2010 bei der Holzhandel Spreißel KG 30 m² Ahorn-Fertigparkett zum Preis von 48,55 €/m². Als Stammkunde braucht Martin nicht in bar zu bezahlen. Die Rechnung lautet auf 1.456,50 € und enthält den Zusatz: »2 % Skonto bei Zahlung innerhalb von zehn Tagen«.

Martin überweist noch am selben Tag 1.427,37 €.

Lösung: Die Spreißel KG ist Unternehmerin im Sinne des § 2 Abs. 1 S. 1 UStG. Durch die Verschaffung der Verfügungsmacht am Parkett erbringt sie gegenüber Martin eine Lieferung gemäß § 3 Abs. 1 UStG. Diese Lieferung erfolgt gemäß § 3 Abs. 5a, Abs. 6 S. 1 UStG im Inland. Da die Lieferung der Spreißel KG auch gegen Entgelt und im Rahmen ihres Unternehmens erfolgt, liegt ein steuerbarer – und im Übrigen auch steuerpflichtiger – Umsatz gemäß § 1 Abs. 1 S. 1 Nr. 1 UStG vor.

Fraglich ist hier die Bemessungsgrundlage des Umsatzes. Diese richtet sich gemäß § 10 Abs. 1 S. 1 UStG nach dem Entgelt. Entgelt ist gemäß § 10 Abs. 1 S. 2 UStG alles, was der Leistungsempfänger aufwendet, um die Leistung zu erhalten, jedoch abzüglich der Umsatzsteuer. Bei dem gewährten Skonto-Abzug handelt es sich um eine Entgeltsminderung. Da die Lieferung des Parketts dem normalen Steuersatz nach § 12 Abs. 1 UStG unterliegt, ergibt sich eine Bemessungsgrundlage von 1.427,37 € × 100/119 = 1.199,47 €.

Die Umsatzsteuer i.H.v. 227,90 € entsteht gemäß § 13 Abs. 1 Nr. 1 Buchst. a S. 1, § 16 Abs. 1 S. 1, § 18 Abs. 2 S. 2 UStG mit Ablauf Oktober 2010.

Fall 2: Juliane besucht im Oktober 2010 eine Weinprobe bei Weinhändler Veritas. Der Morillon aus der Steiermark gefällt ihr besonders gut, sodass sie sich entschließt, einen Karton (sechs Flaschen) davon zu kaufen. Der Flaschenpreis beträgt 14,28 €. Im Rahmen der Verkostung gilt jedoch die sogenannte »5+1«-Aktion: Bei Abnahme eines ganzen Kartons eines verkosteten Weines sind nur fünf Flaschen zu bezahlen.

Lösung: Veritas ist Unternehmer i.S.d. § 2 Abs. 1 S. 1 UStG. Durch die Verschaffung der Verfügungsmacht am Wein erbringt er gegenüber Juliane eine Lieferung gemäß § 3 Abs. 1 UStG. Diese Lieferung erfolgt gemäß § 3 Abs. 5a, Abs. 5 Nr. 1, S. 1, Abs. 2 S. 1 UStG im Inland. Da die Lieferung des Veritas auch gegen Entgelt und im Rahmen seines Unternehmens erfolgt, liegt ein steuerbarer – und im Übrigen auch steuerpflichtiger – Umsatz gemäß § 1 Abs. 1 Nr. 1 S. 1 UStG vor.

Fraglich ist hier die Bemessungsgrundlage des Umsatzes. Diese richtet sich gemäß § 10 Abs. 1 S. 1 UStG nach dem Entgelt. Entgelt ist gemäß § 10 Abs. 1 S. 2 UStG alles, was der Leistungsempfänger aufwendet, um die Leistung zu erhalten, jedoch abzüglich der Umsatzsteuer. Bei der »Gratis«-Flasche handelt es sich um eine Dreingabe, da Juliane bei sechs gekauften Flaschen (ein Karton) eine davon gratis erhält. Juliane wendet also insgesamt 71,40 € auf, sodass sich für die Lieferung des Veritas, welche dem normalen Steuersatz nach § 12 Abs. 1 UStG unterliegt, eine Bemessungsgrundlage von 71,40 € × 100/119 = 60 € ergibt. Zu beachten ist dabei, dass die Lieferung der Gratisflasche nicht als unentgeltliche Zuwendung, sondern als entgeltliche Lieferung zu behandeln ist. Konkret bedeutet dies, dass insgesamt nicht fünf Flaschen zum Stückpreis von 12 € (netto), sondern sechs Flaschen zum Stückpreis von 10 € (netto) geliefert werden.

---

153 Abschn. 10.1 Abs. 2 S. 1 UStAE.

> Die Steuer i.H.v. 11,40 € entsteht gemäß § 13 Abs. 1 Nr. 1 Buchst. a S. 1, § 16 Abs. 1 S. 1, § 18 Abs. 2 S. 2 UStG mit Ablauf Oktober 2010, wenn man davon ausgeht, dass die Steuer des Veritas für 2009 mehr als 7.500 € betragen hat.

318 Nimmt der Abnehmer Abzüge bei seiner Zahlung vor oder gewährt der Leistende sonstige Vergünstigungen, mit denen keine eigenen Leistungen des Abnehmers abgegolten werden, so handelt es sich um eine **Entgeltsminderung**. Hierzu zählen Skonto, Bonusvereinbarungen und Rabatt. Keine Entgeltminderung liegt bei sog. Zugaben vor. Übergibt beispielsweise der Verkäufer einer Ware dem Abnehmer einen Parkchip, mit dem dieser verbilligt ein Parkhaus benutzen kann, so handelt es sich nicht um eine Entgeltminderung.[154]

b) Durchlaufende Posten

319 Nicht zum Entgelt gehören Beträge, die der Unternehmer im Namen und auf Rechnung eines anderen vereinnahmt und verausgabt (durchlaufende Posten). Wie bei kaum einer anderen Vorschrift gibt es i.R.d. § 10 Abs. 1 S. 6 UStG Missverständnisse. Durchlaufende Posten sind ausschließlich dann gegeben, wenn der Unternehmer, der die Beträge vereinnahmt und verauslagt, im Zahlungsverkehr lediglich die Funktion einer Mittelsperson ausübt, ohne selbst einen Anspruch auf den Betrag gegen den Leistenden zu haben und auch nicht zu Zahlungen an den Empfänger verpflichtet ist. Dies ist beispielsweise der Fall, wenn ein Rechtsanwalt Gerichtsgebühren für seinen Mandanten verauslagt. Übernachtet aber der Rechtsanwalt beispielsweise anlässlich einer mündlichen Verhandlung in einer anderen Stadt und »verauslagt« die Hotelkosten, so handelt es sich nicht um einen durchlaufenden Posten. Der Rechtsanwalt ist selbst Vertragspartei des Beherbergungsvertrags. Er schuldet das Übernachtungsentgelt selbst. Er hat lediglich einen Anspruch auf Auslagenersatz gegenüber seinem Mandanten aufgrund des zwischen den beiden geschlossenen Beratungsvertrags.

c) Nachträgliche Änderungen der Bemessungsgrundlage

320 Die Besteuerung nach vereinbarten Entgelten kann dazu führen, dass ursprünglich vereinbarte Entgelte und das später tatsächlich entrichtete Entgelt sich unterscheiden. Auch kann sich ein vereinnahmtes Entgelt zu einem späteren Zeitpunkt noch ändern. Diesem Umstand trägt § 17 UStG Rechnung. Ändert sich die Bemessungsgrundlage nach Ausführung des Umsatzes, muss der Unternehmer, der den Umsatz ausgeführt hat, den dafür geschuldeten Steuerbetrag (§ 17 Abs. 1 S. 1 UStG) und sein Abnehmer – so er denn zum Vorsteuerabzug berechtigt ist – den Vorsteuerabzug, den er bereits in Anspruch genommen hat, gemäß § 17 Abs. 1 S. 2 UStG berichtigen. Diese Berichtigungen sind ex nunc, also in dem Voranmeldungszeitraum vorzunehmen, in dem die Änderung tatsächlich eingetreten sind (vgl. § 17 Abs. 1 S. 7 i.V.m. § 18 Abs. 2 UStG).

321 Stellt sich zu einem späteren Zeitpunkt heraus, dass das vereinbarte Entgelt uneinbringlich ist, etwa weil der Abnehmer nicht mehr in der Lage ist, den Betrag zu begleichen, so stellt dies gemäß § 17 Abs. 2 UStG ebenfalls einen Fall der nachträglichen Änderung der Bemessungsgrundlage dar.

322 Letztendlich trägt die Urschrift dem Gedanken Rechnung, dass der Fiskus nur insofern Umsatzsteuer erhalten soll, als diese auch letztendlich aufgewendet wird. Erhöht sich die Bemessungsgrundlage nachträglich, so erhöht sich auch die Steuerschuld. Vermindert sich die Bemessungsgrundlage nachträglich, so ist im gleichen Umfang auch die Umsatzsteuerschuld zu reduzieren.

323 Stellt sich beispielsweise nachträglich heraus, dass die Ware mangelhaft war und mindert daher der Erwerber den Kaufpreis nachträglich, so führt dies zu einer Änderung der Bemessungsgrundlage gemäß § 17 Abs. 1 UStG.

> **Fall:** Frans ist Hobbyfotograf und möchte sich in Zukunft mehr auf die Architekturfotografie konzentrieren. Zu diesem Zweck kauft er im September 2010 bei seinem Händler vor Ort, der Foto Razzi OHG, ein Spezialobjektiv zum Preis von 2.380 €.

---

[154] BFH, Urt. v. 11.05.2006 – V R 33/03, BStBl. II 2008, 699.

A. Leistungsaustausch

Zur gleichen Zeit offeriert der Hersteller des Objektivs ein sog. Cash-Back-Programm: Kunden, die zwischen dem 01.08.2010 und dem 31.10.2010 ein entsprechendes Objektiv erworben haben, wird vom Hersteller ein Betrag von 200 € erstattet. Voraussetzung dafür ist die Zusendung einer Rechnungskopie sowie die Nennung der Seriennummer des Objektivs.

Frans lässt sich diese Gelegenheit nicht entgehen und nimmt an diesem Programm teil. Im Oktober 2010 erhält er eine Überweisung des Herstellers i.H.v. 200 € auf sein Bankkonto.

Wie ist der Verkauf des Objektivs durch die Foto Razzi OHG umsatzsteuerlich zu beurteilen? Welche Konsequenzen hat die Zahlung des Herstellers?

Lösung: Die Foto Razzi OHG ist Unternehmerin i.S.d. § 2 Abs. 1 S. 1 UStG. Durch die Verschaffung der Verfügungsmacht am Objektiv erbringt sie gegenüber Frans eine Lieferung gemäß § 3 Abs. 1 UStG. Diese Lieferung erfolgt gemäß §§ 3 Abs. 5a, Abs. 6 S. 1, § 1 Abs. 2 S. 1 UStG im Inland. Da die Lieferung der Foto Razzi OHG auch gegen Entgelt und im Rahmen ihres Unternehmens erfolgt, liegt ein steuerbarer – und im Übrigen auch steuerpflichtiger – Umsatz gemäß § 1 Abs. 1 Nr. 1 S. 1 UStG vor.

Die Bemessungsgrundlage des Umsatzes richtet sich gemäß § 10 Abs. 1 S. 1 UStG nach dem Entgelt. Entgelt ist gemäß § 10 Abs. 1 S. 2 UStG alles, was der Leistungsempfänger aufwendet, um die Leistung zu erhalten, jedoch abzüglich der Umsatzsteuer. Da die Lieferung dem normalen Steuersatz nach § 12 Abs. 1 UStG unterliegt, beträgt die Bemessungsgrundlage 2.380 € × 100/119 = 2.000 €. Die Erstattung durch den Hersteller hat auf die Bemessungsgrundlage dieses Umsatzes keine Auswirkung.

Die Steuer i.H.v. 380 € entsteht gemäß §§ 13 Abs. 1 Nr. 1 Buchst. a S. 1, § 16 Abs. 1 S. 1, § 18 Abs. 2 S. 2 UStG mit Ablauf September 2010.

Die Erstattung durch den Hersteller bewirkt bei diesem eine Minderung der Bemessungsgrundlage der Lieferung an seinen unmittelbaren Abnehmer um einen Betrag von 200 € × 100/119 = 168,07 € (Abschn. 10.3 Abs. 1 S. 3 UStAE). Der Hersteller kann die Minderung der Bemessungsgrundlage für den Besteuerungszeitraum vornehmen, in dem er den Gutschein vergütet hat. Dies ist hier der Oktober 2010.

Aus der Minderung der Bemessungsgrundlage des Herstellers folgt nicht, dass die Rechnung des Herstellers an seinen unmittelbaren Abnehmer und ein etwaiger Vorsteuerabzug dieses Abnehmers zu berichtigen wären. § 14c Abs. 1 UStG findet in diesen Fällen keine Anwendung.

Hintergrund dieser Regelungen sind die Entscheidungen des EuGH in den Rechtssachen Elida Gibbs[155] und Kommission/Deutschland.[156] **324**

Der EuGH führt in Ziffer 27 seines Urteils in der Rechtssache Elida Gibbs aus: »Es stünde [...] nicht im Einklang mit der [Sechsten] Richtlinie, wenn der Betrag, der als Bemessungsgrundlage für die vom Hersteller als Steuerpflichtigen geschuldete Mehrwertsteuer dient, höher wäre als der Betrag, den er letztlich erhalten hat. Andernfalls wäre der Grundsatz der Neutralität der Mehrwertsteuer gegenüber den Steuerpflichtigen, zu denen der Hersteller gehört, nicht gewahrt.«

6. Steuersatz

Der Steuersatz ist in § 12 UStG geregelt. Der Regelsteuersatz beträgt seit dem 01.01.2007 19 %. **325** Daneben gibt es einen ermäßigten Steuersatz gemäß § 12 Abs. 2 UStG von 7 %. Eine weitere Ausnahme findet sich in § 24 UStG, bei den Durchschnittssätzen für land- und forstwirtschaftliche Betriebe.

Ist ein steuerbarer Umsatz nicht in § 12 Abs. 2 UStG genannt, so gilt der Regelsteuersatz. Von **326** wesentlicher Bedeutung ist in diesem Zusammenhang die Anlage 2 zum Umsatzsteuergesetz, in der die meisten Gegenstände, insbesondere **Lebensmittel**, aufgeführt sind, für die der ermä-

---
155 EuGH, Urt. v. 24.10.1996 – Rs. C317/94, EuGHE 1996, I-5339.
156 EuGH, Urt. v. 15.10.2002 – Rs. C427/98, EuGHE 2002, I-8315.

ßigte Steuersatz gilt. Daneben gibt es eine Reihe von Steuerermäßigungen aus **kulturellen Gründen**, wie etwa die Eintrittsberechtigung für Theater, Konzerte und Museen (§ 12 Abs. 2 Nr. 7 Buchst. a UStG). Ermäßigt besteuert wird auch die Personenbeförderung, allerdings nur, sofern die Beförderungsstrecke weniger als 50 km beträgt (§ 12 Abs. 2 Nr. 10 Buchst. b UStG). Politisch hoch umstritten und in den Detailfragen schwierig abgrenzbar ist der ermäßigte Steuersatz für die kurzfristige Beherbergung von Fremden (§ 12 Abs. 2 Nr. 11 UStG).

7. Steuerschuld und Steuerentstehungszeitpunkt

327 Das Gesetz differenziert zwischen der Versteuerung nach vereinbarten Entgelten (§ 16 Abs. 1 S. 1 UStG) und nach vereinnahmten Entgelten (§ 20 UStG). Die Besteuerung nach vereinbarten Entgelten ist dabei der Regelfall. Man spricht von der sogenannten Sollversteuerung. Die Steuer entsteht gemäß § 13 Abs. 1 Buchst. a S. 1 UStG mit Ablauf des Voranmeldungszeitraums, in dem die Leistungen ausgeführt worden sind.

328 Eine Ausnahme bildet hier die **Mindest-Ist-Besteuerung**, die in § 13 Abs. 1 Nr. 1 Buchst. a S. 4 UStG geregelt ist. In diesem Falle entsteht die Steuer schon vor Ausführung der Leistung. Dies ist insbesondere dann der Fall, wenn Abschlagszahlungen vor Erbringung der Leistung oder Teilleistung geleistet werden. In diesem Fall entsteht die Steuer bereits in dem Zeitpunkt, in dem das Entgelt vereinnahmt wird.

329 Unter gewissen Voraussetzungen kann auf Antrag der Unternehmer die Steuer auf Basis der vereinnahmten Entgelte berechnen. Dies ist der Fall für Unternehmer, deren Gesamtumsatz im vorangegangenen Kalenderjahr nicht mehr als 500.000 € betragen hat (§ 20 Abs. 1 S. 1 Nr. 1 i.V.m. Abs. 2 UStG) oder der Unternehmer nicht buchführungspflichtig ist oder es sich um einen Freiberufler i.S.d. § 18 Abs. 1 Nr. 1 EStG handelt. In diesem Fall entsteht die Steuer gemäß § 13 Abs. 1 Nr. 1b UStG erst dann, wenn der Unternehmer das Entgelt vereinnahmt hat.

> **Beispiel:** Maurermeister M betreibt einen kleinen Maurerbetrieb. Für die Stadt Würzburg mauert er auf einem Kinderspielplatz eine kleine Mauer für 1.000 € zzgl. Umsatzsteuer. Die Mauer stellt er im April 2011 fertig. Außerdem stellt er im April 2011 die Rechnung an die Stadt Würzburg. Die Stadt Würzburg begleicht die Rechnung allerdings erst im September 2011. Wenn M die Besteuerung nach vereinnahmten Entgelten gemäß § 20 UStG i.V.m. § 13 Abs. 1 Nr. 1b beantragt hat, so muss er die Umsatzsteuer erst für den Voranmeldungszeitraum erklären und abführen, in dem er das Geld vereinnahmt hat. Hier also erst für den Voranmeldungszeitraum September 2011.
>
> Hat Maurermeister M allerdings keinen Antrag auf Anwendung der Ist-Besteuerung gestellt, so greift für ihn die sog. Soll-Versteuerung. Dementsprechend muss Maurermeister M mit Ablauf des Voranmeldungszeitraums, in dem er die Leistung ausgeführt hat – hier also April 2011 – die Umsatzsteuer an das Finanzamt entrichten.

8. Steuerschuldner

330 Beim Leistungsaustausch ist der leistende Unternehmer regelmäßig auch Steuerschuldner gemäß § 13a Abs. 1 Nr. 1 UStG.

331 In bestimmten Konstellationen hat es sich jedoch als zielführender für den Fiskus erwiesen, die Steuerschuldnerschaft auf den Leistungsempfänger übergehen zu lassen (**Reverse-Charge-Verfahren**). Das Reverse-Charge-Verfahren greift in folgenden Fällen:

- Werklieferungen und sonstige Leistungen eines im Ausland ansässigen Unternehmers (§ 13b Abs. 2 Nr. 1 UStG).
- Lieferung sicherungsübereigneter Gegenstände durch den Sicherungsgeber an den Sicherungsnehmer außerhalb des Insolvenzverfahrens (§ 13b Abs. 2 Nr. 1 UStG).
- Umsätze, die unter das Grunderwerbssteuergesetz fallen (§ 13b Abs. 2 Nr. 3 UStG).
- Bestimmte Bauleistungen (§ 13b Abs. 2 Nr. 4 i.V.m. Abs. 5 S. 2 UStG).
- Lieferung von Gas und Elektrizität ausländischer Unternehmer gemäß § 3g UStG (§ 13b Abs. 2 Nr. 5 UStG).
- Umsätze mit Emissionszertifikaten (§ 13b Abs. 2 Nr. 6 UStG).
- Lieferung bestimmter Abfallstoffe (§ 13b Abs. 2 Nr. 7 UStG i.V.m. Anlage 3).

- Gebäudereinigungsleistungen (§ 13b Abs. 2 Nr. 8 UStG).
- Lieferung verschiedener Verarbeitungsstufen von Feingold (§ 13b Abs. 2 Nr. 9 UStG).

Der Leistungsempfänger ist in diesen Fällen verpflichtet, die von ihm geschuldete Steuer zu erklären. Für voll vorsteuerabzugsberechtigte Unternehmen ergibt sich keine finanzielle Belastung, da gleichzeitig der Vorsteuerabzug in gleicher Höhe gemäß § 15 Abs. 1 Nr. 4 UStG besteht. Anderes gilt hingegen für solche Unternehmen, die nicht voll zum Vorsteuerabzug berechtigt sind, z.B. weil sie auch steuerfreie Umsätze i.S.v. § 15 Abs. 2 Nr. 1 UStG ausführen, die den Vorsteuerabzug ausschließen. Sinn und Zweck dieser Sonderfälle ist es jeweils, die Erhebung der Steuern zu sichern. Es handelt sich um Lieferungen oder sonstige Leistungen, die von der Finanzverwaltung als besonders betrugsanfällig erachtet werden. Bei der Werklieferung oder sonstigen Leistung von im Ausland ansässigen Unternehmern (§ 13b Abs. 1 Nr. 1 UStG) soll dem leistenden, ausländischen Unternehmer die Erklärungs- und Zahlungspflicht abgenommen werden. Stattdessen wird sie auf den Leistungsempfänger verlagert. Dies gilt selbst dann, wenn der Leistungsempfänger seinerseits ein ausländischer Unternehmer ist. 332

Reverse-Charge Verfahren

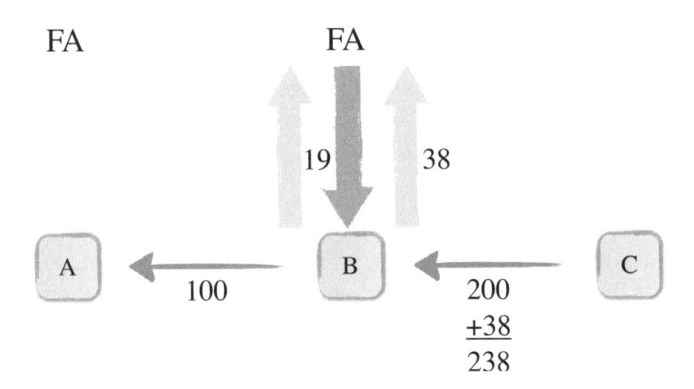

FA   FA

19   38

A ← 100 ← B ← 200 ← C
+38
238

II. Lieferung und sonstige Leistungen ohne Entgelt

1. Überblick

Bestimmte Lieferungen und Leistungen werden auch dann der Umsatzsteuer unterworfen, wenn sie unentgeltlich erfolgen. Hierdurch soll eine Besteuerungslücke vermieden werden und sichergestellt werden, dass der Endverbrauch besteuert wird. Man spricht in diesem Zusammenhang auch von den sog. **Eigenverbrauchstatbeständen.** Sie ergänzen den Tatbestand des Leistungsaustausches. Die unentgeltliche Lieferung von Gegenständen wird unter den Voraussetzungen des § 3 Abs. 1b UStG einer entgeltlichen Lieferung gleichgestellt. Sonstige Leistungen werden unter den Voraussetzungen des § 3 Abs. 9a UStG einer Leistung gegen Entgelt gleichgestellt. 333

2. Entnahme eines Gegenstands

Die Entnahme eines Gegenstands durch einen Unternehmer aus seinem Unternehmen für Zwecke, die außerhalb seines Unternehmens liegen, wird gemäß § 3 Abs. 1b S. 1 Nr. 1 UStG einer Lieferung gegen Entgelt gleichgestellt, wenn folgende Voraussetzungen vorliegen: 334

- Ein Gegenstand ist dem Unternehmen zugeordnet.
- Er wird für Zwecke entnommen, die außerhalb des Unternehmens liegen.
- Die Entnahme erfolgt im Inland.
- Der Gegenstand hat zum vollen oder teilweisen Vorsteuerabzug berechtigt.

Der Tatbestand des § 3 Abs. 1b S. 1 Nr. 1 UStG ist nur dann gegeben, wenn der Gegenstand bei entsprechender Ausführung an einen Dritten als Lieferung anzusehen wäre. Es gilt der gleiche umsatzsteuerliche Begriff des Gegenstands wie bei Lieferungen i.S.d. § 3 Abs. 1 UStG. Der Ge- 335 genstand muss vorher dem Unternehmen zugeordnet sein. Das heißt der Unternehmer muss an dem Gegenstand Verfügungsmacht besessen haben und diesem seinem Unternehmen zugeordnet haben. Bei teils unternehmerischen, teils privat genutzten Gegenständen steht es dem Unternehmer grundsätzlich frei, den Gegenstand dem unternehmerischen oder nicht unternehmerischen Bereich zuzuordnen. Nicht für das Unternehmen ausgeführt gilt die Lieferung, die Einfuhr oder der innergemeinschaftliche Erwerb eines Gegenstands, den der Unternehmer zu weniger als 10 % für sein Unternehmen nutzt (§ 15 S. 2 UStG).

Fall: Ute Süß, Schwägerin des Kfz-Meisters Rico Rank, lässt im Januar 2011 ihren Pkw, den sie bei einem Unfall beschädigt hat, bei ihrem Schwager instand setzen. Es wird ein neuer Kotflügel eingebaut. Der Materialaufwand hierfür beträgt 2.500 €. An Lohn- und Lohnnebenkosten sind 1.000 € angefallen. Für einen fremden Dritten hätte Rico Rank bei einer solchen Reparatur 6.000 € zzgl. Umsatzsteuer in Rechnung gestellt. Seiner Schwägerin berechnet er nichts.

Lösung: Die unentgeltliche Reparatur des Pkw ist eine einer Lieferung gleichgestellte unentgeltliche Wertabgabe gemäß § 3 Abs. 1b Nr. 1 UStG, die steuerbar und auch steuerpflichtig ist. Gegenstand der Entnahme ist die als einheitlicher wirtschaftlicher Vorgang zu beurteilende Werklieferung (§ 3 Abs. 4 UStG). Bemessungsgrundlage sind gemäß § 10 Abs. 4 S. 1 Nr. 1 UStG die Selbstkosten i.H.v. 3.500 €. Es greift der Regelsteuersatz des § 12 Abs. 1 UStG. Es ist Umsatzsteuer i.H.v. 665 € geschuldet.

Die Entnahme aus dem Unternehmen ist ein tatsächlicher Vorgang. Wendet ein Unternehmer einen dem Unternehmen zugeordneten Gegenstand im Wege einer aus nicht unternehmerischen Gründen veranlassten Schenkung einem Dritten zu, so geht zwangsläufig dieser Zuwendung die Entnahme aus dem Unternehmen in den nicht unternehmerischen Bereich voraus.

3. Unentgeltliche Leistung des Unternehmers an sein Personal

336 Durch den § 3 Abs. 1b S. 1 Nr. 2 UStG und den § 3 Abs. 9a Nr. 1 und 2 UStG soll die unentgeltliche Zuwendung von Vorteilen an das Personal für den privaten Bedarf besteuert werden. Diese Leistungen sind auch dann steuerbar, wenn sie unentgeltlich sind – also keine Vergütung für die Dienstleistung des Arbeitnehmers darstellen.[157] Bestimmte Sachleistungen des Arbeitgebers an seinen Arbeitnehmer werden aber auch dann nicht besteuert, wenn sie unentgeltlich erfolgen. Dies gilt zum einen für sog. **Aufmerksamkeiten** (§ 3 Abs. 1b S. 1 Nr. 2 UStG, § 3 Abs. 9a Nr. 1 UStG). Hierunter sind Geschenke von geringem Wert zu verstehen. Dies ist der Fall, wenn die Anschaffungs- oder Herstellungskosten der dem Empfänger im Kalenderjahr zugewendeten Gegenstände insgesamt 35 € netto nicht übersteigen.[158] Außerdem werden Sachleistungen, die überwiegend aus eigenen unternehmerischen Gründen oder aus einem eigenen unternehmerischen Interesse heraus an die Arbeitgeber erbracht werden, nicht besteuert. Hierzu zählt beispielsweise die Bereitstellung von Aufenthalts- und Erholungsräumen, die betriebsärztliche Betreuung, betriebliche Fort- und Weiterbildungsmaßnahmen, die Bereitstellung von Arbeitsmitteln und Schutzkleidung, die Bereitstellung von Parkplätzen und von Betriebskindergärten.

4. Unentgeltliche Abgabe von Gegenständen aus unternehmerischen Gründen

337 Nach § 3 Abs. 1b S. 1 Nr. 3 UStG wird »jede andere unentgeltliche Zuwendung eines Gegenstands, ausgenommen Geschenke von geringem Wert und Warenmuster für Zwecke des Unternehmens« einer Lieferung gegen Entgelt gleichgestellt. Obwohl diese Lieferungen aus unternehmerischen Gründen (z.B. zu Werbezwecken, zur Verkaufsförderung oder zur Imagepflege) erfolgen, sind sie steuerbar. Hierdurch soll wiederum ein mit Umsatzsteuer unbelasteter Endverbrauch vermieden werden. Voraussetzung ist, dass der Erwerb des Gegenstands durch den Unternehmer diesen zum vollen oder teilweisen Vorsteuerabzug berechtigt hat. Ausgenommen von diesem Besteuerungstatbestand sind ausdrücklich Warenmuster. Dabei handelt es sich um Gegenstände, die eine bestimmte Art bereits hergestellter Waren darstellen oder die Modelle

---

157 Abschn. 3.3 Abs. 9 UStAE.
158 Abschn. 3.3 Abs. 11 UStAE.

von Waren sind, deren Herstellung beabsichtigt ist.[159] Dazu zählen aber auch Probierpackungen und Displays, um die Produkte entsprechend präsentieren zu können.

Sachspenden eines Unternehmens sind grundsätzlich ebenfalls als unentgeltliche Wertabgabe zu besteuern. Sind primär private Gesichtspunkte des Unternehmers ausschlaggebend für die Sachspende, so ist die unentgeltliche Zuwendung als Lieferung gemäß § 3 Abs. 1b S. 1 Nr. 1 UStG zu versteuern. Beabsichtigt der Unternehmer durch die Sachspende hingegen unternehmerische Gründe zu verfolgen, wie z.B. Imagepflege, so kommt es zur Umsatzbesteuerung gemäß § 3 Abs. 1b S. 1 Nr. 3 UStG. 338

Fall: Der Verlag Axel Sprüngli stiftet anlässlich der Aktion »Ein Herz für Kinder« zehn neue Laptops für die Tombola. Einkaufspreis für jedes der gestifteten Geräte ist 1.000 € zzgl. 190 € Umsatzsteuer. Der Verlag erhält eine ordnungsgemäße Spendenbescheinigung.

Lösung: Der Verlag Axel Sprüngli hat beim Einkauf der Geräte den Vorsteuerabzug gemäß § 15 Abs. 1 Nr. 1 UStG geltend machen können. Es handelt sich auch nicht um Geschenke i.S.v. § 4 Abs. 5 S. 1 Nr. 1 UStG, da eine Spendenquittung erteilt wurde. Nach § 15 Nr. 1a UStG ist daher der Vorsteuerabzug nicht ausgeschlossen. Die Sachspenden an die Aktion »Ein Herz für Kinder« stellen Lieferungen i.S.d. § 3 Abs. 1b S. 1 Nr. 3 UStG dar, die steuerbar und auch steuerpflichtig sind. Es handelt sich auch nicht um Geschenke von geringem Wert, da jeder einzelne der Laptops über 35 € wert ist. Bemessungsgrundlage ist gemäß § 10 Abs. 4 S. 1 Nr. 1 UStG der Einkaufspreis. Letztendlich wird auf diese Art und Weise der geltend gemachte Vorsteuerabzug wirtschaftlich betrachtet wieder zurückabgewickelt.

5. Den sonstigen Leistungen gleichgestellte Wertabgaben

Mit § 3 Abs. 9a UStG werden alle sonstigen Leistungen, die ein Unternehmer im Rahmen seines Unternehmens für eigene, außerhalb des Unternehmens liegende Zwecke oder für den privaten Bedarf seines Personals ausführt, besteuert. § 3 Abs. 9a besteuert zum einen die Verwendung eines dem Unternehmen zugeordneten Gegenstands, der zum vollen oder teilweisen Vorsteuerabzug berechtigt hat, für unternehmensfremde Zwecke oder für den privaten Bedarf des Personals (§ 3 Abs. 9a Nr. 1 UStG). Zum anderen die Erbringung von sonstigen Leistung zu Zwecken, die außerhalb des Unternehmens liegen (§ 3 Abs. 9a Nr. 2 UStG). 339

Erfasst wird dabei insbesondere die Verwendung von Arbeitskräften des Unternehmens für den privaten Bereich. Die Übertragung von Rechten für Zwecke, die außerhalb des Unternehmens liegen, wie z.B. die unentgeltliche Überlassung eines Grundstücks sowie schließlich Werkleistung für private Zwecke. Voraussetzung für eine Besteuerung ist letztendlich auch, dass dem Unternehmer mit der Ausführung der unentgeltlichen Wertabgabe tatsächlich Ausgaben entstanden sind. Dies leitet sich aus § 10 Abs. 4 S. 1 Nr. 2 und 3 UStG ab. Danach ist die Bemessungsgrundlage bei den sonstigen Leistungen des § 3 Abs. 9a Nr. 1 und 2 UStG nach der bei der Ausführung dieser Umsätze entstandenen Ausgabe zu bemessen. Entstehen keine Ausgaben, so kann begrifflich schon keine unentgeltliche Wertabgabe vorliegen. 340

6. Ort der unentgeltlichen Wertabgabe

Der Ort der unentgeltlichen Wertabgabe ist durch § 3f UStG geregelt. Ort der unentgeltlichen Lieferung oder sonstigen Leistung ist demnach der Ort, von dem der Unternehmer aus sein Unternehmen betreibt. Werden die Leistungen von einer Betriebsstätte ausgeführt, gilt die Betriebsstätte als Ort der Leistung. 341

Fall: Johann M. arbeitet für den US-amerikanischen Konzern Mäki. Der US-amerikanische Konzern Mäki hat sein Hauptquartier in Los Angeles, Kalifornien. Er hat keine Betriebsstätte in Deutschland. Mäki kauft in Deutschland einen hochwertigen Flachbildfernsehapparat für 5.000 € zzgl. Umsatzsteuer und macht die Vorsteuern aus der Einkaufsrechnung geltend. Er schenkt diesen dem Johann M. zum Geburtstag.

---
159 Abschn. 3.3 Abs. 13 UStAE.

> **Lösung:** Es handelt sich um eine unentgeltliche Wertabgabe gemäß § 3 Abs. 1b S. 1 Nr. 2 UStG. Mäki wendet einen Gegenstand, der seinem Unternehmen zugeordnet ist (Vorsteuerabzug), einem Mitarbeiter für dessen privaten Bedarf zu. Es handelt sich auch nicht um eine Aufmerksamkeit. Der Ort der unentgeltlichen Wertabgabe befindet sich aber gemäß § 3f UStG in Los Angeles, Kalifornien. Eine unentgeltliche Wertabgabe ist damit in Deutschland nicht zu besteuern. Es kommt zu einer Besteuerungslücke.

7. Bemessungsgrundlage

342 Bei unentgeltlichen Wertabgaben i.S.d. § 3 Abs. 1b UStG richtet sich die Bemessungsgrundlage gemäß § 10 Abs. 4 S. 1 Nr. 1 UStG nach dem Einkaufspreis zzgl. der Nebenkosten für den Gegenstand. Der Einkaufspreis ist aus aktuellen Einkäufen oder Angeboten abzuleiten. War der entnommene Gegenstand schon längere Zeit im Unternehmensvermögen, so ist auf dem Einkaufspreis eines gleichartigen Gegenstands zum Zeitpunkt der Bewirkung der unentgeltlichen Wertabgabe abzustellen. Der Begriff der Nebenkosten deckt sich mit dem ertragsteuerlichen Begriff der Anschaffungsnebenkosten. Er umfasst alle Aufwendungen, die im Zusammenhang mit der Erwerb eines Gegenstands stehen, soweit sie dem Gegenstand einzeln zugeordnet werden können.

343 Selbst hergestellte Gegenstände sind bei der Entnahme mit den Selbstkosten anzusetzen. Der Begriff der Selbstkosten i.S.d. § 10 Abs. 4 S. 1 Nr. 1 UStG entspricht dem ertragsteuerlichen Begriff der Herstellungskosten.

344 Die Bemessungsgrundlage bei sonstigen Leistungen i.S.d. § 3 Abs. 9a UStG richtet sich nach § 10 Abs. 4 S. 1 Nr. 2 und 3 UStG. Es kommt dabei maßgeblich auf die bei Ausführung der sonstigen Leistungen entstandenen Ausgaben an.

8. Steuerentstehung

345 Die Steuer entsteht gemäß § 13 Abs. 1 Nr. 2 UStG mit Ablauf des Voranmeldungszeitraums, in dem die unentgeltlichen Wertabgaben vollzogen wurden. Erstreckt sich eine unentgeltliche Wertabgabe über mehrere Voranmeldungszeiträume, so ist jeder dieser Zeiträume für sich als selbstständiger Besteuerungsabschnitt zu beurteilen.

B. Einfuhr

346 Die Einfuhr von Gegenständen im Inland wird gemäß § 1 Abs. 1 Nr. 4 UStG besteuert. Es handelt sich dabei zunächst um einen rein tatsächlichen Vorgang des Verbringens eines körperlichen Gegenstands aus dem Drittland in das Inland. Wird ein Gegenstand aus dem Drittland in das Inland gebracht und befindet er sich in einem zollrechtlichen Nichterhebungsverfahren (z.B. Versandverfahren, Zolllagerverfahren), so kommt es noch nicht zu einer Einfuhr. Bei der Einfuhrumsatzsteuer handelt es sich um eine Verbrauchsteuer (§ 21 Abs. 1 UStG). Für die Einfuhrumsatzsteuer gelten die Vorschriften für die Zölle sinngemäß (§ 21 Abs. 2 UStG). Eine Einfuhrbesteuerung findet auch statt, wenn ein Endverbraucher oder Nichtunternehmer Gegenstände aus dem Drittland in das Inland verbringt. Die Einfuhrumsatzsteuer wird durch die Zollbehörden erhoben.

> **Fall:** Student S war bei seinem Aufenthalt in den USA ausführlich beim Shopping. Er hat Waren im Wert von über 1.000 € eingekauft. Bei seiner Ankunft am Münchner Flughafen geht er durch den grünen Ausgang.

> **Lösung:** Student S hat den Tatbestand der Einfuhr gemäß § 1 Abs. 1 Nr. 4 UStG verwirklicht. Durch Durchschreiten des grünen Ausgangs hat er konkludent die Zollerklärung abgegeben, dass er nichts zu verzollen hat. Dies ist nicht korrekt. Er hat die reisefreie Grenze von 430 € als Flugreisender deutlich

überschritten. Die Einfuhrumsatzsteuer bemisst sich gemäß § 11 UStG nach dem Wert des eingeführten Gegenstands. Er muss Einfuhrumsatzsteuer auf den Warenwert i.H.v. 1.000 € entrichten. Er ist Schuldner der Einfuhrumsatzsteuer gemäß § 21 Abs. 2 UStG i.V.m. Art. 202 Abs. 3 ZK.

Die Einfuhr durch einen voll zum Vorsteuerabzug berechtigten Unternehmer löst ebenfalls Einfuhrumsatzsteuer aus. Gleichzeitig hat aber der Unternehmer, wenn er im Zeitpunkt der Abfertigung zum zollrechtlich freien Verkehr die Verfügungsmacht an der Ware hatte, das Recht auf Vorsteuerabzug gemäß § 15 Abs. 1 Nr. 2 UStG. Weitere Voraussetzung ist, dass die Umsatzsteuer auch tatsächlich entrichtet worden ist. Es handelt sich in diesem Fall wirtschaftlich betrachtet um ein Nullsummenspiel. Dies dient jedoch dazu, die Ware in das deutsche Umsatzsteuersystem einzugliedern.

Unter gewissen engen Voraussetzungen ist die Einfuhr von der Einfuhrumsatzsteuer gemäß § 5 UStG befreit.

Die Bemessungsgrundlage bestimmt sich gemäß § 11 Abs. 1 UStG nach dem Zollwert sowie weiterer Hinzurechnung gemäß § 11 Abs. 3 UStG, wie etwa den Beförderungskosten bis zum ersten Bestimmungsort im Gemeinschaftsgebiet (§ 11 Abs. 3 Nr. 3 UStG).

Die Einfuhr unterliegt demselben Steuersatz wie die Lieferung entsprechender Gegenstände im Inland (§ 12 UStG).

C. Innergemeinschaftlicher Erwerb

Mit Inkrafttreten des Binnenmarkts zum 01.01.1993 sind die Grenzkontrollen an den Gemeinschaftsgrenzen entfallen. Um gleichwohl sicherzustellen, dass die aus einem anderen Mitgliedstaat nach Deutschland verbrachten Waren hier in das Besteuerungssystem eingegliedert werden, wurde der Tatbestand des innergemeinschaftlichen Erwerbs gemäß § 1a UStG geschaffen.[160] Der innergemeinschaftliche Erwerb ist die korrespondierende Vorschrift zur steuerfreien innergemeinschaftlichen Lieferung gemäß § 4 Nr. 1b i.V.m. § 6a UStG. Der Tatbestand des innergemeinschaftlichen Erwerbs gemäß § 1a UStG ist erfüllt, wenn 347

- ein Gegenstand bei einer Lieferung aus dem Gebiet eines EU-Mitgliedstaats nach Deutschland gelangt (§ 1a Abs. 1 Nr. 1 UStG),
- der Abnehmer entweder ein Unternehmer ist, der den Gegenstand für sein Unternehmen erwirbt (§ 1a Abs. 1 Nr. 2 Buchst. a UStG) oder eine juristische Person (§ 1a Abs. 1 Nr. 2 Buchst. a und b UStG),
- der Lieferer ein Unternehmer ist, der die Lieferung gegen Entgelt im Rahmen seines Unternehmens bewirkt (§ 1a Abs. 1 Nr. 3 Buchst. a und b UStG).

Die Lieferung seitens eines EU-Unternehmers an einen deutschen Abnehmer unterliegt nur dann der Erwerbsbesteuerung, wenn dieser den Gegenstand im Rahmen seines Unternehmens gegen Entgelt erwirbt. Der Begriff des Unternehmers richtet sich wiederum nach § 2 UStG. 348

Bei dem liefernden EU-Unternehmer muss es sich ebenfalls um einen Unternehmer analog zu § 2 UStG handeln, der eine Lieferung im Rahmen seines Unternehmens gegen Entgelt ausführt. In aller Regel wird die Lieferung seitens des EU-Unternehmers eine steuerbefreite innergemeinschaftliche Lieferung darstellen. 349

Ein innergemeinschaftlicher Erwerb liegt gemäß § 1a Abs. 3 UStG dann nicht vor, wenn die sog. Erwerbsschwelle nicht überschritten ist. An die Stelle der Erwerbsbesteuerung tritt in diesem Fall die Besteuerung der Lieferung im jeweiligen EU-Mitgliedstaat. Keine Bedeutung hat die Erwerbsschwelle bei der Lieferung neuer Fahrzeuge und bei der Lieferung verbrauchsteuerpflichtiger Waren. Der Erwerber kann auf die Nichtbesteuerung unterhalb der **Erwerbsschwelle** auch verzichten. Erwerber unterliegen dann nicht der Erwerbsbesteuerung, wenn der Gesamtbetrag der Entgelte für Erwerbe nach § 1a Abs. 1 Nr. 1 und Abs. 2 UStG den Betrag von 12.500 € im vorangegangenen Kalenderjahr nicht überstiegen hat und im laufenden Kalenderjahr voraussichtlich nicht übersteigen wird. Kommt es nicht zu einer Erwerbsbesteuerung wegen Unter- 350

---
160 Sölch/Ringleb/*Mößlang* UStG, § 1a UStG, Rn. 1 – Lfg. April 2010.

schreiten der Erwerbsschwelle, so werden die in § 1a Abs. 3 Nr. 1 UStG bezeichneten Unternehmer wie private Endverbraucher behandelt. Sie müssen daher den innergemeinschaftlichen Erwerb nicht versteuern (ausgenommen sind wiederum neue Fahrzeuge und verbrauchsteuerpflichtige Waren).

351 Der **Ort des innergemeinschaftlichen Erwerbs** richtet sich nach § 3d UStG. Der innergemeinschaftliche Erwerb ist daher grundsätzlich an dem Ort zu besteuern, an dem sich die Ware am Ende der Warenbewegung befindet.

352 Unter den Voraussetzungen des § 4b UStG kann der innergemeinschaftliche Erwerb von Gegenständen von der Umsatzsteuer befreit werden. Die Vorschrift spielt in der Praxis kaum eine Rolle. Die Bemessungsgrundlage des innergemeinschaftlichen Erwerbs richtet sich nach § 10 Abs. 1 S. 1 UStG. Bemessungsgrundlage ist daher das Entgelt.

353 Die Steuerschuld entsteht gemäß § 13 Abs. 1 Nr. 6 UStG mit der Ausstellung der Rechnung, spätestens jedoch mit Ablauf des dem Erwerb folgenden Kalendermonats. Steuerschuldner ist nach § 13a Abs. 1 Nr. 2 UStG der Erwerber.

354 Der Erwerber ist gemäß § 15 Abs. 1 S. 1 Nr. 3 UStG zum **Vorsteuerabzug** berechtigt, wenn der Erwerb für sein Unternehmen erfolgt. Die Erwerbsteuer entsteht Kraft Gesetz. Damit korrespondierend entsteht auch der Vorsteuerabzug Kraft Gesetz. Eine ordnungsgemäße Rechnung i.S.d. §§ 14, 14a UStG ist nicht Voraussetzung für den Vorsteuerabzug. Vorsteuerabzug und innergemeinschaftlicher Erwerb entstehen daher immer im gleichen Umsatzsteuer-Voranmeldungszeitraum. Wirtschaftlich betrachtet, ergeben sich daher für einen voll vorsteuerabzugsberechtigten Unternehmer keinerlei Konsequenzen. Etwas anderes gilt jedoch dann, wenn der Unternehmer nicht voll zum Vorsteuerabzug berechtigt ist. Durch den innergemeinschaftlichen Erwerb mit gleichzeitigem Vorsteuerabzugsrecht wird aber erreicht, dass die Ware in das Umsatzsteuersystem Deutschlands eingegliedert wird.

D. Unrichtiger oder unberechtigter Steuerausweis

355 Mit § 14c UStG wird in einer Art fiskalischer Gefährdungshaftung[161] Steuer im Falle eines unrichtigen oder eines unberechtigten Steuerausweises erhoben. Rechnungen i.S.d. § 14c UStG kommen im Umsatzsteuersystem eine erhebliche Bedeutung zu. Sie dienen letztendlich als Dokumentation und Grundlage für den Vorsteuerabzug gemäß § 15 UStG. Wer unrichtige Rechnungen in die Welt setzt, muss für den so geschaffenen falschen Rechtsschein geradestehen. Dementsprechend wird Steuer, die in einer Rechnung offen ausgewiesen wird, selbst dann geschuldet, wenn materiell keine oder jedenfalls eine nicht so hohe Umsatzsteuer geschuldet ist.

356 Das Gesetz differenziert dabei zwischen dem **zu hohen Steuerausweis** gemäß § 14c Abs. 1 UStG und dem **unberechtigten Steuerausweis** gemäß § 14c Abs. 2 UStG.

357 Weist der leistende Unternehmer in einer Rechnung einen höheren Steuerbetrag aus als eigentlich nach dem Gesetz geschuldet, so schuldet der leistende Unternehmer auch den Mehrbetrag gemäß § 14c Abs. 1 UStG. Die Vorschrift gilt für Unternehmer, die zum gesonderten Steuerausweis berechtigt sind und für eine Lieferung oder sonstige Leistungen einen Steuerbetrag in einer Rechnung gesondert ausgewiesen haben, obwohl sie für den Umsatz keine oder eine niedrigere Steuer schulden. § 14c Abs. 1 UStG greift daher insbesondere für folgende Fälle:

- Bei steuerpflichtigen Leistungen, bei denen der Unternehmer eine höhere als die dafür geschuldete Steuer ausgewiesen hat; beispielsweise wenn er die Ware, die gemäß § 12 Abs. 2 Nr. 1 i.V.m. Anlage 2 UStG dem ermäßigten Steuersatz unterliegt, geliefert hat, er jedoch den Regelsteuersatz von 19 % in seiner Rechnung ausgewiesen hat.
- Wenn für eine eigentlich steuerfreie Leistung Steuer in der Rechnung ausgewiesen wird.
- Wenn der Unternehmer für nichtsteuerbare Leistungen (wie beispielsweise eine nichtsteuerbare Geschäftsveräußerung im Ganzen) i.S.d. § 1 Abs. 1a UStG Steuer in einer Rechnung ausweist.

---
161 *Jakob* USt, S. 237.

D. Unrichtiger oder unberechtigter Steuerausweis

- Für bislang nicht versteuerte steuerpflichtige Leistungen, wenn die Steuer für die Leistung wegen des Ablaufs der Festsetzungsfrist (§ 169 bis 171 AO) nicht mehr erhoben werden kann.

Die zu hoch ausgewiesene Steuer wird vom Unternehmer geschuldet. Gleichwohl hat der Leistungsempfänger einen Vorsteuerabzug allenfalls in Höhe der gesetzlich geschuldeten Steuer. 358

Der leistende Unternehmer kann in diesem Fall den Steuerbetrag **berichtigen** und damit die Steuerschuld wieder beseitigen. Zur Berichtigung berechtigt ist ausschließlich der ursprüngliche Aussteller. Das Dokument muss um die fehlenden oder unzutreffenden Angaben ergänzt und berichtigt werden. Es muss spezifisch und eindeutig auf die ursprüngliche Rechnung Bezug nehmen. Die Rechnungsberichtigung wirkt in diesem Falle in dem Voranmeldungszeitraum, in dem die Rechnung berichtigt wird. Bis dahin bleibt eine Steuerschuld auf Basis der unrichtigen Rechnung bestehen. 359

Wer in einer Rechnung Umsatzsteuer ausweist, obwohl er zum gesonderten Ausweis der Steuer nicht berechtigt ist, schuldet den ausgewiesen Betrag gemäß § 14c Abs. 2 UStG. Die Steuer entsteht hier nach § 13 Abs. 1 Nr. 4 UStG im Zeitpunkt der Ausgabe der Rechnung. Auf die Ausführung eines Umsatzes kann hier nicht abgestellt werden, da § 14c Abs. 2 UStG auch in den Fällen greift, in denen gar kein Umsatz ausgeführt wird. § 14c Abs. 2 UStG greift insbesondere bei folgenden Fällen: 360

- Steuerausweis durch einen Kleinunternehmer nach § 19 UStG.
- Schein- oder Gefälligkeitsrechnungen.
- Ein Unternehmer erteilt also eine Rechnung mit gesondertem Steuerausweis, obwohl er eine Leistung gar nicht erbracht hat.
- Ein Unternehmer erteilt eine Rechnung mit gesondertem Steuerausweis, in der er statt des tatsächlich gelieferten Gegenstands einen anderen von ihm nicht gelieferten Gegenstand aufführt oder statt der tatsächlich ausgeführten sonstigen Leistung eine andere, von ihm nicht erbrachte Leistung angibt.
- Eine Privatperson (Nicht-Unternehmer) weist in einem Dokument einen Steuerbetrag gesondert aus.

Auch in diesem Fall ist eine Rechnungsberichtigung möglich. Die Folge der Rechnungsberichtigung ist, dass die Steuerschuld entfällt.

Die Rechnungsberichtigung erfolgt hier nicht schon durch bloße nachträgliche Rechnungskorrektur. Vielmehr entfällt die Steuerschuld wegen des unberechtigten Steuerausweises nur dann, wenn **die Gefährdung des Steueraufkommens** beseitigt ist. Die Gefährdung des Steueraufkommens ist dann beseitigt, wenn ein Vorsteuerabzug beim Empfänger der Rechnung nicht durchgeführt oder die geltend gemachte Vorsteuer an das Finanzamt zurückgezahlt worden ist.[162] Die Berichtigung des geschuldeten Steuerbetrags ist beim Finanzamt schriftlich zu beantragen (§ 14c Abs. 2 S. 5 UStG). Die Berichtigung wirkt erst in dem Voranmeldungszeitraum, in dem die Voraussetzungen auch tatsächlich eingetreten sind, also die Gefährdung des Steueraufkommens beseitigt worden ist. 361

```
                        Rechnungen
                    ↓               ↓
              unrichtiger      unberechtigter
             Steuerausweis      Steuerausweis
                    ↓               ↓
         der unrichtige bzw. unberechtigt ausgewiesene
         Steuermehrbetrag wird dem Finanzamt geschuldet
                          ↓
                  Rechnungsberichtigung
                    ↓               ↓
      [unrichtiger Steuerausweis]   [unberechtigter Steuerausweis]
         grundsätzlich ohne                NUR WENN
           Zustimmung           Gefährdung des Steueraufkommens beseitigt
         des Finanzamts möglich              +
                              Finanzamt die Zustimmung erteilt hat
```

[162] Abschn. 14c.2 Abs. 3 S. 5 UStAE.

7. Kapitel. Rechnungen, Vorsteuerabzug und Vorsteuerberichtigung

A. Ordnungsgemäße Rechnung

362 Die ordnungsgemäße Rechnung gemäß §§ 14, 14a UStG ist Voraussetzung für den **Vorsteuerabzug** gemäß § 15 Abs. 1 S. 1 Nr. 1 UStG. Auch ohne Rechnung entsteht aber die Steuer bei einem steuerbaren Leistungsaustausch. Nur hat der Leistungsempfänger keinen Vorsteuerabzug, solange er nicht eine ordnungsgemäße Rechnung übermittelt bekommt.

363 Unter einer Rechnung versteht man jedes Dokument oder eine Mehrzahl von Dokumenten, mit dem über eine Lieferung oder sonstige Leistung abgerechnet wird. Es kommt nicht darauf an, wie das Dokument bezeichnet wird. Auch ein Vertrag kann daher als Rechnung fungieren. Rechnungen sind grundsätzlich auf Papier oder – vorbehaltlich der Zustimmung des Empfängers – unter bestimmten Voraussetzungen auch elektronisch zu übermitteln.

364 Eine Rechnung kann auch vom Leistungsempfänger für eine Lieferung oder sonstige Leistung ausgestellt werden. In diesem Fall spricht man von einer sog. **Gutschrift** gemäß § 14 Abs. 1 S. 2 UStG. Die Gutschrift im umsatzsteuerlichen Sinn ist streng von der kaufmännischen Gutschrift zu unterscheiden. Bei einer kaufmännischen Gutschrift wird beispielsweise wegen eines Mangels ein Teil des Kaufpreises durch den ursprünglichen Veräußerer gutgeschrieben.[163] Im umsatzsteuerlichen Sinn stellt sich der Erwerber einer Ware oder Empfänger der Dienstleistung selbst eine Rechnung aus. Die Gutschrift verliert die Wirkung einer Rechnung, wenn der Empfänger der Gutschrift, also der leistende Unternehmer, den ihm übermittelten Dokument gemäß § 14 Abs. 1 S. 3 UStG widerspricht. Damit Gutschriften zum Vorsteuerabzug berechtigen, müssen sie alle Angaben des § 14 Abs. 4 UStG enthalten.

365 Eine Rechnung kann auch aus mehreren Dokumenten bestehen (§ 31 Abs. 1 S. 1 UStDV). Wichtig ist jedoch, dass in einem der Dokumente folgende Angaben enthalten sind:

- das Entgelt,
- der darauf entfallende Steuerbetrag,
- Bezeichnung aller anderen Dokumente, aus den sich die übrigen Rechnungspflichtangaben ergeben.

366 Rechnungen müssen gemäß § 14 Abs. 4 UStG folgenden Angaben enthalten:

- vollständiger Name und vollständige Anschrift des leistenden Unternehmers,
- vollständiger Name und vollständige Anschrift des Leistungsempfängers,
- Steuernummer oder Umsatzsteuer-Identifikationsnummer des leistenden Unternehmers,
- Ausstellungsdatum,
- einmalige fortlaufende Rechnungsnummer,
- Menge und handelsübliche Bezeichnung des Gegenstands der Lieferung oder Art und Umfang der sonstigen Leistung,
- Zeitpunkt der Lieferung oder sonstigen Leistung: In den Fällen von Voraus-, An- und Abschlagszahlungen der Zeitpunkt der Vereinnahmung des Entgelts oder eines Teils des Entgelts, *sofern* dieser Zeitpunkt feststeht und nicht mit dem Ausstellungsdatum der Rechnung identisch ist.
- Entgelt – ggf. aufgeschlüsselt nach Steuersätzen und einzelnen Steuerbefreiungen,
- jede im Voraus vereinbarte Minderung des Entgelts, sofern sie nicht bereits im Entgelt berücksichtigt ist,
- Steuersatz,
- gesondert ausgewiesener Steuerbetrag oder (bei Steuerbefreiung) ein Hinweis auf die Steuerbefreiung.

---

[163] Vgl. Reiß/Kraeusel/Langer/*Kraeusel/Schmidt* § 14 UStG, Rn. 11 – Lfg. Dezember 2004.

A. Ordnungsgemäße Rechnung

Rechnungen, deren Gesamtbetrag brutto 150 € nicht übersteigt, müssen nicht sämtliche der in § 14 Abs. 4 UStG genannten Voraussetzungen erfüllen, um den Leistungsempfänger zum Vorsteuerabzug zu berechtigen (§ 33 UStDV). Für sog. **Kleinbetragsrechnungen** genügt es daher, wenn folgende Angaben enthalten sind: 367

- vollständiger Name und vollständige Anschrift des leistenden Unternehmers,
- Ausstellungsdatum,
- Menge und die Art der gelieferten Gegenstände oder den Umfang und die Art der sonstigen Leistung und
- das Entgelt und den darauf entfallenden Steuerbetrag für die Lieferung oder sonstige Leistung in einer Summe sowie den anzuwendenden Steuersatz oder im Falle einer Steuerbefreiung einen Hinweis darauf, dass für die Lieferung oder sonstige Leistung eine Steuerbefreiung gilt.

Fall: Prof. Seppi fährt mit dem Taxi von München nach Landshut. Die Fahrt ist notwendig, damit Prof. Seppi dort einen Mandanten besuchen kann. Dort angekommen lässt er sich vom Taxifahrer eine Quittung ausstellen. Der Taxifahrer fragt weder nach dem Namen von Prof. Seppi noch nach seiner Adresse. Außerdem kann der Taxifahrer nicht rechnen und schreibt nur den Gesamtbetrag von 110 € auf die Taxiquittung. Nach längerem Überlegen kreuzt er schließlich das Feld mit 19 % auf dem Quittungsvordruck an.

Berechtigt diese Rechnung zum Vorsteuerabzug?

Lösung: Prof. Seppi kann die Vorsteuer gemäß § 15 Abs. 1 S. 1 Nr. 1 UStG geltend machen, wenn die Umsatzsteuer für die sonstige Leistung gesetzlich geschuldet ist und er diese Leistung für sein Unternehmen bezogen hat. Weiterhin muss er eine ordnungsgemäße Rechnung besitzen.

Es handelt sich um eine sonstige Leistung gemäß § 3 Abs. 9a UStG, die in einer Personenbeförderung gemäß § 3b UStG besteht. Der Taxifahrer ist Unternehmer, da er eine selbstständige gewerbliche Tätigkeit ausübt. Der Leistungsort der sonstigen Leistung ist gemäß § 3b UStG im Inland belegen. Die Bemessungsgrundlage ist das Entgelt gemäß § 10 Abs. 1 UStG. Die Leistung ist gemäß § 12 Abs. 1 UStG dem Regelsteuersatz zu unterwerfen. Der ermäßigte Steuersatz gemäß § 12 Abs. 2 Nr. 10 Buchst. b UStG greift nicht, da die Strecke von München nach Landshut mehr als 50 km beträgt.

Prof. Seppi ist auch aus unternehmerischen Gründen nach Landshut gefahren. Er wollte dort einen Mandanten beraten. Der Leistungsbezug erfolgte also für das Unternehmen.

Schließlich hat Prof. Seppi auch eine ordnungsgemäße Rechnung erhalten. Da es sich um eine Kleinbetragsrechnung handelt (Bruttobetrag unter 150 €), greifen die erleichterten Rechnungsvoraussetzungen gemäß § 33 UStDV. Es ist daher nicht erforderlich, dass gemäß § 14 Abs. 4 Nr. 1 UStG die Anschrift des Leistungsempfängers auf der Rechnung angegeben sind. Der Taxifahrer hat auch mit 19 % den zutreffenden Steuersatz angeben.

Der leistende Unternehmer ist gemäß § 14 Abs. 2 Nr. 1 UStG dann zur Rechnungsstellung verpflichtet, wenn er steuerpflichtige Werklieferungen (§ 3 Abs. 4 S. 1 UStG) oder sonstige Leistungen im Zusammenhang mit einem Grundstück erbringt. Diese Vorschrift dient der Vermeidung der Schwarzarbeit. Der leistende Unternehmer ist dann verpflichtet, innerhalb von sechs Monaten nach Ausführung der Leistung eine Rechnung auszustellen. 368

Erbringt ein leistender Unternehmer eine Leistung für einen anderen Unternehmer, so ist er verpflichtet, innerhalb von sechs Monaten nach Ausführung der Leistung eine Rechnung auszustellen (§ 14 Abs. 2 S. 1 Nr. 1 S. 2 UStG). In allen anderen Fällen ist der Unternehmer berechtigt aber nicht aus umsatzsteuerlicher Sicht verpflichtet, eine Rechnung auszustellen (§ 14 Abs. 2 S. 1 Nr. 1 S. 1 UStG). 369

Es besteht keine Verpflichtung zur Rechnungsausstellung, wenn der leistende Unternehmer einen steuerfreien Umsatz nach § 4 Nr. 8 bis 28 UStG erbringt. Dies bedeutet aber auch, dass z.B. für steuerfreie innergemeinschaftliche Lieferungen und Ausfuhrlieferungen es bei der Rechnungsausstellungspflicht verbleibt (§ 4 Nr. 1 Buchst. a und b UStG). Wer seiner Verpflichtung zur Ausstellung einer Rechnung vorsätzlich oder leichtfertig nicht oder nicht rechtzeitig nachkommt, handelt nach § 26a Abs. 1 Nr. 1 UStG ordnungswidrig. Die Ordnungswidrigkeit kann mit einer Geldbuße von bis zu 5.000 € geahndet werden. 370

B. Vorsteuerabzug

371 Der Vorsteuerabzug steht grundsätzlich nur Unternehmern zu. Der Unternehmerbegriff entspricht bei § 15 UStG dem des § 2 UStG. Der Vorsteuerabzug ist wesentliches Element der Allphasen-Netto-Umsatzsteuer mit Vorsteuerabzug. Erst durch den Vorsteuerabzug wird sichergestellt, dass innerhalb der Unternehmerkette die Umsatzsteuer neutral bleibt.[164]

372 Bei im Rahmen eines Leistungsaustausches bezogenen Lieferungen oder sonstigen Leistungen steht dem Unternehmer unter folgenden Voraussetzungen das Vorsteuerabzugsrecht zu:
- Unternehmereigenschaft
- Bezug einer Lieferung oder sonstigen Leistung von einem anderen Unternehmer
- Umsatzsteuer ist gesetzlich geschuldet
- Besitz einer ordnungsgemäß übermittelten Rechnung gemäß §§ 14, 14a UStG
- Es darf kein Vorsteuerausschluss gemäß § 15 Abs. 1a UStG oder gemäß § 15 Abs. 2 UStG vorliegen
- Ggf. Vorsteueraufteilung nach § 15 Abs. 4 UStG
- Zeitpunkt für die Vornahme des Vorsteuerabzugs

373 Für den Vorsteuerabzug der **Einfuhrumsatzsteuer** kommt es gemäß § 15 Abs. 1 S. 1 Nr. 2 UStG darauf an, dass die Einfuhrumsatzsteuer entrichtet worden ist und der Unternehmer, der den Vorsteuerabzug geltend machen möchte, im Zeitpunkt der Abfertigung zum zollrechtlich freien Verkehr die Verfügungsmacht an der Ware besessen hat.

374 Für den Vorsteuerabzug aus **innergemeinschaftlichen Erwerben** ist Voraussetzung, dass der Unternehmer einen Gegenstand innergemeinschaftlich für sein Unternehmen gemäß § 5 Abs. 1 S. 1 Nr. 3 UStG erworben hat. Für den Vorsteuerabzug aus Leistungen, für die die Steuerschuld gemäß § 13b UStG auf den Erwerber übergegangen ist (Reverse Charge), ist es lediglich erforderlich, dass die Leistung ausgeführt worden ist (§ 14 Abs. 1 S. 1 Nr. 4 UStG). Für den Vorsteuerabzug im Rahmen der Tatbestände des § 15 Abs. 1 S. 1 Nr. 2 bis 4 UStG ist daher eine ordnungsgemäße Rechnung nicht erforderlich.

375 Die Vorsteuer darf grundsätzlich nur in der Höhe geltend gemacht werden, in der sie auch **gesetzlich geschuldet** ist. Weist ein Unternehmer daher eine höhere Steuer aus, als sie tatsächlich geschuldet ist, steht dem Leistungsempfänger gleichwohl kein höherer Vorsteuerabzug zu. Der Leistungsempfänger muss die in der Rechnung enthaltenen Angaben auf Vollständigkeit und Richtigkeit prüfen. Dabei gilt jedoch der Grundsatz der Verhältnismäßigkeit. Ungenauigkeiten (z.B. Schreibfehler) führen grundsätzlich nicht zur Versagung des Vorsteuerabzugs. Die Umsatzsteuer-Identifikationsnummer oder die Steuernummer muss der Leistungsempfänger genauso wie die fortlaufende Rechnungsnummer auf Schlüssigkeit prüfen.

Fall 1: Hotelier Haar stellt für eine reine Übernachtungsleistung eine Rechnung mit Ausweis von 19 % Umsatzsteuer.

Lösung: Der übernachtende Unternehmer hat einen Vorsteuerabzug nur in Höhe der tatsächlich gesetzlich geschuldeten Umsatzsteuer. Für Übernachtungsleistungen findet gemäß § 12 Abs. 2 Nr. 11 UStG nur der ermäßigte Steuersatz Anwendung. Der übernachtende Unternehmer kann daher aus der Rechnung nur Vorsteuern i.H.v. 7 % geltend machen. Der überschießende Betrag ist für ihn nicht abzugsfähig.

Fall 2: Tante Emma verkauft in ihrem Laden Sojamilch und weist hierfür 7 % Umsatzsteuer in der Rechnung aus. Sie ist der Auffassung, dass Sojamilch schließlich Milch sei und daher dem ermäßigten Steuersatz gemäß § 12 Abs. 2 Nr. 1 UStG i.V.m. Anlage 2 unterliegt. Tatsächlich ist Sojamilch mit dem Regelsteuersatz belegt.

---
164 Bunjes/Geist/*Heidner* § 15 Rn. 11.

B. Vorsteuerabzug

> Kaffeebetreiberin Kathi braucht für ihren Öko-Cappuccino noch etwas Sojamilch und erhält von Tante Emma eine entsprechende Rechnung mit Ausweis von 7 % Steuer. Später fragt Kathi sich, ob sie nicht Vorsteuern i.H.v. 19 % geltend machen kann.

Lösung: Im Fall der zu niedrig ausgewiesenen Umsatzsteuer darf der Leistungsempfänger nur die tatsächlich ausgewiesene Steuer als Vorsteuer geltend machen.

Risiken bei Eingangsrechnungen

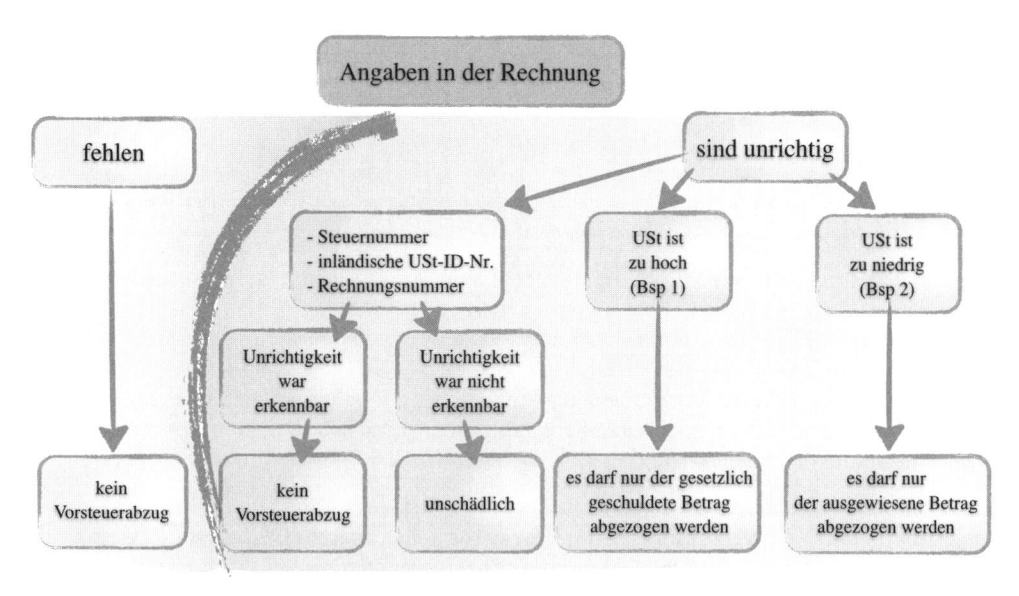

```
                    Angaben in der Rechnung
                    /                    \
                fehlen              sind unrichtig
                  |                   /      |      \
                  |      - Steuernummer   USt ist    USt ist
                  |      - inländische    zu hoch    zu niedrig
                  |        USt-ID-Nr.     (Bsp 1)    (Bsp 2)
                  |      - Rechnungsnummer
                  |         /        \
                  |   Unrichtigkeit  Unrichtigkeit
                  |   war erkennbar  war nicht erkennbar
                  |         |              |
               kein      kein          unschädlich   es darf nur der    es darf nur
            Vorsteuer- Vorsteuer-                   gesetzlich         der ausgewiesene
              abzug     abzug                       geschuldete        Betrag
                                                    Betrag abgezogen   abgezogen werden
                                                    werden
```

Die Leistung muss **für das Unternehmen** des Leistungsempfängers erfolgt sein. Dabei sind die Verhältnisse zum Zeitpunkt des Umsatzes an den Unternehmer maßgebend. Der Unternehmer kann eine Zuordnung der Lieferung oder sonstigen Leistung zu seinem Unternehmen treffen. Er hat ein Zuordnungswahlrecht. Dies gilt nur dann nicht, wenn er den Gegenstand zu weniger als 10 % zu unternehmerischen Zwecken nutzt (§ 15 Abs. 1 S. 2 UStG). Wird ein Gegenstand zunächst für nichtunternehmerische Zwecke erworben und erst zu einem späteren Zeitpunkt dann dem Unternehmen zugeordnet, so scheidet ein Vorsteuerabzug aus. **376**

Eine Besonderheit besteht beim Vorsteuerabzug im Rahmen von Anzahlungsrechnungen. Bei **Anzahlungsrechnungen** ist gemäß § 13 Abs. 1 Nr. 1 Buchst. a S. 4 UStG die Steuer bereits mit Ablauf des Voranmeldungszeitraums geschuldet, in dem der Rechnungsaussteller das Entgelt vereinnahmt hat. Korrespondierend damit steht dem Rechnungsempfänger gemäß § 15 Abs. 1 S. 1 Nr. 1 S. 2 UStG der Vorsteuerabzug auch bereits in diesem Zeitraum zu, selbst wenn die Leistung noch nicht bewirkt worden ist. Der Vorsteuerabzug bei Zahlung vor Ausführung der Leistung oder Teilleistung setzt voraus, dass dem Leistungsempfänger eine Rechnung oder Gutschrift mit gesondertem Steuerausweis vorliegt und die Anzahlung, Vorauszahlung oder Abschlagszahlung geleistet worden ist. In dem Voranmeldungszeitraum, in dem beide Voraussetzungen erstmals erfüllt sind, darf der Leistungsempfänger den Vorsteuerabzug geltend machen. **377**

Trotz ordnungsgemäßer Rechnung und einem Leistungsbezug für das Unternehmen sieht § 15 UStG in zwei Konstellationen den **Ausschluss des Vorsteuerabzugs** vor. Nach § 15 Abs. 1a UStG sind bestimmte vorsteuerbelastete Aufwendungen für Repräsentation vom Vorsteuerabzug ausgeschlossen. Es handelt sich dabei um Aufwendungen, die als nicht abziehbare Betriebsausgaben i.S. des § 4 Abs. 5 EStG sowie auf Lebenshaltungskosten i.S.d. § 12 Nr. 1 EStG entfallen. Aufwendungen für Bewirtungen aus geschäftlichem Anlass, die einkommensteuerlich nur zu 70 % als Bewirtungsaufwendungen abziehbar sind, gelten für Umsatzsteuerzwecke zu 100 % als vorsteuerabzugsfähig. Voraussetzung ist eine ordnungsgemäße Rechnung. **378**

379 Der Vorsteuerabzug kann aber auch nach § 15 Abs. 2 S. 1 Nr. 1 UStG aufgrund von sog. **Ausschlussumsätzen** ausgeschlossen sein. Gleiches gilt für Umsätze, die nach deutschem Umsatzsteuerrecht im Ausland steuerbar sind und die steuerfrei wären, würden sie im Inland ausgeführt werden (§ 15 Abs. 2 S. 1 Nr. 2 UStG).

380 Von diesen Vorsteuerausschlüssen gibt es wiederum eine Rückausnahme. Nach § 15 Abs. 3 tritt der Ausschluss vom Vorsteuerabzug nach § 15 Abs. 2 UStG nicht ein, wenn es sich um bestimmte (in § 15 Abs. 3 Nr. 1 und 2 UStG abschließend aufgezählte) Umsätze handelt.

381 Verwendet ein Unternehmer ein für sein Unternehmen erworbenen Gegenstand oder eine in Anspruch genommene sonstige Leistung nur zum Teil zur Ausführung von Umsätzen, die den Vorsteuerabzug ausschließen, so ist nur der jeweilige Vorsteuerbetrag nicht abziehbar, der dem nicht zum Vorsteuerabzug berechtigten Ausgangsumsatz wirtschaftlich zuzurechnen ist. § 15 Abs. 4 UStG regelt nur das Verfahren bei der **Vorsteueraufteilung**. Die Frage der Abziehbarkeit oder Nichtabziehbarkeit entscheidet sich nach dem Grundsatz der wirtschaftlichen Zuordnung der Leistungsbezüge gemäß § 15 Abs. 1 bis 3 UStG. § 15 Abs. 4 UStG nennt nur eine Aufteilungsmethode. Danach kommt es maßgeblich auf die wirtschaftliche Zuordnung an. Es sind insofern drei Gruppen von Vorsteuerbeträgen zu unterscheiden:

- Vorsteuerbeträge, die in voller Höhe abziehbar sind, weil sie ausschließlich Ausgangsumsätzen zuzurechnen sind, die voll zum Vorsteuerabzug berechtigen.
- Vorsteuerbeträge, die in voller Höhe vom Abzug ausgeschlossen sind, weil sie ausschließlich Ausschlussumsätzen zuzurechnen sind.
- Vorsteuerbeträge, die im Zusammenhang sowohl mit vorsteuerunschädlichen als auch vorsteuerschädlichen Ausgangsumsätzen stehen. Nur in diesem Fall regelt § 14 Abs. 4 UStG die Aufteilung in abziehbare und nicht abziehbare Beträge.

382 Im Beispiel oben (Vermietungsumsatz)[165] bedeutet dies, dass der Vermieter für die Eingangsleistungen (z.B. Malerleistungen) voll den Vorsteuerabzug geltend machen kann, die der Vermietung des Erdgeschosses zuzuordnen sind. Hier konnte der Vermieter zur Umsatzsteuerpflicht optieren und führt dann keine steuerfreien Vermietungsumsätze aus. Aufgrund der Steuerpflicht bleibt es beim Vorsteuerabzugsrecht gemäß § 15 Abs. 1 S. 1 Nr. 1 UStG. Lässt der Vermieter gleichzeitig auch das Stockwerk des Versicherungsmaklers weißeln, so sind diese Leistungsbezüge vollumfassend vom Vorsteuerabzug ausgeschlossen (§ 15 Abs. 2 S. 1 Nr. 1 UStG). Der Vermieter konnte hier nicht zur Steuerpflicht optieren. Die Leistungen sind daher gemäß § 4 Nr. 12 UStG steuerfrei. Konsequenterweise entfällt der Vorsteuerabzug gemäß § 15 Abs. 2 Nr. 1 UStG.

383 Bezieht der Vermieter Eingangsleistungen, die keiner der drei Vermietungsumsätze direkt zuzuordnen sind (beispielsweise Fassadenreinigung), so hat der Vermieter die Vorsteuern gemäß § 15 Abs. 4 UStG aufzuteilen. Er kann dabei die nichtabziehbaren Teilbeträge im Wege einer sachgerechten Schätzung ermitteln (§ 15 Abs. 4 S. 2 UStG). Eine Ermittlung des nichtabziehbaren Teils der Vorsteuerbeträge nach dem Verhältnis der Umsätze ist nur dann zulässig, wenn keine andere wirtschaftliche Zurechnung möglich ist (§ 15 Abs. 4 S. 3 UStG).

Sofern der Leistungsempfänger keine ordnungsgemäße Eingangsrechnung besitzt, kann er die Vorsteuern entweder nicht oder nur eingeschränkt geltend machen.

---

165 Vgl. hierzu Rn. 316.

3. Teil. Übungsklausuren

Übungsklausur 1

Sachverhalt

Teil I

1. Der 20-jährige Willi Steiner ist bei der Ostrach Werbemittel-GmbH angestellt. Obwohl er der Neffe der alleinigen Gesellschafterin, Ina Ostrach-Winter ist, galt er bis November 2007 als ganz normaler Angestellter. Was er neben seinem Gehalt erhielt, hätte er auch ohne seine verwandtschaftliche Beziehung erhalten.

So verfügt er wie alle anderen Angestellten über einen VW Polo, den er auch privat nutzen darf. Das Fahrzeug hat die OW-GmbH für 11.000 € und damit um 1.000 € unter Listenpreis erworben. Benzin und Wartung werden von der OW-GmbH getragen (in 2007: 600 € Benzin und 300 € für Wartung). Es werden gegen Nachweis sogar Mautgebühren übernommen. Für seine Urlaube hat Willi so 200 € an Maut erstattet bekommen. Selbstverständlich darf er das Auto auch für die Fahrten von seiner 10 km entfernten Wohnung zur Arbeit benutzen (in 2007 insgesamt 200 Arbeitstage).

Wie sich erst im Januar 2008 herausgestellt hat, wurde der Überlassungsvertrag bei allen Angestellten vom nicht zur Vertretung der GmbH berechtigten Kfz-Betreuer unterschrieben. Die Geschäftsleitung heilte dies durch rückwirkende Genehmigung.

Im Dezember konnte Willi das Fahrzeug nicht mehr nutzen, weil er im November 2007 mit dem Fahrzeug einen Totalschaden verursacht hatte. Er war auf einer Feier eines besonderen Kunden »zu lange« geblieben. So übersah er ein Stoppschild und verursachte einen Unfall. Die Kaskoversicherung der GmbH verweigerte die Leistung für den Totalschaden, weil Willi im Unfallzeitpunkt unter erheblichen Alkoholeinfluss stand. Da die Anwesenheit und das »Mittrinken« bei der Feier im Sinne der GmbH war, verzichtete die GmbH, den Schaden von 8.000 € bei Willi geltend zu machen.

Es wurde ihm auch – wie allen Angestellten – zuhause ein EDV-Arbeitsplatz mit Internetzugang eingerichtet, den er auch privat nutzen darf. Der OW-GmbH kostet dies im Jahr 1.000 €. Die private Nutzung beträgt 30 %.

Wie alle Angestellten durfte er sich auch einen Artikel aus dem Katalog der OW-GmbH aussuchen. Willi wählte ein Karaffenset, das die Firma für 500 € anbietet. Der Einkaufspreis dafür beläuft sich auf 150 €.

Zudem konnte Willi ein Privatdarlehen von der Firma aufnehmen. Er musste nur 7 % statt der üblichen 9 % Zinsen (statt 2.700 € nur 2.100 €, Differenz also 600 €) bezahlen. Die Firma gewährt ausgewählten Firmenkunden bei entsprechender Abnahme von hochwertigen Artikeln entsprechende Zinsen für Ratenzahlungen.

2. Ende Dezember 2007 erhielt Willi eine »außerordentliche Leistungsprämie« i.H.v. 10.000 €. Diese Prämie wurde Willi wegen besonderer Verbundenheit zum Unternehmen gewährt. Er war nämlich seit November zu 20 % Anteilseigner der GmbH geworden. Nur Ina hatte gleichzeitig auch eine entsprechende Prämie i.H.v. 40.000 € erhalten.

Zu seinem Anteil kam Willi aufgrund der Erbauseinandersetzung über den Nachlass seines Großvaters Franz Ostrach.

Dieser war am 01.07.2007 verstorben und hinterließ als einziges Nachlassgut das Grundstück, auf dem das Bürogebäude stand, das die OW-GmbH nutzte. Franz Ostrach erwarb das bebaute Grundstück im Januar 2005 für 600.000 €, wobei 450.000 € auf das 1990 errichtete Gebäude

(Bauantrag 1989) entfielen. Er konnte den Kauf aus eigenen Geldmitteln bestreiten. Die OW-GmbH zahlte monatlich 3.000 € Miete an Ostrach.

Erbe des Franz Ostrach war zu zwei Drittel dessen einzige noch lebende Tochter Ina Ostrach-Winter, das andere Drittel erbte sein einziger Enkel Willi Steiner. Beide ließen zunächst die Verpachtung wie bisher laufen. Um die täglichen Geschäfte kümmerte sich Ina, die Miete der GmbH wurden jeweils nach Erbteilen direkt an Ina und Willi überwiesen.

Im Oktober zeichnete sich jedoch ab, dass im neuen Jahr einige Investitionen in das Gebäude nötig wurden. Da Willi über keinerlei hinreichende eigenen Geldmittel verfügte, einigte man sich darauf, das Erbe so zu teilen, dass mit Wirkung zum 01.11.2007 Ina das gesamte Grundstück übernahm und Willi dafür einen 20%-Anteil an der GmbH bekam, der einem Wert von 200.000 € entsprach. Die Notarkosten (je 1.600 €) übernahm Ina. Das Wertverhältnis zwischen Gebäude und Grund und Boden betrug weiterhin 3 : 1.

Bearbeitervermerk

zu 1. Stellen sie die steuerlichen Auswirkungen der einzelnen dargestellten Sachverhalte dar und begründen Sie diese.

zu 2. Welche Einkünfte und in welcher Höhe erzielt die Erbengemeinschaft von Ina und Willi durch die Überlassungen des Grundstücks an die OW-GmbH?

Welche Einkünfte und in welcher Höhe ergeben sich für Willi und Ina dadurch, dass Willi die Anteile erhält und Ina dafür das gesamte Grundstück übernimmt?

Welche Einkünfte und in welcher Höhe erzielt Ina in den Monaten November und Dezember aus den dargestellten Sachverhalten?

Wie wirkt sich die »außerordentliche Leistungsprämie« steuerlich für Willi aus?

Hinweise:

Die Ostrach Werbemittel GmbH war von Ina Ostrach-Winter im Jahr 2002 mit einem Stammkapital von 100.000 € gegründet worden.

Auf die Nebenkosten, die im Zusammenhang mit der Überlassung des Grundstücks entstehen, ist nicht einzugehen. Auf die Umsatzsteuer ist nicht einzugehen. Alle angegebenen Preise verstehen sich jeweils brutto gleich netto. Umsatzsteuer ist weder hinzu- noch abzurechnen. Ein Fahrtenbuch führt Willi Steiner nicht.

Teil II:

Der Einkommensteuerbescheid 2004 gegen Herrmann Fiedler wurde im September 2005 bestandskräftig veranlagt. Im Januar 2008 geht beim zuständigen Finanzamt Ebersberg eine einheitliche Feststellungserklärung ein, nach der sich negative Einkünfte aus einer Beteiligung i.H.v. 11.000 € ergeben. Der zuständige Beamte Maringer bemerkt, dass diese Einkünfte aus Sonderwerbungskosten in Form von Zinsaufwendungen resultieren, die bereits bei dessen eigenen Einkünften aus Vermietung und Verpachtung angesetzt wurden. Diese Zinsen waren schon damals erkennbar der Beteiligung zuzuordnen gewesen und waren von Fiedler richtig als der Beteiligung zugehörig erklärt worden.

Da der bisherige Fehler und die anzusetzenden Einkünfte sich ausgleichen, will Maringer von einer Änderung des Bescheids absehen.

Ein paar Tage später ruft Fiedler beim Finanzamt an und teilt mit, dass ihm die Beteiligungsverwaltung mitgeteilt hätte, dass ihm ein Verlust für 2004 von 11.000 € zustehe. Das Geld könne er gut gebrauchen.

Darauf eröffnet ihm Maringer, dass es mangels Änderung zu keiner Erstattung kommen werde. Das erzürnt Fiedler sichtlich. Im Rahmen des Telefonats weist Fiedler den Maringer aber darauf hin, dass er damals Betriebsausgaben von 20.000 € gar nicht erklärt hätte, weil sie nach damaliger Rechtslage nicht anerkannt worden wären. Durch die geänderte Rechtsprechung wäre ihm der zusätzliche Ansatz möglich. Er werde die Unterlagen nachreichen.

Als Anfang April die Unterlagen im Finanzamt eintreffen, bestätigen sich die Aussagen Fiedlers. Maringer meint aber dennoch, dass er nur die 11.000 € neu festgestellten Verlust geben könne, nicht zusätzlich den alten Aufwand. Er fertigt einen Bescheid, in dem er den zusätzlichen Verlust aus der Beteiligung von 11.000 € gewährt, ohne die Gegenkorrektur bei den bereits angesetzten Zinsen vorzunehmen.

Als er den Bescheid mit Versanddatum vom 07.04. am Donnerstag, den 10.04.2008 in seine Akte einordnen will, stellt Maringer fest, dass ihm beim Übertrag einen Zahlendreher passiert ist. Statt der geplanten Einkünfte aus Vermietung und Verpachtung von 87.000 € hatte er nur Einkünfte von 78.000 € eingetragen.

Er »beichtet« dies seinem Sachgebietsleiter. Der ist ziemlich erzürnt und meint, dass der Ursprungsbescheid überhaupt nicht hätte geändert werden dürfen und der Bescheid zumindest nun bis zur Ablauf der Rechtsbehelfsfrist wieder aufgehoben werden kann und muss.

Bearbeitervermerk

Sind die Auffassungen des Sachgebietsleiters richtig?

Lösung

Teil I

1. Die Angestelltentätigkeit des Willi Steiner

a) Einordnung der Tätigkeit

Die Tätigkeit des Willi Steiner bei der OW-GmbH führt zu Einkünften aus nichtselbstständiger Arbeit gemäß §§ 2 Abs. 1 Nr. 4, 19 EStG.

b) Die Einnahmen

Auch die Leistungen, die er neben seinem Barlohn erhielt, sind Gegenleistungen für die Zur-Verfügung-Stellung der Arbeitskraft und daher steuerbare Einnahmen gemäß § 8 EStG.

aa) Die Überlassung des Kfz

(1) Vertrag mit nahen Angehörigen

Die Überlassung des Fahrzeugs könnte aber aufgrund des Näheverhältnisses zu seiner Tante steuerlich als private Zuwendung behandelt werden. Dies insbesondere deshalb, weil der Überlassungsvertrag zivilrechtlich nicht wirksam war. Es kann hier dahingestellt bleiben, ob die Grundsätze für Verträge zwischen nahen Angehörigen auch dann Anwendung finden, wenn unmittelbarer Geschäftspartner nicht der nahe Angehörige (hier die Tante) ist, sondern eine Kapitalgesellschaft, die von dem nahen Angehörigen beherrscht wird.

Denn im vorliegenden Fall fehlt es lediglich an einem rechtswirksamen Vertrag, der steuerrechtlich auch nicht durch die Genehmigung geheilt werden kann. Tatsächliche Durchführung und Drittvergleich sind hier tatbestandlich erfüllt. Die fehlende Rechtswirksamkeit ist aber nur ein Indiz dafür, dass es an einem wirtschaftlich veranlassten Leistungsaustausch fehlt. Dieses Indiz wird hier dadurch widerlegt, dass das zivilrechtlich schädliche Verhalten auch gegenüber fremden Dritten in gleicher Weise ausgeübt wurde.

Die Überlassung ist daher durch das Arbeitsverhältnis selbst veranlasst und führt zu Arbeitslohn.

(2) Bewertung der Nutzung

Die Nutzung eines betrieblichen Kfz durch Arbeitnehmer ist gemäß § 8 Abs. 2 S. 2 i.V.m. § 6 Abs. 1 Nr. 4 S. 2 EStG für jeden Kalendermonat der Nutzung mit 1 % des inländischen Bruttolistenpreises anzusetzen. Auf die Anschaffungskosten für das Fahrzeug kommt es dabei nicht an.

Willi hat daher zunächst einen geldwerten Vorteil i.H.v. 11 × 1 % von 12.000 € = 1.320 €.

Dieser Vorteil erhöht sich gemäß § 8 Abs. 2 S. 3 EStG für jeden Kalendermonat um 0,03 % des Bruttolistenpreises pro Entfernungskilometer der Fahrten Wohnung – Arbeitsstätte.

Das sind 0,03 % von 12.000 € = 3,60 €. Bei 10 Entfernungskilometer, also 36 € im Monat, für Januar bis November also weitere 396 € an Einnahmen.

(3) Umfang der Pauschalierung

Die 1 %-Regelung umfasst alle Leistungen, die mit dem Zur-Verfügung-Stellen des Fahrzeuges in Verbindung stehen, also auch die Übernahme der Benzin- oder Wartungskosten. Nicht umfasst ist aber die Zahlung der privaten Mautkosten. Der Arbeitslohn erhöht sich daher um weitere 200 €.

bb) Der Verzicht auf den Schadenersatz

Der Verzicht des Arbeitgebers auf die Geltendmachung einer aus einem Verkehrsunfall herrührenden Schadenersatzforderung gegen den Arbeitnehmer stellt eine Vermögensmehrung dar, die als Arbeitslohn zu erfassen ist.

Dieser Verzicht auf die Schadenersatzforderung ist auch nicht von der 1%-Regelung erfasst. Zum einen ist der Schaden anlässlich einer beruflichen Fahrt eingetreten, zum anderen sind für den Bereich der Arbeitnehmer nur solche Kosten abgegolten, die unmittelbar dem Halten und dem Betrieb des Fahrzeugs zu dienen bestimmt sind und im Zusammenhang mit seiner Nutzung typischerweise anfallen. Dazu zählen anders als bei § 6 Abs. 1 Nr. 4 EStG Unfallkosten nicht.

cc) Die private Nutzung des EDV-Arbeitsplatzes
Die private Nutzung des EDV-Arbeitsplatzes ist gemäß § 3 Nr. 45 EStG steuerfrei.

dd) Das Karaffenset
Das Karaffenset ist ein geldwerter Vorteil. Da dieses Set zum üblichen Angebot der OW-GmbH gehört, handelt es sich um eine Ware, die die arbeitgebende GmbH nicht überwiegend für seine Arbeitnehmer vertreibt. Die Bewertung dieser geldwerten Leistung richtet sich daher nach § 8 Abs. 3 EStG. Maßgeblich ist zunächst der Endpreis am Abgabeort, nicht der Einkaufspreis, hier also 500 €. Dieser Betrag ist um 4 % (= 20 €) auf 480 € zu mindern. Da Willi dafür nichts zahlen musste, entspricht dieser Betrag seinem Vorteil. Da dieser Betrag unter dem Freibetrag von 1.080 € gemäß § 8 Abs. 3 S. 2 EStG liegt, erhöht diese Zuwendung die Einkünfte nicht.

ee) Das Privatdarlehen
Ein geldwerter Vorteil liegt auch in der Differenz der verlangten zu den marktüblichen Zinsen für das Privatdarlehen. Eine Bewertung des Vorteils nach § 8 Abs. 3 EStG würde voraussetzen, dass eine solche Zinsgewährung zur Produktpalette der OW-GmbH gehört. Zwar gewährt ausweislich des Sachverhalts die OW-GmbH unter bestimmten Voraussetzungen entsprechende Zinskonditionen für Ratenzahlungen. Aus diesem Verhalten lässt sich jedoch kein produktmäßiges Anbieten von Privatdarlehen herleiten. Die OW-GmbH ist kein Finanzdienstleister, sondern Händler. Die Gewährung von Krediten gehört nicht zum üblichen Geschäft. Die Ausreichung von Privatkrediten an Angestellte beurteilt sich daher ausschließlich nach § 8 Abs. 2 EStG. Der Zinsvorteil i.H.v. 600 € ist daher ungeschmälert Teil der Einnahmen aus nichtselbstständiger Arbeit.

2. Die Überlassung des Grundstücks durch die Erbengemeinschaft

a) Bestimmung der Einkunftsart
Die Überlassung eines Grundstücks gegen Entgelt erfüllt grundsätzlich den Tatbestand der Vermietung und Verpachtung gemäß § 21 Abs. 1 Nr. 1 EStG. Gemäß § 21 Abs. 3 EStG wird diese Einkunftsart aber durch gewerbliche Einkünfte verdrängt. Dies ist dann der Fall, wenn die Überlassung den Tatbestand einer Betriebsaufspaltung erfüllt.

Durch den Erbfall geht das Grundstück im Wege der Rechtsnachfolge auf Ina und Willi als Erbengemeinschaft über. Das Grundstück wird durch die OW-GmbH genutzt. Es handelt sich daher um eine wesentliche Betriebsgrundlage für die GmbH. Die Erbengemeinschaft und die GmbH sind daher sachlich miteinander verflochten.

Ina ist an der Grundstücksgemeinschaft zu zwei Drittel, an der GmbH sogar zu 100 % beteiligt. Sie kann daher beide Unternehmen beherrschen. Es handelt sich somit um eine personelle Verflechtung im Sinne einer Beherrschungsidentität. Zwar müssen in einer Erbengemeinschaft Entscheidungen grundsätzlich einstimmig getroffen werden. Diese hindert aber eine Beherrschungsidentität nicht, wenn für die Geschäfte des täglichen Lebens das Prinzip der Einstimmigkeit nicht gelebt wird.

Ina und Willi erzielen daher als Erbengemeinschaft Einkünfte aus Gewerbebetrieb. Sie sind Mitunternehmer i.S.d. § 15 Abs. 1 Nr. 2 EStG.

b) Die Gewinnermittlungsmethode
Die Erbengemeinschaft ist nach Handelsrecht nicht verpflichtet zu bilanzieren. Entsprechend ergibt sich keine derivative Buchführungspflicht gemäß § 140 AO. Mangels Aufforderung durch das Finanzamt gemäß § 141 AO scheidet auch eine originäre steuerrechtliche Buchführungspflicht aus. Da laut Sachverhalt auch tatsächlich keine Bücher geführt werden, kann der Gewinn gemäß § 4 Abs. 3 EStG ermittelt werden.

c) Die Betriebseinnahmen
Die von der GmbH gezahlten Mieten sind Betriebseinnahmen. Bis zur Auflösung der Gemeinschaft wurden 4 × 3.000 € = 12.000 € Betriebseinnahmen erzielt.

d) Die Betriebsausgaben

Soweit durch die Überlassung laufende Kosten entstehen, ist laut Bearbeitervermerk nicht darauf einzugehen. Da die Immobilie voll eigenfinanziert wurde, sind auch keine Zinsen durch den Erwerb entstanden.

Die Betriebsausgaben für die Überlassung resultieren deshalb ausschließlich aus den Absetzungen für Abnutzung für die Immobilie selbst.

aa) Die Einlage des Grundstücks

Das Grundstück wurde bisher von Franz an die GmbH vermietet. Dabei erzielte er Einkünfte aus Vermietung und Verpachtung. Das Grundstück war deshalb bisher Privatvermögen. Franz vererbte Ina und Willi deshalb ein Wirtschaftsgut des Privatvermögens.

Durch die Entstehung der Betriebsaufspaltung wird das Grundstück für Einkünfte aus Gewerbebetrieb genutzt. Es handelt sich deshalb nun um notwendiges Betriebsvermögen. Das Grundstück wurde daher von Ina und Willi in diesen Gewerbebetrieb eingelegt.

bb) Die AfA-Bemessungsgrundlage

Die AfA ermittelt sich deshalb aus dem Einlagewert gemäß § 6 Abs. 1 Nr. 5 EStG. Durch den Erbfall sind Ina und Willi in die Rechtsposition von Franz eingetreten. Ihnen wird die gesamte Rechtsposition des Franz zugerechnet.

Franz hat das Grundstück im Januar 2005 erworben. Zum Einlagezeitpunkt am 01.07.2007 waren deshalb noch nicht mehr als drei Jahre vergangen. Der Einlagewert bestimmt sich daher aus den Anschaffungskosten abzüglich der seit dem Kauf eingetretenen AfA.

Die Anschaffungskosten für das Gebäude ermitteln sich aus dem Kaufpreis für das Grundstück abzüglich dem Anteil für Grund und Boden. Laut Sachverhalt sind das 450.000 €.

Das Grundstück war Privatvermögen, das Gebäude nach 1924 errichtet. Die AfA bestimmt sich daher gemäß § 7 Abs. 4 Nr. 2a EStG mit 2 % der Anschaffungskosten. Das sind 9.000 € pro Jahr.

Die Nutzung begann im Januar 2005 und endete im Juni 2007. Das sind 2,5 Jahre. Die Gesamt-AfA beträgt daher 22.500 €. Der Einlagewert ermittelt sich daher mit 427.500 €.

cc) Die AfA für Juli bis Oktober

Mit der Einlage wurde das Gebäude Betriebsvermögen. Da das Gebäude nicht für Wohnzwecke genutzt wurde und der Bauantrag nach dem 31.03.1985 gestellt wurde gilt nun die AfA-Methode gemäß § 7 Abs. 4 Nr. 1 EStG. Ina und Willi können daher 3 % des Einlagewerts als AfA geltend machen.

3 % von 427.500 € sind 12.825 € für das gesamte Jahr. Für die Nutzung für die Zeit von Juli bis Oktober fallen davon 4/12 = 4.275 € an.

Durch die Überlassung erzielt die Erbengemeinschaft daher Einkünfte aus Gewerbebetrieb i.H.v.

Betriebseinnahmen	12.000 €
./. Betriebsausgaben	./. 4.275 €
Gewinn nach § 4 Abs. 3 EStG	7.725 €

3. Die Auflösung der Erbengemeinschaft

a) Auswirkung für Willi

Durch den Tausch des Anteils an der Erbengemeinschaft gegen den GmbH-Anteil wird das Erbe des Franz auseinandergesetzt. Für die Erbauseinandersetzung gilt das Prinzip der Unentgeltlichkeit, soweit im Wege der Realteilung auseinandergesetzt wird. Der Anteil an der GmbH, den Willi erhält, war aber bisher nicht Teil des Nachlasses. Die Überlassung hat daher den Charakter einer Ausgleichszahlung. Willi hat deshalb seine mitunternehmerische Stellung entgeltlich an Ina übertragen. Als Entgelt hat er dafür den Anteil an der GmbH erhalten.

Keine Entgelt für die Übertragung ist indes die »außerordentliche Leistungsprämie«. Dies ergibt sich schon daraus, dass die Leistungsprämie von der GmbH nicht von Ina erbracht wird. Die Leistungsprämie wird auch nicht »für Ina« von der GmbH erbracht, da diese einen ihrem Anteil entsprechenden gleich hohen Betrag erhält. Zudem ist Willi im Zeitpunkt des Vermögens bereits Eigentümer des Anteils. Die Prämie mindert den Vermögenswert des Anteils, sodass ihm nichts von einer dritten Person zufließt, sondern nur sein eigenes Vermögen umgegliedert wird.

Da Willi bisher Mitunternehmer war, handelt es sich um die Veräußerung eines Mitunternehmeranteils gemäß § 16 Abs. 1 Nr. 2 EStG.

Der Gewinn ermittelt sich gemäß § 16 Abs. 2 EStG.

Der Veräußerungspreis entspricht dem Wert des erhaltenen GmbH-Anteils. Das sind laut Sachverhalt 200.000 €.

Der Wert des Betriebsvermögens (BV) ist der Anteil des Willi an der gewerblichen Grundstücksgemeinschaft. Dieser besteht aus dem Wert des Gebäudes zuzüglich des Werts an dem Grundstück.

Der Gebäudewert ergibt sich aus dem Einlagewert abzüglich der AfA für die Nutzung zwischen Juli und September.

Einlagewert	425.000 €
./. AfA	./. 4.275 €
»Buchwert«	420.725 €

Hinzu kommt der Einlagewert des Grund und Bodens. Dieser ermittelt sich nach § 6 Abs. 1 Nr. 5 EStG aufgrund der Anschaffung durch Franz innerhalb von drei Jahren vor Einlage bei einem nicht abnutzbaren Wirtschaftsgut mit den Anschaffungskosten. Da von dem

Kaufpreis von	600.000 €
auf das Gebäude	./. 450.000 €
entfielen, verbleiben	150.000 €

für den Grund und Boden. Der Wert des Betriebsvermögens i.S.d. § 16 Abs. 2 EStG beträgt daher 570.725 €. Davon entfällt auf Willi ein Drittel, das sind 190.241,66 €.

Da Ina die Notarkosten übernahm, entstanden keine Veräußerungskosten. Der Gewinn nach § 16 Abs. 2 EStG ermittelt sich daher wie folgt:

Veräußerungspreis	200.000 €
./. Wert des BV	./. 190.241,66 €
Gewinn nach § 16 Abs. 2 EStG	9.758,34 €

b) Auswirkung für Ina

Durch die Entstehung der Betriebsaufspaltung dienten die Anteile an der GmbH nun auch den gewerblichen Einkünften aus der Vermietung. Die GmbH-Anteile wurden dadurch Sonderbetriebsvermögen der Ina. Bisher waren die Anteile Privatvermögen. Sie wurden deshalb in das Betriebsvermögen eingelegt.

Bei den Anteilen handelt es sich aber um Anteile i.S.d. § 17 Abs. 1 S. 1 EStG, da Ina zu mindestens 1 % an der OW-GmbH beteiligt war. Der Einlagewert bestimmt sich daher nicht nach dem Teilwert, sondern nach den ursprünglichen Anschaffungskosten. Da Ina die OW-GmbH selbst gegründet hat, entsprechen die Anschaffungskosten dem Stammkapital von 100.000 €.

Durch die Übertragung dieser Anteile an Willi gegen die Übernahme des Grundstücks verwendet Ina die Anteile als Entgelt und veräußert sie insoweit. Sie erzielt dadurch einen laufenden Gewinn in Höhe des erzielten Entgelts gegenüber dem anteiligen Einlagewert.

Das Entgelt ist der Wert des übernommenen Mitunternehmeranteils. Das entspricht dem Veräußerungspreis, den Willi dafür erzielt hat. Ina hat dadurch einen Ertrag i.H.v. 200.000 €.

Es entsteht ihr insoweit Aufwand, als sie durch die Übertragung 20 % der Anteile an Willi verliert. Der Buchwert dieser Anteile sind 20 % der Anschaffungskosten von 100.000 €, also 20.000 €.

Sie erzielt folgenden laufenden Gewinn:

Wert des erhaltenen BV	200.000 €
./. Buchwert der Anteile	./. 20.000 €
Gewinn	180.000 €

Für die Veräußerung der Anteile gilt § 3 Nr. 40a, sodass nur 100.000 € steuerpflichtig sind; entsprechend sind die Buchwerte der Anteile gemäß § 3c Abs. 2 nur zur Hälfte gewinnwirksam.

Der Gewinn reduziert sich damit auf 90.000 €.

Die Anschaffungskosten für das Grundstück mindern sich durch die Steuerfreiheit der Erträge nicht.

4. Einkünfte der Ina aus der Überlassung im November und Dezember

Durch die Übernahme des Anteils an der Erbengemeinschaft wird die Mitunternehmerschaft von Ina und Willi zwar beendet, die sachliche und personelle Verflechtung zwischen Grundstück und GmbH bleibt aber bestehen. Ina verfügt nun über 80 % an der Betriebsgesellschaft und über das gesamte Besitzunternehmen, sodass es bei ihrer Beherrschungsidentität verbleibt.

Gemäß § 6 Abs. 5 S. 1 EStG überführt sie ihre Wirtschaftsgüter aus der Mitunternehmerschaft mit den Buchwerten in das Einzelunternehmen »Grundstücksüberlassung«. Soweit sie das Grundstück durch Hingabe der GmbH-Anteile erworben hat, entstehen ihr eigene Anschaffungskosten.

a) Betriebseinnahmen
Als Betriebseinnahmen sind einerseits die Mieten i.H.v. 2 × 3.000 € = 6.000 € anzusetzen.

Da die Anteile aber durch die Betriebsaufspaltung Betriebsvermögen wurden, sind auch Gewinnausschüttungen als Betriebseinnahmen anzusetzen. Eine »außerordentliche Leistungsprämie«, die ausschließlich an Anteilseigner ausgereicht wird, ist eine Vermögensminderung, die gesellschaftlich veranlasst ist und nicht in einem Zusammenhang mit einer offenen Gewinnausschüttung steht.

Es handelt sich daher um eine verdeckte Gewinnausschüttung. Der Betrag von 40.000 € ist daher eine Betriebseinnahme. Sie ist aber gemäß § 3 Nr. 40a EStG nur zur Hälfte steuerpflichtig. Der steuerpflichtige Gewinn wird also nur um 20.000 € erhöht.

b) Betriebsausgaben
Als Betriebsausgaben kann Ina wie bisher die AfA für das Gebäude ansetzen. Dabei ist aber zu beachten, dass das Gebäude nun anteilig von Willi angeschafft wurde.

Der »Kaufpreis« für das Grundstück entspricht dem Wert des hingegebenen Anteils an der GmbH. Das sind – wie gezeigt – 200.000 €. Zu den Anschaffungskosten zählen aber auch die Anschaffungsnebenkosten. Das sind hier die Kosten für den Notar, soweit sie auf die Grundstücksübertragung entfallen. Insgesamt entstanden so Anschaffungskosten von 201.600 €. Davon betrafen das Gebäude 3/4, also 151.200 €.

Vom Einlagewert des Gebäudes von 427.500 € entfielen auf Ina zwei Drittel = 285.000 €. Die gesamte Bemessungsgrundlage des Gebäudes bemisst sich damit mit 436.200 €.

Wie bereits gezeigt ist der AfA-Satz hier gemäß § 7 Abs. 4 Nr. 1 EStG mit 3 % bemessen. Die neue Jahres-AfA beläuft sich damit auf 13.086 €. Für die Monate November und Dezember sind davon 2/12 = 2.181 € anzusetzen.

c) Gewinn
Der Gewinn ermittelt sich daher wie folgt:

Betriebseinnahmen (steuerpflichtig)	26.000 €
./. Buchwert der Anteile	./. 2.181 €
Gewinn	23.819 €

5. Die Prämie für Willi

Willi ist durch die Übertragung seiner Anteile an der Erbengemeinschaft nicht mehr Mitunternehmer. Das Halten der Anteile an der OW-GmbH ist private Vermögensverwaltung.

Die »außerordentliche Leistungsprämie« ist wie bereits für Ina gezeigt auch für Willi eine verdeckte Gewinnausschüttung. Sie ist auch kein Entgelt für die Übertragung des Mitunternehmeranteils, sondern eine verdeckte Gewinnausschüttung gemäß § 20 Abs. 1 Nr. 1 EStG.

Von den erhaltenen 10.000 € sind aber gemäß § 3 Nr. 40d EStG nur 50 % steuerpflichtig. Die steuerpflichtigen Einnahmen i.H.v. 5.000 € werden um die Werbungskostenpauschale von 51 € gemäß § 9a Nr. 2 EStG und den Sparer-Freibetrag von 750 € gemäß § 20 Abs. 4 EStG gemindert. Die Einkünfte aus Kapitalvermögen belaufen sich damit auf 4.199 €.

Teil II

1. Hätte der Ursprungsbescheid noch geändert werden dürfen?

Der Einkommensteuerbescheid 2004 war bereits bestandskräftig. Er konnte deshalb nur geändert werden, sofern auch ein verfahrensrechtlicher Änderungstatbestand erfüllt ist.

Im vorliegenden Fall ist § 175 Abs. 1 Nr. 1 EStG erfüllt, da der Feststellungsbescheid ein Grundlagenbescheid für den Einkommensteuerbescheid ist. Das Einkommen des Bescheids war daher um 11.000 € zu mindern.

Allerdings ist auch der bereits enthaltene Zinsansatz von 11.000 € bei den eigenen Einkünften aus Vermietung und Verpachtung materiell fehlerhaft. Als Korrekturvorschrift kommt hier § 174 Abs. 2 AO in Betracht. Die Zinsaufwendungen wurden nämlich sowohl im Feststellungsbescheid als auch im Einkommensteuerbescheid angesetzt. Damit wurde derselbe Sachverhalt in zwei Bescheiden zugunsten (einkünftemindernd) des Fiedler festgesetzt. Gemäß § 174 Abs. 2 AO setzt eine Änderung aber voraus, dass die Berücksichtigung auf einen Antrag oder eine Erklärung des Steuerpflichtigen zurückzuführen ist.

Laut Sachverhalt ging die Aufnahme auf eine fehlerhafte Auslegung der Erklärung des Fiedler zurück. Dieser Fehler kann aber nicht im Rahmen des § 174 Abs. 2 AO zu einer Durchbrechung der Bestandskraft führen. Eine richtige Steuererklärung schließt eine Änderung nach § 174 Abs. 2 AO aus.

Die neu eingereichten Unterlagen zu den bisher unbekannten Betriebsausgaben könnten eine neue Tatsache im Sinne des § 173 Abs. 1 Nr. 2 AO darstellen. Eine Durchbrechung der Bestandskraft scheitert hier aber unabhängig von der Frage, ob das späte Vorbringen schuldhaft ist, da der vorgetragene Sachverhalt beim Erlass des Bescheids nicht entscheidungserheblich war. Es handelt sich daher um keine neue Tatsache im Sinne dieser Vorschrift.

Auch die Änderung der Rechtsprechung selbst ist keine neue Tatsache nach § 173 AO.

Die Bestandskraft wird daher nur durch den Grundlagenbescheid durchbrochen.

Bei der dadurch möglichen Änderung des Einkommensteuerbescheids 2004 sind aber gemäß § 177 AO auch materielle Fehler zu berücksichtigen. Insgesamt könnte die Steuer auf Grundlage eines um bis zu 11.000 € niedrigeren Einkommens festgesetzt werden.

Gleichzeitig sind aber noch materielle Fehler i.H.v. + 11.000 € (doppelter Zinsaufwand) und von ./. 20.000 € (neue Betriebsausgaben) vorhanden. Die richtige Steuer würde daher aus einem Einkommen berechnet, das 20.000 € niedriger ist.

Da aber nur für eine Minderung des Einkommens von 11.000 € Korrekturtatbestände erfüllt sind, wäre der Bescheid auf einem um 11.000 € niedrigerem Einkommen zu ermitteln gewesen.

2. Was muss mit dem »Zahlendreher«-Bescheid geschehen?

Der Einkommensteuerbescheid wurde am 07.04.2008 versandt. Dieser Bescheid gilt daher mit Ablauf des dritten Tages gemäß § 122 Abs. 2 EStG als bekanntgegeben. Mit Bekanntgabe ist bereits materielle Bestandskraft eingetreten. Das Finanzamt kann den Bescheid nur aufheben oder ändern, wenn eine Änderungs- oder Berichtigungsvorschrift erfüllt ist.

Gegenüber dem »gewollten« Bescheid unterscheidet sich der bekanntgegebene Bescheid durch einen Zahlendreher, der das Einkommen um 9.000 € niedriger als gewollt festsetzt.

Bei einem Zahlendreher handelt es sich um einen mechanischen Fehler beim Erlass des Bescheids. Da bei Hinzuziehung der Akte offensichtlich wird, dass ein Rechtsfehler ausgeschlossen ist, handelt es sich um eine offenbare Unrichtigkeit im Sinne des § 129 AO. Der Änderungsbescheid kann insoweit berichtigt werden.

Bei dieser Berichtigung ist im Wege der Ermessensausübung zu beachten, dass Ziel des Verfahrensrechts die Festsetzung der materiell richtigen Steuer ist. Wie oben gezeigt, wäre die materiell richtige Steuer aufgrund eines Einkommens zu berechnen gewesen, das nicht nur wie geplant um 11.000 €, sondern um 20.000 € niedriger ist, als das zunächst festgesetzte Einkommen. Das sind exakt die 9.000 €, die nun durch den ungewollten Zahlendreher weniger angesetzt wurden. Durch den Zahlendreher wurde deshalb ungewollt die richtige Steuer festgesetzt. Es wäre daher ermessensfehlerhaft, diesen Bescheid zu berichtigen.

Der Bescheid kann daher nicht mehr aufgehoben werden.

Übungsklausur 2

Sachverhalt

Der ledige Rupprecht Konzell ist seit dem 01.06.2006 selbstständiger Unternehmensberater mit eigenen Kanzleiräumen in Germering. Davor war er bei der Unternehmensberatungsgesellschaft Neuroth & Ochsenbach AG angestellt.

Am Donnerstag, den 07.06.2007 ging bei Rupprecht sein Einkommensteuerbescheid 2006 ein, der eine Steuer von 30.000 € festsetzte. Den am 06.06.2007 zur Post gegebenen Bescheid brachte Rupprecht am 08.06.2007 noch zu seinem Steuerberater Schwarzberger. Dieser war ziemlich erzürnt darüber, dass der Bescheid unmittelbar an Rupprecht geschickt worden war, weil auf der Erklärung ausdrücklich eine Empfangsvollmacht an Schwarzberger erteilt worden war.

Er telefoniert deshalb am 15.06.2007 mit dem Bearbeiter des Finanzamts und teilte diesem mit, dass der Bescheid wegen fehlerhafter Adressierung nichtig sei und erneut zugestellt werden müsste. Der zuständige Finanzbeamte schrieb daraufhin dem Berater, dass die Postleitzahl schlecht leserlich geschrieben war, weshalb man davon abgesehen habe, den Bescheid an den Steuerberater zu übersenden. Im Übrigen sei der Bescheid ja in Ordnung, sodass man sich nicht an solchen Formalien festhalten solle.

Das erzürnte Schwarzberger so sehr, dass er am Mittwoch, den 11.06.2007 den Amtsleiter des Finanzamts aufsuchte, um sich über den Bearbeiter zu beschweren. Im Beisein des Geschäftsstellenleiters trug er vehement nochmals vor, weshalb der Bescheid ihm hätte zugehen müssen und dass man nicht durch mündliche Begründung einen nichtigen Bescheid wieder wirksam machen könnte. Um den Streit die Spitzen zu nehmen, ließ der Amtsleiter vom Geschäftsstellenleiter ein Protokoll aufnehmen, in dem alle Vorwürfe und die Nichtigkeitsgründe aufgeführt wurden. Amtsleiter und Schwarzberger unterzeichneten das Protokoll und Schwarzberger erhielt eine Kopie.

Im Ergebnis kam man überein, dass der Bescheid als gültig betrachtet werden soll, dafür verlängerte der Amtsleiter die Einspruchsfrist bis Ende August 2007. Bis dahin sollte Schwarzberger aber auch mitteilen, was ihm inhaltlich am Steuerbescheid nicht gefiel.

Am 30.08.2007 ging ein Schreiben beim Finanzamt ein, in dem Schwarzberger darlegte, welche Abweichungen von der Erklärung nicht akzeptiert werden könnten. Im Einzelnen waren dies folgende Punkte:

1. Rupprecht hatte im März 2003 einen Schreibtisch für 4.000 € angeschafft, um sich auf seine Abschlussprüfungen vorzubereiten. Ende Oktober 2004 schloss er sein Betriebswirtschaftsstudium mit Erfolg ab, das er unmittelbar nach seinem Abitur begonnen hatte. Schon ab November 2004 wurde er bei Neuroth & Ochsenbach AG angestellt. Er nutzte den in einem häuslichen Arbeitszimmer untergebrachten Schreibtisch seither für abendliche Vorbereitungsarbeiten für seine Tätigkeit. Den überwiegenden Teil seiner Arbeit verbrachte er zunächst in seinem Büro bei Neuroth & Ochsenbach, anschließend in den neuen Kanzleiräumen.

Rupprecht, der die größtmögliche AfA geltend machen will, ist sich mit dem Finanzamt einig, dass die Nutzungsdauer des Schreibtisches grundsätzlich zehn Jahre ist, die Restnutzungsdauer sich durch die neue Tätigkeit nicht verändert hat und ein fremder Dritter im Juli noch 3.000 € für den Schreibtisch gezahlt hätte. Über die maximal mögliche Abschreibung und den Zuordnung zu den Tätigkeit weichen die Vorstellungen auseinander. Rupprecht begehrt 400 € AfA als Werbungskosten und weitere 900 € AfA als Betriebsausgabe, das Finanzamt will überhaupt keine AfA anerkennen, weil der Schreibtisch als Ausstattung vom Abzugsverbot für Arbeitszimmer erfasst sei.

2. Rupprecht hat im Dezember 2006 einen gebrauchten Pkw (Restnutzungsdauer drei Jahre) gekauft. Das Auto mit einem Listenpreis von 40.000 € konnte er für 18.000 € kaufen. Zu den 10 km entfernten Kanzleiräumen fuhr er im Dezember noch insgesamt 20 Mal. Im Rahmen des Einspruchsverfahren hat er penibel genau rekonstruiert, dass er von den gesamten im Dezember gefahrenen 1000 km außer diesen 200 km überhaupt nur 50 km privat gefahren ist. Da dies weniger als 10 % sind, ging er davon aus, dass diese untergeordnete privaten Nutzung unbeachtlich bleibt.

Für den Kauf hat er ein Darlehen bei seiner Hausbank aufgenommen (Laufzeit zwei Jahre). Dabei wurde ihm mit Auszahlung eine Rückzahlungsverpflichtung von 19.000 € auf ein eigenes Darlehenskonto verbucht. Zudem erhielt er am 12.01.2007 einen Kontoauszug seines laufenden Geschäftskontos, aus dem er entnahm, dass ihm mit Datum 31.12.2006 für das Darlehen ein Betrag von 1.200 € abgebucht wurde. Seine Darlehensschuld betrug zu diesem Zeitpunkt 18.000 €.

Die Versicherungsprämie von 800 € für das Fahrzeug hatte er auf seinem Rechner per homebanking kurz vor der Silvesterfeier abgeschickt. Die Prämie für die Zeit von 01.12.2006 bis 30.11.2007 wurde ihm erst am 11.01.2007 auf dem Konto belastet.

Rupprecht möchte eine AfA von 6.000 €, Zinsen von 1.200 € und die Versicherungsprämie von 800 € als Betriebsausgaben ansetzen. Das Finanzamt hat aus dem gesamten Vorgang seinen Gewinn nur um 1.040 € gemindert.

3. Im Dezember 2005 war ihm von seinem Arbeitgeber eine Option auf den Erwerb von Aktien an der Neuroth & Ochsenbach AG angeboten worden. Danach konnte er ab April 2006 50 Aktien zu einem Preis von 3.000 € erwerben. Der Wert der Aktien betrug im Dezember 2005 6.000 €. Ende April 2006 war der Wert auf 7.000 € gestiegen. Rupprecht übte am 03.05.2006 die Option aus.

Am 25.05.2006 beschloss die Hauptversammlung der AG eine Ausschüttung. Der Betrag von insgesamt 400 € wurde aber nicht mehr Rupprecht, sondern seinem Kollegen Friedrich Ottl gutgeschrieben, dem er die Aktien für 6.800 € am 28.05.2006 veräußerte.

Rupprecht ist der Auffassung, dass in 2006 dies keinerlei Auswirkungen auf sein Einkommen hat. Das Finanzamt hatte im Bescheid das Einkommen durch diese Vorgänge um insgesamt 5.950 € erhöht.

4. Rupprecht wurde im Oktober 2006 mit der Untersuchung und Beratung der Wirtschaftsbetriebe der Partei »Die Lilanen« beauftragt. Es war ein Honorar von 3.000 € mit der Partei vereinbart worden. Anfang Dezember hatte er die Arbeiten samt Bericht abgeschlossen. Die abschließende Besprechung fand am Rande des Parteitag der Lilanen statt. Dabei wurde der Geschäftsführer Meier auf Platz eins der Wahlliste gewählt. Weil sich Meier während der Untersuchung ein sehr großes Ansehen bei Rupprecht erworben hatte, beschloss er spontan auf das vereinbarte Honorar zu verzichten, damit der Wahlkampf der Partei besser finanziert werden konnte.

Im Steuerbescheid wurde die geltend gemachte Sonderausgabe von 3.000 € nicht anerkannt. Weitere Folgerungen wurden nicht gezogen.

Bearbeitervermerk

Es ist ein Gutachten zu fertigen, das auf die verfahrensrechtlichen und materiellen Fragen eingeht. Auf den Sachbericht wird verzichtet.

Nicht einzugehen ist auf § 19a EStG. Es ist grundsätzlich davon auszugehen, dass Pauschalen und Freibeträge durch andere Einnahmen und Aufwendungen bereits ausgeschöpft wurden. Alle Beträge wirken sich bei Rupprecht mit einem Steuersatz von 40 % aus. Auf Umsatzsteuer und Solidaritätszuschlag ist nicht einzugehen. Die Lilanen sind eine anerkannte Partei i.S.d. Parteiengesetzes. Formalvorausetzungen sind grundsätzlich als erfüllt zu betrachten.

Es kann unterstellt werden, dass die Darlehensbedingungen in jeder Hinsicht angemessen sind.

Lösung

A. Zulässigkeit eines Einspruchs

1. Statthaftigkeit

Gegenstand des Streits ist der Einkommensteuerbescheid 2006. Dagegen ist gemäß § 347 AO der Einspruch statthafter Rechtsbehelf.

2. Frist

Ein Einspruch ist gemäß § 355 Abs. 1 AO innerhalb einer Frist von einem Monat nach Bekanntgabe einzulegen.

Der Bescheid wurde am 06.06.2007 zur Post gegeben. Er gilt gemäß § 122 Abs. 2 Nr. 1 AO mit einer Frist von drei Tagen als bekanntgegeben, wenn er nicht erst später tatsächlich zugeht.

Der Bescheid ist gemäß § 122 Abs. 1 AO demjenigen bekanntzugeben, für den er bestimmt ist. Adressat des Bescheids war der Steuerschuldner Konzell. Es ist nicht ersichtlich, dass im Bescheid eine andere Person als Adressat bezeichnet wurde.

Nach § 122 Abs. 1 S. 3 AO kann der Bescheid aber auch gegenüber einem Bevollmächtigten bekanntgegeben werden. Die Ausübung dieses Ermessens zugunsten einer Bekanntgabe an den Adressaten selbst ist dann fehlerfrei, wenn keine Empfangsvollmacht für den Bevollmächtigten vorliegt. Laut Sachverhalt wurde in der Erklärung ausdrücklich eine Empfangsvollmacht an den Steuerberater Schwarzberger ausgesprochen. Die schlecht leserlich geschriebene Postleitzahl allein rechtfertigt indes nicht, den in der Empfangsvollmacht ausgesprochenen Willen des Steuerpflichtigen zu negieren. Richtiger Empfänger des Bescheids ist daher der Steuerberater Schwarzberger. Die Bekanntgabe direkt an Konzell ist daher ermessensfehlerhaft.

In entsprechender Anwendung von § 8 VwZG wird dieser Bekanntgabemangel aber dadurch geheilt, dass der Bescheid dem richtigen Empfänger tatsächlich zugeht. Durch die Übergabe des Bescheids von Konzell an Schwarzberger am 08.06.2007 wurde der Bekanntgabefehler geheilt.

Der Bekanntgabezeitpunkt ist aber nur dann der tatsächliche Zugang, wenn dieser später als die gesetzlich vermutete Bekanntgabe geschah.

Die drei Tage nach Aufgabe zur Post am 06.06.2007 enden erst am 09.06.2007. Dies war ein Samstag. Da nach neuerer Auffassung die drei Tage eine Frist i.S.d. § 108 AO darstellen, verschob sich der Bekanntgabezeitpunkt gemäß § 108 Abs. 3 AO auf den nächstfolgenden Werktag. Das war aber erst Montag, der 11.06.2007. Erst an diesem Tag gilt der Bescheid als bekanntgegeben.

Die Frist endet einen Monat später mit Ablauf des 11.07.2008.

Diese Frist ist eine gesetzliche Frist, die nicht nach § 109 AO verlängert werden kann. Soweit der Amtsleiter im Gespräch vom 11.07.2007 die Frist auf den 30.08.2007 verlängerte, ist dies ohne Wirkung für den Ablauf dieser gesetzlichen Frist. Die Verlängerung könnte allenfalls für die Prüfung der Verhinderung und des Verschuldens für eine Wiedereinsetzung in den vorigen Stand Bedeutung erlangen.

3. Form

a) Äußere Form
Der Einspruch muss gemäß § 357 Abs. 1 S. 1 AO schriftlich eingereicht oder zur Niederschrift erklärt werden.

aa) Telefonat am 15. Juni
Das Telefonat am 15.06.2007 ist nur eine mündliche Übermittlung und erfüllt daher nicht die formellen Voraussetzungen des § 357 Abs. 1 AO.

bb) Vorsprache am 11.07.2007

Das Gespräch mit dem Amtsleiter erfüllt zwar auch nicht den Tatbestand einer schriftlichen Einlegung. Da aber der Vertreter des Adressaten körperlich im Amt anwesend war und die Erklärung des Schwarzberger aufgezeichnet und sowohl von Schwarzberger als auch vom Amtsleiter unterschrieben wurden, existiert eine Erklärung zur Niederschrift.

b) Notwendiger Inhalt

Nach § 357 Abs. 1 S. 2 AO muss aus dem formgerechten Dokument nur hervorgehen, wer den Einspruch eingelegt hat. Zusätzlich muss eindeutig sein, dass der Einspruchsführer nicht mit dem angegriffenen Bescheid einverstanden ist. Der formellen Bezeichnung »Einspruch« bedarf es gemäß § 357 Abs. 1 S. 4 AO nicht.

Da Schwarzberger zum Ausdruck bringt, dass er den Einkommensteuerbescheid für nichtig hält, geht hervor, dass er mit dem Bescheid nicht einverstanden ist. Es ist auch unstreitig, dass Schwarzberger für Konzell den Einspruch einlegt, sodass auch der Einspruchsführer eindeutig ist.

Einer fristgerechten Begründung des Einspruchs bedarf es nicht. Nach § 357 Abs. 3 S. 3 AO ist dies nur eine Sollvorschrift und nicht notwendig für die Zulässigkeit des Rechtsbehelfs. Dass die Begründung erst am 30.08.2007 einging, ist damit unschädlich.

4. Beschwer

Konzell ist als Adressat des Einkommensteuerbescheids beschwert i.S.d. § 350 AO, da der Bescheid keine Einkommensteuer von 0 € festsetzte.

Der Einspruch ist zulässig.

B. Begründetheit:

1. Die AfA für den Schreibtisch

a) Kein Abzugsverbot nach § 4 Abs. 6b EStG

Der Ansatz einer AfA als Werbungskosten wird nicht dadurch gehindert, dass der Schreibtisch in einem häuslichen Arbeitszimmer steht. Sein häusliches Arbeitszimmer ist zwar weder sein Arbeitsmittelpunkt, noch verbringt er seine überwiegende Arbeitszeit in diesem Raum. Zudem stand und steht ihm bei seinem Arbeitgeber bzw. in seiner Kanzlei ein anderer Arbeitsplatz zur Verfügung.

Das aus § 4 Abs. 5 Nr. 6b EStG entstehende und gemäß § 9 Abs. 5 EStG auch für Werbungskosten wirksame Abzugsverbot gilt aber nur für raumzugehörige, funktionell dem Gebäude zuzurechnende Gegenstände, nicht aber arbeitsbedingte Einrichtungsgegenstände.

b) Abzug als Werbungskosten

Die AfA für seine Tätigkeit als angestellter Unternehmensberater ermittelt sich gemäß § 7 Abs. 1 S. 1 EStG aus den Anschaffungskosten (AK) und der Nutzungsdauer (ND). Bei 4.000 € AK und einer ND von zehn Jahren beträgt die Jahres-AfA daher 400 €. Da seine Einkünfte aus nichtselbstständiger Arbeit aber mit Ablauf des Juni 2006 endeten, ist dieser Betrag zeitanteilig zu kürzen. Zwar ist § 7 Abs. 1 S. 4 EStG hier nicht anzuwenden, da sich die Vorschrift nur auf das Anschaffungsjahr bezieht und zudem nur für Anschaffungen nach dem 31.12.2003 gilt. Die Kürzungspflicht für das Ende der Nutzung für Einkunftszwecke ergibt sich aber aus allgemeinen systematischen Gründen und galt auch schon bereits vor Einführung des § 7 Abs. 1 S. 4 EStG. Rupprecht kann daher nur 200 € als Werbungskosten geltend machen.

c) Abzug als Betriebsausgaben

Durch die selbstständige Tätigkeit als Unternehmensberater erzielt Rupprecht ab dem 01.07.2006 nun Einkünfte aus selbstständiger Arbeit gemäß § 18 Abs. 1 EStG. Als beratender Betriebswirt ist seine Tätigkeit in den Katalogberufen des § 18 Abs. 1 Nr. 1 EStG ausdrücklich erwähnt.

Da er nicht bilanziert, kann er den Gewinn durch einen Überschuss der Betriebseinnahmen über die Betriebsausgaben ermitteln. Für die Betriebsausgaben gelten gemäß § 4 Abs. 3 S. 3 EStG die Vorschriften für die AfA entsprechend.

Der Schreibtisch dient daher der Erzielung von Gewinneinkünften und zählt damit zum Betriebsvermögen. Die AfA ermittelt sich daher grundsätzlich aus dem Einlagewert nach § 6 Abs. 1 Nr. 5 EStG. Da die Einlage mehr als drei Jahre nach der Anschaffung des Wirtschaftsgut liegt, wäre dies der Teilwert, der hier 3.000 € beträgt.

Da Rupprecht den Schreibtisch aber bisher für seine Einkünfte aus nichtselbstständiger Arbeit verwendet hat, sind gemäß § 7 Abs. 1 S. 5 EStG nur die Anschaffungskosten vermindert um die bis zum Zeitpunkt der Einlage vorgenommene AfA Bemessungsgrundlage.

Als Besonderheit besteht in vorliegenden Fall aber die Konstellation, dass Rupprecht den Schreibtisch von April bis November 2004 für ein Studium der Betriebswirtschaft benutzt hatte. Da es sich dabei um sein Erststudium handelte, sind diese Kosten gemäß § 12 Nr. 5 EStG keine Aufwendungen, die als Werbungskosten abgezogen werden können. Sie mindern nur im Rahmen des § 10 Abs. 1 Nr. 7 EStG als beschränkt abziehbare Sonderausgaben das Einkommen.

Nach dem Wortlaut des § 7 Abs. 1 S. 5 EStG kommt es nur auf die »vorgenommene« AfA an. Da die Vorschrift aber voraussetzt, dass eine Verwendung für Überschusseinkünfte vorliegt, führt die Nutzung als Sonderausgaben zu keiner Kürzung, da eine ausschließliche Verwendung für Ausbildungszwecke zu überhaupt keiner Kürzung der Bemessungsgrundlage geführt hätte.

Zu kürzen ist daher nur die AfA für die Zeit von Oktober 2004 bis einschließlich Juni 2006, also für ein Jahr und neun Monate. Bei einer Jahres-AfA von 400 € sind das insgesamt 700 € (= 400 € + 300 €). Die Bemessungsgrundlage ermittelt sich daher mit 3.300 € (= 4.000 € – 700 €). Die Bemessungsgrundlage liegt damit über dem Teilwert. Eine Beschränkung auf den Teilwert sieht das Gesetz aber nicht vor.

Der AfA-Satz kann hier linear gemäß § 7 Abs. 1 EStG aus der Restnutzungsdauer ermittelt werden (zehn Jahre abzüglich drei Jahre und drei Monate). Da es sich bei dem Schreibtisch um ein bewegliches Wirtschaftsgut des Anlagevermögens handelt, kann Rupprecht hier eine degressive AfA nach § 7 Abs. 2 EStG in Anspruch nehmen. Die Einlage in das Betriebsvermögen gilt dabei wie eine Anschaffung, sodass Rupprecht einen AfA-Satz von 30 % wählen kann. Die AfA errechnet sich damit auf 990 € (= 30 % von 3.300 €) für das gesamte Jahr, für die Zeit ab Juli (= 6/12) beträgt die AfA daher 495 €.

Der Einspruch ist daher insoweit teilweise begründet.

2. Der Kauf und die Nutzung des gebrauchten Pkw

a) Der Kauf des Fahrzeugs
Das Fahrzeug wird überwiegend betrieblich genutzt (nur 50 km für private Fahrten). Es handelt sich um ein Wirtschaftsgut des Betriebsvermögens. Der Erwerb ist daher betrieblich veranlasst. Die dadurch entstandenen Kosten sind Betriebsausgaben.

Angesetzt werden können die AfA für das Fahrzeug, die laufenden Kosten und die Kosten die durch die Finanzierung des Fahrzeug entstanden sind. Die Kosten der Anschaffung selbst sind neutral.

b) Die AfA
Die AfA ermittelt sich aus den Anschaffungskosten. Diese betragen laut Sachverhalt 18.000 €. Die Nutzungsdauer beträgt drei Jahre. Bei dieser Nutzungsdauer ist die lineare AfA auch bei einer Anschaffung in 2006 günstiger als eine degressive AfA.

Die Jahres-AfA ermittelt sich mit 6.000 € (= 18.000 €/drei Jahre). Davon kann im Jahr der Anschaffung aber nur ein Zwölftel gemäß § 7 Abs. 1 S. 4 EStG angesetzt werden. Die AfA beträgt daher 500 €.

c) Die Kosten der Finanzierung

Zu den Kosten der Finanzierung gehören die Zinsen und ein Damnum. Die Rückzahlung des Darlehensstandes ist ebenso wie die Aufnahme des Darlehens auch bei der Gewinnermittlung nach § 4 Abs. 3 EStG neutral.

In der über den Auszahlungsbetrag hinausgehenden Rückzahlungsverpflichtung (sog. Damnum) liegt eine zinsähnliche Belastung. Der Differenzbetrag von 1.000 € ist als Finanzierungsaufwand Teil der Betriebsausgaben. Die Belastung des Darlehenskontos ist ein Abfluss des Damnumbetrags. Das Damnum muss auch nicht auf die Laufzeit verteilt werden. Nach § 11 Abs. 2 S. 3 EStG ist dies nur bei Laufzeit von mehr als fünf Jahren der Fall. Zudem gilt die Vorschrift ausweislich von § 11 Abs. 2 S. 4 EStG nicht für ein Damnum.

Ein Abfluss eines Aufwands liegt auch in der Belastung des laufenden Kontos. Auf den Zeitpunkt der Kenntnisnahme (Zusendung des Kontoauszugs) kommt es dabei nicht an. Betriebsausgabe ist aber nur der Teil der Abbuchung, der die Tilgung des Darlehens übersteigt.

Das Darlehen wurde um 1.000 € (= 19.000 € − 18.000 €) getilgt, von den abgebuchten 1.200 € sind daher nur 200 € als Betriebsausgabe abziehbare Zinsen.

d) Die Versicherungsprämie

Zu den laufenden Kosten zählt insbesondere die Prämie. Entscheidend ist hierbei der Zeitpunkt in dem der Betrag abgeflossen ist. Das ist der Zeitpunkt, in dem Rupprecht die wirtschaftliche Verfügungsmacht über das Zahlungsmittel verliert. Das ist dann verwirklicht, wenn Rupprecht alles getan hat, um aus seiner Sicht den Zahlungsabfluss zu bewirken. Beim homebanking geschieht dieser entscheidende Akt durch Absenden des Datensatzes. Wann die Bank von diesem Datensatz Kenntnis nimmt, diesen Datensatz verarbeitet oder dem Konto belastet, spielt für die Frage des Zahlungsabflusses keine Rolle. Der Betrag gilt daher noch am Silvestertag, also noch in 2006 als abgeflossen.

Die Versicherungsprämie ist aber eine wiederkehrende Ausgabe i.S.d. § 11 Abs. 2 S. 2 EStG, da aufgrund des Versicherungsvertrags (einheitlicher Rechtsgrund) jedes Jahr eine Prämienzahlung fällig wird. Sie ist zudem innerhalb einer kurzen Frist vor Beendigung des Kalenderjahres, nämlich am letzten Tag des Jahres, abgeflossen. Sie ist daher dem Jahr zuzurechnen, zu dem sie wirtschaftlich gehört. Das ist regelmäßig das Jahr, in dem die Zahlung fällig ist. Dies gilt insbesondere dann, wenn eine Zahlung eine Leistung für mehrere Kalenderjahre betrifft. Insbesondere ist in diesen Fällen die Zahlung nicht aufzuteilen. Die Prämie ist daher dem Jahr 2006 zuzurechnen, auch wenn der überwiegende Teil der Prämie das Jahr 2007 betrifft.

Rupprecht hat daher eine weitere Betriebsausgabe i.H.v. 800 €.

e) Die Nutzung des Fahrzeugs

Laut Sachverhalt nutzt Rupprecht das Fahrzeug auch für private Fahrten. Darin liegt eine Entnahme der Nutzung. Diese Entnahme ist auch dann wie eine Betriebseinnahme zu behandeln, wenn die Nutzung weniger als 10 % der Gesamtnutzung beträgt. Die Grundsätze des Aufteilungs- und Abzugsverbotes nach § 12 Nr. 1 S. 2 EStG sehen nur eine Nichtbeachtung einer untergeordneten Nutzung, wenn kein objektiver Aufteilungsmaßstab vorliegt. Bei Fahrzeugen kann aber anhand der gefahrenen Kilometer objektiv aufgeteilt werden.

Nach § 6 Abs. 1 Nr. 4 S. 2 EStG ist die Nutzungsentnahme bei Pkw, die zum notwendigen Betriebsvermögen rechnen, mit der sog. 1 %-Methode zu ermitteln. Pro Monat der Nutzung ist 1 % des Listenpreises für die Entnahme anzusetzen, sofern kein Fahrtenbuch geführt wird. Laut Sachverhalt ließ sich die tatsächliche Nutzung nur durch Rekonstruktion ermitteln. Ein Fahrtenbuch wurde von Rupprecht nicht geführt.

Für den Dezember muss daher Rupprecht 1 % von 40.000 € = 400 € für die private Nutzung als Betriebseinnahme ansetzen.

f) Die Fahrten zur Kanzlei

Für die Fahrten von der Wohnung zur Kanzlei sieht § 4 Abs. 5 Nr. 6 EStG vor, dass der positive Unterschiedsbetrag zwischen dem pauschalierten Nutzungswert und der Entfernungspauschale nach § 9 Abs. 1 Nr. 4 EStG als nichtabziehbare Betriebsausgabe dem Gewinn hinzugerechnet wird.

Der pauschalierte Nutzungswert bestimmt sich mit 0,03 % des Listenpreises je Entfernungskilometer und Monat. Bei 40.000 € Listenpreis und einer Entfernung von 10 km sind das 120 € für den Dezember.

Die Entfernungspauschale errechnet sich bei 20 Tagen und 0,30 € je Entfernungskilometer mit 60 €. Rupprecht hat daher seinen Gewinn um 60 € zu erhöhen.

Der Einspruch ist insoweit insgesamt unbegründet.

3. Die Aktien an der Neuroth & Ochsenbach AG

a) Die Einräumung und Ausübung der Option
Die Einräumung der Kaufoption wurde Rupprecht gewährt, weil er Arbeitnehmer der Neuroth & Ochsenbach AG war. Die Einräumung war dadurch durch seine Einkünfte aus nichtselbstständiger Arbeit nach § 19 EStG veranlasst. Um Arbeitslohn i.S.d. § 2 LStDV zu sein, muss der geldwerte Vorteil Rupprecht aber auch zufließen. Die Option ist aber letztlich nur eine Verpflichtung auf einen späteren Zufluss. Der Vorteil erreicht Rupprecht erst, wenn er die Option ausübt.

Mit der Ausübung der Option erhält Rupprecht einen Vorteil, soweit der erhaltene Wert seine dafür aufgewendeten Geldmittel übersteigt. Der geldwerte Vorteil bemisst sich dabei nach § 8 Abs. 2 EStG. Insbesondere kann Rupprecht sich nicht auf die besondere Wertermittlung nach § 8 Abs. 3 EStG berufen, da die Ausgabe von Aktien nicht zu den Leistungen seines Arbeitgebers zählt, die dieser überwiegend an Kunden erbringt.

Im Zeitpunkt der Ausübung erhält Rupprecht einen Wert von 7.000 €, für den er nur 3.000 € zahlen muss. In Höhe von 4.000 € erzielt er damit einen geldwerten Vorteil i.S.d. § 8 Abs. 2 EStG.

b) Die nicht mehr erhaltenen Dividenden
Rupprecht hat die erhaltenen Aktien bereits am 28.05.2006 weiterveräußert. Die Dividenden sind ihm damit gar nicht mehr zugeflossen. Nach § 20 Abs. 2a EStG sind dem Anteilseigner die Dividenden als Einnahmen aus Kapitalvermögen zuzurechnen, der sie im Zeitpunkt des Gewinnverteilungsbeschlusses hält. Der Beschluss über die Ausschüttung wurde aber schon auf der Hauptversammlung am 25.05.2006 getroffen. Die Dividenden sind daher noch Rupprecht zuzurechnen. Die Dividende ist ihm durch die Zahlung des Kaufpreises durch Ottl auch zugeflossen.

Bei der Ermittlung der Einnahmen ist zu beachten, dass der auf dem Konto gutgeschriebene Betrag von 400 € bereits um die Kapitalertragsteuer nach §§ 43, 43a EStG gemindert ist. Der gutgeschriebene Betrag beträgt daher nur 4/5 der steuerbaren Einnahme aus § 20 Abs. 1 Nr. 1 EStG. Die Einnahme ist um ein Viertel (= 100 €) höher. Insgesamt erzielte Rupprecht also 500 € Einnahmen. Gemäß § 3 Nr. 40d EStG ist von diesem Betrag aber nur die Hälfte steuerpflichtig. Das Einkommen von Rupprecht erhöht sich daher um 250 €.

Dies führt bei einem Steuersatz von 40 % zu einer Steuerlast von 100 €. Gleichzeitig wird Rupprecht gemäß § 36 Abs. 2 Nr. 2 EStG die Kapitalertrag-Steuer von 100 € angerechnet. Rupprechts Steuerlast erhöht sich dadurch nicht.

c) Der Verkauf der Aktien an Ottl
Durch den Verkauf der Aktien an Ottl verwirklicht Rupprecht ein privates Veräußerungsgeschäft nach § 23 Abs. 1 Nr. 2 EStG. Die entgeltliche Übertragung an Ottl ist eine Veräußerung im Sinne der Vorschrift. Mit Ausübung der Option hat Rupprecht diese Aktien entgeltlich erworben. Er hat sie daher am 03.05.2006 angeschafft. Zwischen Anschaffung und Veräußerung liegen weniger als ein Monat. Damit hat Rupprecht sie innerhalb der Veräußerungsfrist des § 23 Abs. 1 Nr. 2 EStG von einem Jahr veräußert. Der Tatbestand eines privaten Veräußerungsgeschäfts ist damit erfüllt.

Gemäß § 23 Abs. 3 S. 1 EStG ermittelt sich der »Gewinn« aus einem Veräußerungsgeschäft durch den Unterschied des Veräußerungspreises zu den Anschaffungskosten. Laut Sachverhalt sind keine weiteren Werbungskosten angefallen.

Rupprecht erhielt von Ottl 6.800 €. Damit wurde aber auch die Dividendengutschrift von 400 €, die bereits Ottl erhielt, abgegolten. Die Zahlung ist daher nur i.H.v. 6.400 € Entgelt für die Übertragung der Aktien. Von diesem Betrag ist gemäß § 3 Nr. 40j EStG nur die Hälfte steuerpflichtig.

Die Anschaffungskosten für die Anteile bemessen sich grundsätzlich nach dem, was Rupprecht für die Anteile aufgewendet hat. Das sind hier 3.000 €. Soweit dieser Betrag unter dem Marktpreis von 7.000 € lag, musste Rupprecht den Erwerb der Anteile als Sachbezug versteuern. Es stellt sich daher die Frage, ob die Anschaffungskosten um den zu versteuernden Sachbezugswert zu erhöhen sind. Steuersystematisch wäre dies notwendig. Die Rechtsprechung hat aber unter Heranziehung des Wortlauts von § 255 Abs. 1 HGB eine solche Erhöhung abgelehnt. Danach sind deshalb nur die tatsächlich an den Arbeitgeber gezahlten 3.000 € anzusetzen.

Nach § 3c Abs. 2 EStG sind bei der Ermittlung der Einkünfte nur die Hälfte der Anschaffungskosten steuerwirksam.

Insgesamt ergibt sich damit ein steuerpflichtiger Veräußerungs»gewinn« wie folgt:

Veräußerungspreis	6.400 €	
davon steuerpflichtig		3.200 €
./. Anschaffungskosten	3.000 €	
davon steuerwirksam (§ 3c Abs. 2)		1.500 €
Veräußerungs»gewinn«		1.700 €

Der Betrag übersteigt die Freigrenze des § 23 Abs. 3 S. 5 EStG von 512 € und erhöht daher in voller Höhe den Gesamtbetrag der Einkünfte.

Der Einspruch ist insoweit nicht begründet.

4. Der Verzicht auf das Honorar

a) Die Auswirkung auf den Gewinn

Die Untersuchung und Beratung der Wirtschaftsbetriebe der Partei »Die Lilanen« gehört zum Betrieb der Unternehmensberatung des Rupprecht. Die entstandene Forderung ist daher Betriebsvermögen dieses Betriebs. Da Rupprecht seinen Gewinn gemäß § 4 Abs. 3 EStG ermittelt, erhöht nicht schon die Entstehung der Forderung den Gewinn, sondern erst der Zufluss des Honorars.

Rupprecht hat auf die Forderung aber verzichtet. Hintergrund des Verzichts war, dass Rupprecht den Wahlkampf der Lilanen unterstützen will. Er war insbesondere nicht dadurch motiviert, weitere künftige Aufträge von dieser Partei zu erhalten. Der Verzicht war daher nicht betrieblich veranlasst. Um auf diese betriebliche Forderung aus privaten Gründen verzichten zu können, musste Rupprecht diese Forderung zunächst aus seinem Betriebsvermögen in das Privatvermögen überführen. Diese Entnahme der Forderung ist aber wie eine Betriebseinnahme zu behandeln. Sie erhöht den Gewinn um den Nennwert der Forderung. Der Gewinn des Rupprecht erhöht sich dadurch um 3.000 €.

b) Der Verzicht als Parteispende

Mit dem Verzicht hat Rupprecht einen Vermögenswert verloren. Dieser Aufwand stellt eine Aufwendung dar. Diese Zuwendung an eine politische Partei i.S.d. § 2 des Parteiengesetzes mindert gemäß § 10b Abs. 2 S. 2 EStG das Einkommen nur, soweit sie nicht zu einer Steuerermäßigung gemäß § 34g EStG führt. Nach § 34g S. 2 EStG beträgt die Ermäßigung 50 % der Ausgaben, höchstens 825 €. Nur soweit die Spende 1.650 € übersteigt, kann sie als Sonderausgabe geltend gemacht werden. Von den gespendeten 3.000 € sind daher nur 1.350 € Sonderausgabe gemäß § 10b Abs. 2 S. 1 EStG. Dabei wird die Höchstgrenze von 1.650 € nicht überschritten.

c) Gesamtbetrachtung

Durch den Verzicht erhöht sich das Einkommen um die Differenz von 3.000 € Gewinnerhöhung gegenüber 1.350 € Sonderausgaben als Parteispende. Das Einkommen steigt um 1.650 €.

Der dadurch verursachten Erhöhung der tariflichen Einkommensteuer von 660 € (= 40 % von 1.650 €) steht aber eine Steuerermäßigung von 825 € gegenüber. Die Steuerlast vermindert sich um 165 €.

Insgesamt ergibt sich deshalb keine Verböserung gegenüber der bisherigen Handhabung der völligen Nichtanerkennung.

Der Einspruch ist insofern teilweise begründet.

Übungsklausur 3

Sachverhalt

Teil I

Florian Trödel ist angestellter Diplom-Informatiker. Sein Arbeitgeber ist die Free Magic GmbH, an der er selbst 7 % Anteile besitzt. Trödels Büro befindet sich in seinem Wohnhaus und beträgt 10 % der Gesamtwohnfläche. Das Gebäude hatte Trödel von seinen darin wohnenden Großeltern geerbt, die das Haus 1950 für einen Betrag, der 15.000 € entspricht, errichtet hatten. Das Grundstück ist seit langem lastenfrei, das Gebäude ist inzwischen 100.000 € wert.

Im Veranlagungszeitraum 2009 hatte die Free Magic GmbH das Büro von Trödel für jährlich 10.000 € angemietet und ihm zur Nutzung zur Verfügung gestellt. Die Marktmiete für das Büro hätte nur 9.000 € im Jahr betragen. Die Free Magic GmbH hatte auch von nicht an der Gesellschaft beteiligten Arbeitnehmern Arbeitszimmer angemietet und diesen zurück überlassen, allerdings immer nur zur üblichen Marktmiete.

Im Februar ermöglichte die Free Magic GmbH Trödel den Erwerb von weiteren 2 % Anteilen am Stammkapital der GmbH zum Preis von 25.000 €. Der Marktwert für die Anteile betrug 40.000 €. Bereits im März konnte Trödel – wie geplant – die Anteile für 45.000 € weiter veräußern. Für diesen einen Monat fielen erwartungsgemäß keine Gewinnausschüttungen an, Trödel hatte aber den Kauf fremdfinanziert und musste dafür 100 € Zinsen bezahlen.

Ebenfalls im März konnte Trödel eine Beteiligung i.H.v. 1 % an einer neu gegründeten Tochtergesellschaft erwerben. Für die erhaltenen Anteile zahlte er den marktgerechten Preis von 10.000 €. Dieser Kauf erwies sich aber als Fehlinvestition. Die Tochtergesellschaft ging noch im Juni in Konkurs und wurde mangels Masse sofort liquidiert. Trödel hatte weder eine Gewinnausschüttung erhalten, noch wurde aus der Liquidation irgendein Betrag an ihn ausgekehrt.

Ansonsten erhielt Trödel im April noch ein an die Free Magic GmbH schon seit langer Zeit ausgereichtes Darlehen i.H.v. 10.000 € zzgl. Zinsen 3.000 € zurückbezahlt. Trödel hatte es von dem ursprünglichen Gläubiger für 9.000 € erworben.

Trödel war wie im Vorjahr von Februar bis Ende Mai von der Free Magic GmbH als Berater bei der Cybernet AG eingesetzt, die ihm für die Beratung ein Büro zur Verfügung gestellt hatte. Die Fahrtkosten für die 80 Arbeitstage beliefen sich nachweislich auf 2.560 €. Bei der Veranlagung für das Vorjahr ließ das Finanzamt bei gleicher Sachlage nur einen Abzug von 960 € zu und begründete dies mit § 9 Abs. 1 S. 3 Nr. 4 EStG. Der Arbeitsplatz bei der Cybernet AG war 40 km von Trödels Wohnung entfernt.

Bearbeitervermerk

Wie wirken sich die Sachverhalte auf die Einkünfte des Trödel aus und inwieweit werden diese bei der Veranlagung des Trödel berücksichtigt? Auf Pauschalen oder Pauschbeträge ist dabei nicht einzugehen.

Welche Auswirkungen ergäben sich, wenn Trödel zur Jahresmitte 44 % Anteile an der Free Magic GmbH hinzu erworben hätte, wenn die FM GmbH über keine eigenen Büroräume verfügt und die wesentlichen Angelegenheiten der GmbH über dieses Büro abgewickelt werden?

Es ist die Rechtslage 2010 zu unterstellen. Auf die laufenden Kosten des Gebäudes ist nicht einzugehen. Soweit Kosten nicht ausdrücklich im Sachverhalt angesprochen werden, ist auf sie nicht weiter einzugehen. Auf Grund und Boden ist nicht einzugehen. Die Großeltern haben mit dem Gebäude keine steuerbaren Einkünfte erzielt.

Teil II

Die Anton Bader KG ist zu 100 % an der AB-Bau-GmbH beteiligt. Beide Firmen waren im Jahre 2002 an der Errichtung eines Hochhauses beteiligt. Im Rahmen dieser Bauarbeiten aktivierte die KG eine Forderung von 100.000 € für vorbereitende Tätigkeiten. Die Feststellungserklärung der KG für das Jahr 2002 ging im Mai 2003 ein. Das Finanzamt Burg stellte den Gewinn erklärungsgemäß fest.

Für die AB-Bau-GmbH war das Finanzamt Hausen zuständig. Nach dessen Auffassung hätte die GmbH die Forderung aktivieren müssen. Es erhöhte deshalb durch Bescheid vom Dienstag, den 30.09.2003 den Gewinn der AB-Bau-GmbH gegenüber den im Juli 2003 erklärten Einkünften um 100.000 €. Dies wurde dem Finanzamt Burg mitgeteilt. Das änderte daraufhin mit Datum vom 15.10.2003 den Feststellungsbescheid für die Anton Bader KG und minderte deren Gewinn um 100.000 €.

Anton Bader, der Komplementär der KG und Geschäftsführer der AB-Bau-GmbH legte am 20.10.2003 beim Finanzamt Burg gegen den Feststellungsbescheid fristgerecht Einspruch ein und stellte am selben Tag beim Finanzamt Hausen einen Antrag auf Änderung des Körperschaftsteuerbescheids, bei dem der Gewinn um 100.000 € niedriger festgesetzt werden sollte. Mit dem Finanzamt Burg einigte sich Bader, dass der Einspruch ruhen sollte, bis über den Antrag bei der AB-Bau-GmbH entschieden wäre und dass die Ergebnisse des Antragsverfahrens entsprechend bei der gesonderten und einheitlichen Gewinnfeststellung der AB-Bau-GmbH zu berücksichtigen seien.

Die Ermittlungen bei der AB-Bau-GmbH gestalteten sich langwierig. Es stellte sich heraus, dass die 100.000 € tatsächlich der KG und nicht der AB-Bau-GmbH zustanden. Am 03.06.2008 teilte das Finanzamt Hausen dem Finanzamt Burg mit, dass es dem Antrag des Bader stattgeben wolle. Als der Körperschaftsteuerbescheid vom 30.06.2008 bei der AB-Bau-GmbH am Dienstag, dem 01.07.2008 einging, nahm Bader den Einspruch gegen den Feststellungsbescheid zurück.

Im Juli 2008 bat das Finanzamt Burg das Finanzamt Hausen um Übersendung von geänderten Mitteilungen. Es wurde ferner um Mitteilung gebeten, ob und wann der Organträger gemäß § 174 AO zu den Rechtsbehelfsverfahren hinzugezogen worden sei. Mit Schreiben vom Montag, den 04.08.2008 übersandte das Finanzamt Hausen dem Finanzamt Burg den geänderten Körperschaftsteuerbescheid der AB-Bau-GmbH und teilte mit, dass eine Hinzuziehung gemäß § 174 AO nicht erfolgt sei, da für eine Änderung beim Anteilseigner die Voraussetzungen des § 174 Abs. 3 AO vorlägen.

Das Finanzamt Burg schrieb daraufhin an Bader, dass es beabsichtige, den steuerpflichtigen Gewinn der Anton Bader KG durch einen geänderten Feststellungsbescheid um 100.000 € zu erhöhen. Bader vertrat daraufhin die Auffassung, dass der Feststellungsbescheid für die KG bereits bestandskräftig sei.

Am Freitag, den 12.12.2008 erließ das Finanzamt Burg den angekündigten Feststellungsbescheid. Es führte darin aus, dass das ausdrückliche Einverständnis Baders bestanden habe, die Ergebnisse des Antragsverfahrens bei der Anton Bader KG entsprechend umzusetzen. Daran sei die KG nach Treu und Glauben gebunden, sodass die Bescheide gemäß § 172 Abs. 1 Nr. 2a AO aufgrund vorliegender Zustimmung zu ändern seien.

Zudem käme dem Körperschaftsteuerbescheid der AB-Bau-GmbH bindende Wirkung für die Feststellung der KG in Hinblick auf die Zuordnung der Forderung zu, sodass auch nach § 175 Abs. 1 Nr. 1 AO der Feststellungsbescheid geändert werden könnte.

Der Einspruch des Anton Bader gegen den Feststellungsbescheid ging am 17.12.2008 im Finanzamt Burg ein.

Bearbeitervermerk

Wie ist über den Einspruch zu entscheiden?

Die Einkommensteuererklärungen für das Jahr 2002 der an der Anton Bader KG Beteiligten wurden 2003 bei den Wohnsitzfinanzämtern eingereicht.

Lösung

Teil I

1. Die Einkünfte aus nichtselbstständiger Arbeit

a) Die Einnahmen
Florian Trödel erzielt durch seine Tätigkeit als angestellter Diplom-Informatiker Einkünfte aus nichtselbstständiger Arbeit gemäß §§ 2 Abs. 1 Nr. 4, 19 EStG. Zu den Einnahmen zählen alle geldwerten Vorteile, die für die Überlassung der Arbeitskraft erzielt wurden.

aa) Die Miete für das Arbeitszimmer
Dazu könnte die Miete für sein Arbeitszimmer zählen. Dann müsste die Mietzahlung aber Entgelt für Trödels Arbeitskraft sein. Die Miete wurde aber für die Überlassung der Räumlichkeiten gezahlt. Dass der Raum vom Arbeitnehmer selbst für seine Bürotätigkeit genutzt wird, durchbricht diesen Veranlassungszusammenhang nicht. Die Miete gehört daher grundsätzlich nicht zu den Einnahmen aus nichtselbstständiger Tätigkeit, sondern zu den Einkünften aus Vermietung und Verpachtung nach §§ 2 Abs. 1 Nr. 6, 21 Abs. 1 S. 1 Nr. 1 EStG.

Dies gilt allerdings nicht für den Teil der Miete, der über der Marktmiete liegt. Denn insoweit wird nicht die Überlassung einer Räumlichkeit entlohnt. Der übersteigende Betrag ist aber dennoch kein Entgelt für die Überlassung der Arbeitskraft. Denn bei nicht an der Gesellschaft beteiligten Arbeitnehmern wurde nur die Marktmiete gezahlt. Grund für die Zahlung einer überhöhten Miete ist vielmehr die Beteiligung des Trödel an der Free Magic GmbH. Soweit Trödel aber einen geldwerten Vorteil aufgrund einer gesellschaftlichen Veranlassung erhält, handelt es sich um eine verdeckte Gewinnausschüttung. Die Mietzahlungen rechnen daher nicht zum Lohn, sondern zu den Einkünften aus Kapitalvermögen.

bb) Der Erwerb der zusätzlichen Anteile und deren Weiterverkauf
Im Februar konnte Trödel weitere 2 % Anteile an seiner Arbeitgeberin, der Free Magic GmbH, erwerben. Laut Sachverhalt musste er für einen Anteilswert von 40.000 € (im Zeitpunkt der Erwerbs) nur 25.000 € zahlen. Darin liegt eine objektive Bereicherung des Trödel.

Damit diese objektive Bereicherung als Lohn qualifiziert werden kann, muss sich der Vorteil (zumindest im weitesten Sinn) als Entgelt für die Überlassung von Arbeitskraft darstellen. Der Vorteil ist hier im Rahmen eines Kapitalbeteiligungsprogramms für Arbeitnehmer gewährt worden. Das belegt die Veranlassung durch das Arbeitsverhältnis und spricht gegen eine Veranlassung durch die Gesellschafterstellung bei der Free Magic GmbH.

Da Trödel hier kein Geld, sondern einen verbilligt überlassenen Anteil erhalten hat, besteht die Einnahme in einem geldwerten Vorteil. Dieser bewertet sich hier nicht nach § 8 Abs. 3 EStG, da die Übertragung von GmbH-Anteilen von der arbeitgebenden GmbH nicht überwiegend für Dritte vertrieben wird.

Der Vorteil ist vielmehr nach § 8 Abs. 2 EStG mit den »um übliche Preisnachlässe geminderten üblichen Endpreisen am Abgabeort anzusetzen« und liegt im Unterschied zwischen dem erhaltenen Wert (40.000 €) und dem dafür geleisteten Kaufpreis (25.000 €). Trödel hat einen geldwerten Vorteil i.H.v. 15.000 € erhalten.

Der Weiterverkauf der Anteile ist dagegen auch im weiteren Sinne kein Entgelt für die Überlassung von Arbeitskraft, da der Erwerber in keinen Zusammenhang mit dem Arbeitsverhältnis den Kaufpreis entrichtet hat. Auch wenn Wertsteigerungen bei der Überlassung mit eingeplant waren, wirkt die ursprüngliche Veranlassung nicht weiter.

cc) Erwerb der Beteiligung an der Tochtergesellschaft
Die Anteile an der Tochtergesellschaft wurden zum Marktpreis erworben. Da darin kein geldwerter Vorteil liegt, stellt sich die Frage nach der Veranlassung der Übertragung nicht.

dd) Zinszahlungen
Auch die Rückzahlung des seit langer Zeit ausgereichten Darlehens begründet keine Vermögensmehrung für Trödel. Anders ist dies allerdings hinsichtlich der Zahlung der Zinsen. Diese waren

aber Entgelt für die Überlassung des Darlehensbetrags, nicht für Überlassung der Arbeitskraft. Sie rechnen deshalb zu den Einkünften aus Kapitalvermögen und sind kein Arbeitslohn.

b) Die Werbungskosten

aa) Die Fahrten zur Cybernet AG
Die Fahrten zu seinem Arbeitsplatz bei der Cybernet AG sind beruflich veranlasst. Die Aufwendungen dafür sind daher Werbungskosten.

Nach § 9 Abs. 1 S. 3 Nr. 4 S. 1 EStG sind Aufwendungen eines Arbeitnehmers für die Wege zwischen Wohnung und regelmäßiger Arbeitsstätte nur beschränkt mit 0,30 € pro Entfernungskilometer und Arbeitstag absetzbar. Der von der Cybernet AG zur Verfügung gestellte Büroraum ist aber keine regelmäßige Arbeitsstätte im Sinne der Vorschrift. Regelmäßige Arbeitsstätte im Sinne dieser Vorschrift ist jede ortsfeste dauerhafte betriebliche Einrichtung des Arbeitgebers, der der Arbeitnehmer zugeordnet ist und die er nicht nur gelegentlich, sondern mit einer gewissen Nachhaltigkeit, d.h. fortdauernd und immer wieder aufsucht. Liegt keine auf Dauer und Nachhaltigkeit angelegte (regelmäßige) Arbeitsstätte vor, auf die sich der Arbeitnehmer typischerweise in der aufgezeigten Weise einstellen kann, ist eine Durchbrechung der Abziehbarkeit beruflich veranlasster Mobilitätskosten sachlich nicht gerechtfertigt. Ein Arbeitnehmer, der vorübergehend ausschließlich am Betriebssitz eines Kunden für seinen Arbeitgeber tätig ist, kann sich typischerweise nicht auf diese Tätigkeitsstätte einstellen, auch dann nicht, wenn er bei einem Kunden längerfristig eingesetzt wird.

Trödel kann deshalb die tatsächlich angefallenen Kosten von 2.560 € als Werbungskosten ansetzen.

bb) Verlust aus Verkauf der Anteile der Tochtergesellschaft
Der Verlust aus dem Verkauf der Anteile der Tochtergesellschaft ist nicht den Einkünften aus nichtselbstständiger Arbeit zuzuordnen, weil dieser nicht in einem einkommensteuerrechtlich erheblichen Veranlassungszusammenhang zum Arbeitsverhältnis steht, sondern auf der Nutzung der Beteiligung als Kapitalertragsquelle beruht.

2. Die Einkünfte aus Vermietung und Verpachtung
Die Überlassung des eigenen Arbeitszimmer gegen Entgelt führt zu Einkünften aus Vermietung und Verpachtung nach § 21 Abs. 1 S. 1 Nr. 1 EStG (s.o).

a) Die Einnahmen
Zu den Einnahmen i.S.d. § 8 Abs. 1 EStG gehören die vereinnahmten Brutto-Mieten. Dies gilt aber nur für die Marktmiete. Soweit die GmbH ihrem Anteilseigner (und nur diesem) eine überhöhte Miete zahlt, hat dies ihre Veranlassung im Gesellschaftsverhältnis. Sie ist daher nicht durch die Überlassung des Raumes veranlasst. Die Einnahmen aus Vermietung und Verpachtung betragen daher nur 9.000 €.

b) Die Werbungskosten
Als Werbungskosten gemäß § 9 Abs. 1 EStG kommen hier nur Absetzungen für Abnutzung gemäß § 7 Abs. 4 EStG in Betracht. Das Gebäude steht im Privatvermögen des Trödel und wurde nach 1924 errichtet. In Betracht kommt daher eine AfA nach § 7 Abs. 4 Nr. 2a EStG.

Das Gebäude hat Trödel aber von seinen Großeltern geerbt. Als Rechtsnachfolger übernimmt er deshalb für die AfA die Werte der Großeltern gemäß § 11d EStDV. Die Großeltern haben das Gebäude bereits seit 1950 genutzt. § 7 Abs. 4 EStG typisiert mit dem AfA-Satz von 2 % eine Nutzungsdauer von 50 Jahren. Die AfA für das Gebäude lief daher im Jahr 2000 aus. Zu diesem Zeitpunkt haben sich nach § 7 Abs. 4 EStG die Anschaffungskosten vollständig verbraucht. Die rein rechnerische Bezugnahme auf 2 % der Anschaffungskosten soll keinen Abzug generieren, der in der Summe über die ursprünglichen Anschaffungskosten hinausgeht.

Trödel kann deshalb keine AfA ansetzen. Die Einnahmen entsprechen daher den Einkünften.

3. Einkünfte aus Kapitalvermögen

a) »Über«-miete

Soweit Trödel für die Überlassung des Arbeitszimmers 1.000 € »Über«-miete erhalten hat, hat dies seine Veranlassung im Gesellschaftsverhältnis zwischen Trödel und der Free Magic GmbH. Durch die in der Zahlung an Trödel liegende Vermögensminderung der GmbH entsteht eine verdeckte Gewinnausschüttung gemäß § 8 Abs. 3 S. 2 KStG, die nach § 20 Abs. 1 Nr. 1 S. 2 EStG im Zeitpunkt des Zuflusses bei den Einkünften des Trödel aus Kapitalvermögen zu erfassen ist.

Einkünfte nach § 20 Abs. 1 Nr. 1 EStG unterliegen gemäß § 32d Abs. 1 S. 1 EStG grundsätzlich einer abgeltenden Steuer von 25 %. Sie werden dann nicht bei der Veranlagung in die Ermittlung des Einkommens mit einbezogen.

Gemäß § 32d Abs. 2 Nr. 3b EStG kann Trödel aber für diese Kapitalerträge auf die Anwendung des § 32d Abs. 1 EStG verzichten. Denn die »Über«-miete wurde dem Trödel von der Free Magic GmbH verdeckt ausgeschüttet, an der er zu mehr als 1 % beteiligt und für die er als Arbeitnehmer tätig ist. Stellt Trödel den Antrag, nach § 32d Abs. 2 Nr. 3b EStG, wären von den 1.000 € gemäß § 3 Nr. 40d EStG 60 % (= 600 €) steuerpflichtig.

Tatsächliche Werbungskosten sind Trödel in Zusammenhang mit der »Über«-miete nicht entstanden. Auch wenn er Gebäudekosten gehabt hätte, wären diese nur für die Mieteinnahmen angefallen.

b) Darlehenszinsen

Die für das seit langer Zeit ausgereichte Darlehen zugeflossenen Zinsen sind Einnahmen bei den Einkünften aus Kapitalvermögen nach § 20 Abs. 1 Nr. 7 EStG.

Diese Einnahmen unterliegen gemäß § 32d Abs. 1 S. 1 EStG einer Abgeltungssteuer von 25 %. Dies gilt, obwohl Trödel Anteilseigner an der zinszahlenden Free Magic GmbH ist, da nach § 32d Abs. 2 Nr. 1b EStG die Abgeltungssteuer nach Abs. 1 nur dann nicht anzuwenden ist, wenn die Beteiligung mindestens 10 % beträgt. In dieser Höhe ist Trödel aber nicht beteiligt.

c) Zinsen für den Erwerb des zusätzlichen Anteils

Durch den Erwerb des zusätzlichen Anteils von 2 % erhielt Trödel keine Gewinnausschüttung, es entstanden ihm aber Zinsaufwendungen von 1.000 €. Diese wären dem Grunde nach Werbungskosten. In diesem konkreten Fall wollte aber Trödel keinerlei Gewinnausschüttungen erzielen, sondern die Beteiligung nur weiter veräußern.

Bei einer wesentlichen Beteiligung an einer Kapitalgesellschaft i.S.d. § 17 Abs. 1 EStG steht selbst die ausschließliche Erwartung einer Wertsteigerung dem Abzug von Aufwendungen im Zusammenhang mit dieser Beteiligung als Werbungskosten bei den Einkünften aus Kapitalvermögen nicht entgegen. Der Veräußerungsgewinn nach § 17 EStG und das Ausschüttungsverhalten der Kapitalgesellschaft stehen in einer Wechselwirkung in der Weise, dass thesaurierte Gewinne regelmäßig den Veräußerungsgewinn erhöhen und Ausschüttungen ihn ermäßigen. Für den Werbungskostenabzug ist unerheblich, dass der Veräußerungsgewinn gemäß § 17 EStG zu Einkünften aus Gewerbebetrieb führt. Denn § 17 und § 20 EStG ergänzen sich insoweit, als § 17 EStG sicherstellt, dass nicht ausgeschüttete Gewinne und damit die nicht von § 20 Abs. 1 Nr. 1 EStG erfassten Erträge gleichwohl einkommensteuerlich erfasst werden.

Die Zinsen sind aber nicht § 17 EStG zuzurechnen, da diese durch den Erwerb, nicht aber durch die Veräußerung, veranlasst sind. Trödel hat daher Werbungskosten i.H.v. 1.000 €, die bei den Einkünften aus Kapitalvermögen zu berücksichtigen wären. Gemäß § 20 Abs. 9 S. 1 2. Halbsatz EStG ist der Abzug tatsächlicher Werbungskosten bei Einkünften aus Kapitalvermögen aber ausgeschlossen, soweit die Gewinnausschüttungen der Abgeltungssteuer unterliegen. Trödel kann aber – wie gezeigt – nach § 32d Abs. 2 Nr. 3b) EStG beantragen, dass die Abgeltungssteuer nach § 32d Abs. 1 EStG nicht zur Anwendung kommt. In diesem Fall gilt gemäß § 32d Abs. 2 Nr. 3 S. 2 EStG der Ausschluss der tatsächlichen Werbungskosten nach § 20 Abs. 9 EStG nicht.

d) Einlösung der Darlehensforderung

Mit der Rückzahlung des Nennbetrags von 10.000 € erhält Trödel um 1.000 € mehr als er beim Erwerb der Forderung bezahlt hat. Gemäß § 20 Abs. 2 S. 1 Nr. 7 EStG gehört auch die Veräußerung von Darlehensforderungen zu den Einkünften aus Kapitalvermögen. Gemäß § 20 Abs. 2 S. 2 EStG ist die Rückzahlung einer Forderung wie die Veräußerung zu behandeln.

Die Veräußerungseinkünfte nach § 20 Abs. 2 EStG ermitteln sich gemäß § 20 Abs. 4 S. 1 EStG. Danach ist der Gewinn der Unterschied zwischen den Einnahmen aus der Veräußerung nach Abzug der Aufwendungen, die im unmittelbaren sachlichen Zusammenhang mit dem Veräußerungsgeschäft stehen, und den Anschaffungskosten. Mangels Veräußerungskosten ermittelt sich der Gewinn aus der Differenz des erhaltenen Betrags (10.000 €) zu den Anschaffungskosten der Forderung (9.000 €). Trödel hat einen Veräußerungsgewinn von 1.000 € erzielt.

Der Gewinn unterliegt der Abgeltungssteuer, da – wie gezeigt – die Tatbestandsvoraussetzungen des § 32d Abs. 2 Nr. 1b EStG nicht erfüllt sind.

4. Einkünfte aus Gewerbetrieb (§ 17 EStG)

a) Veräußerung der 2 % an der FM GmbH

Die Veräußerung der Anteile an der Free Magic GmbH einen Monat nach ihrem Erwerb ist eine Veräußerung von Anteilen an einer Kapitalgesellschaft i.S.d. § 17 Abs. 1 EStG. Da Trödel zu mehr als 1 % an der Free Magic GmbH beteiligt ist und war, ist § 17 Abs. 1 EStG erfüllt.

Zwar würde die Veräußerung auch den Tatbestand des § 20 Abs. 2 Nr. 1 EStG erfüllen, gemäß § 20 Abs. 8 EStG gehen Einkünfte aus Gewerbebetrieb aber solchen aus Kapitalvermögen vor.

Der Veräußerungsgewinn ermittelt sich gemäß § 17 Abs. 2 EStG mit dem Betrag, um den der Veräußerungspreis nach Abzug der Veräußerungskosten die Anschaffungskosten übersteigt.

Der Veräußerungspreis beträgt laut Sachverhalt 45.000 €. Davon ist gemäß § 3 Nr. 40c EStG aber nur ein Anteil von 60 % (= 27.000 €) steuerpflichtig.

Trödel hat für die Anschaffung der Anteile 25.000 € aufgewandt. Der (zu niedrige) Aufwand führte aber zu der Annahme von Arbeitslohn in Höhe des nichtbezahlten Werts. Die Besteuerung dieses geldwerten Vorteils ist systematisch nur so zu rechtfertigen, dass Trödel den Marktpreis entrichtet hat und den Vorteil als Arbeitslohn zurückbezahlt bekommen hat. Deshalb ist davon auszugehen, dass Trödel für Zwecke der Ertragsbesteuerung hier 40.000 € und nicht nur die bezahlten 25.000 € aufgewandt hat; denn andernfalls würde er steuerlich doppelt (Besteuerung dieses geldwerten Vorteils einerseits und Nichtanerkennung dieses Vorteils als Anschaffungsaufwand andererseits) belastet werden. Von den so mit 40.000 € ermittelten Anschaffungskosten sind aber gemäß § 3c Abs. 2 EStG nur 60 % (= 24.000 €) anzusetzen

Die Zinsen sind nicht durch die Veräußerung (sondern durch die Anschaffung) veranlasst und daher keine Veräußerungskosten.

Trödel erzielt daher einen steuerpflichtigen Gewinn von 3.000 €.

Für diesen Gewinn gewährt § 17 Abs. 3 EStG einen zusätzlichen Freibetrag. Dieser ermittelt sich bei einer Veräußerung eines Beteiligungsanteil von 2 % mit 2 % von 9.060 € (= 181 €). Dieser Freibetrag wird aber ermäßigt, soweit der Veräußerungsgewinn den Teil von 36.100 € übersteigt, der dem veräußerten Anteil an der Kapitalgesellschaft entspricht. Da der Aufgriffsbetrag 2 % von 36.100 € (= 722 €) entspricht, führt der Gewinn von 3.000 € zu einer vollständigen »Ermäßigung«. Ein Freibetrag nach § 17 Abs. 3 EStG bleibt daher nicht mehr für den Abzug erhalten.

b) Liquidation der Anteile an der Tochtergesellschaft

Zu dem Veräußerungsgewinn des § 17 EStG gehört nach § 17 Abs. 4 EStG auch die Auflösung einer Kapitalgesellschaft, wenn der Anteilseigner zu mindestens 1 % innerhalb der letzten fünf Jahre beteiligt war. Da Trödel 1 % der Tochtergesellschaft erworben hatte, ist daher der Tatbestand des § 17 Abs. 1 S. 1 EStG erfüllt.

Für die Ermittlung des Veräußerungsgewinns nach Abs. 2 ist gemäß § 17 Abs. 4 S. 2 EStG als Veräußerungspreis der gemeine Wert des zugeteilten oder zurückgezahlten Vermögens anzusetzen. Da Trödel nichts erhalten hat, beträgt der Veräußerungspreis 0 €.

Die Anschaffungskosten beliefen sich laut Sachverhalt auf 10.000 €. Von diesen Anschaffungskosten können gemäß § 3c Abs. 2 EStG nur 60 Prozent abgezogen werden wenn die Anschaffungskosten in wirtschaftlichem Zusammenhang mit dem Teileinkünfteverfahren unterliegenden Einnahmen stehen, unabhängig davon, in welchem Veranlagungszeitraum diese angefallen sind.

Laut Sachverhalt hat Trödel aber überhaupt keine Einnahmen erzielt, weder Gewinnausschüttungen noch Liquidationseinnahmen. § 3c Abs. 2 EStG ist daher nicht erfüllt. Trödel kann hier die vollen Anschaffungskosten ansetzen.

Dadurch entsteht ein Veräußerungsverlust i.H.v. 10.000 €. Dieser ist nur unter den Voraussetzungen des § 17 Abs. 2 S. 6 EStG steuerbar. Zwar war Trödel entgegen § 17 Abs. 2 S. 6 Buchst. b S. 1 EStG nicht fünf Jahre lang an der Tochtergesellschaft beteiligt. Da Trödel aber mit dem Erwerb der liquidierten Anteile eine Beteiligung i.S.v. § 17 Abs. 1 S. 1 EStG begründet hat, kann er gemäß § 17 Abs. 2 S. 6 Buchst. b S. 2 EStG den vollen Verlust dennoch geltend machen.

Zusatzfrage:

Durch den Erwerb einer weiteren Beteiligung von 44 % zu seinen bereits bestehenden 7 % erlangt Trödel die Mehrheit über die Free Magic GmbH. Zudem vermietet Trödel an die GmbH sein Arbeitszimmer. Das Arbeitszimmer ist aber eine wesentliche Betriebsgrundlage für die GmbH, da sie über keine eigenen Räume verfügt.

Da Trödel zu 100 % Eigentümer dieser Räumlichkeit ist, sind Räume und GmbH sowohl sachlich als auch personell miteinander verflochten. Durch den Erwerb entsteht damit eine Betriebsaufspaltung.

Die Vermietung des Arbeitszimmer wird damit gewerblich, das Arbeitszimmer selbst damit Betriebsvermögen. Ebenfalls zum Betriebsvermögen zählen alle Anteile an der Free Magic GmbH, da diese für die personelle Verflechtung notwendig sind.

Zwar ändern sich über die Umqualifikation der Einkünfte zunächst an sich keine weiteren Besteuerungsgrundlagen, da schon bisher keine nicht steuerbaren Erträge erzielt wurden.

Die steuerliche Wirkung der dargestellten Sachverhalte ändert sich aber in zwei Positionen.

1. »Über«-miete

Die zuviel gezahlte Miete ist eine verdeckte Gewinnausschüttung. Da die Anteile nun zum Betriebsvermögen zählen, sind die Gewinnausschüttungen nun auch betriebliche Erträge und gemäß § 20 Abs. 8 EStG nicht mehr den Einkünften aus Kapitalvermögen zuzurechnen.

Für die verdeckten Gewinnausschüttungen gilt deshalb die Abgeltungssteuer nach § 32d Abs. 1 EStG auch ohne Antrag nicht mehr. Sie sind aber gemäß § 3 Nr. 40a EStG nur zu 60 % steuerpflichtig.

2. AfA für das Arbeitszimmer

Durch die Entstehung der Betriebsaufspaltung rechnet das Arbeitszimmer nun dem Betriebsvermögen zu. Da es bisher Privatvermögen war, wurde das Arbeitszimmer eingelegt.

Der Einlagewert bestimmt sich gemäß § 6 Abs. 1 Nr. 5 EStG mit dem Teilwert. Das sind hier 10 % des Gebäudewerts von 100.000 €, also 10.000 €.

Da das Gebäude nach 1924, aber vor 1985 errichtet wurde, ermittelt sich die AfA gemäß § 7 Abs. 4 Nr. 2a EStG mit 2 % der Anschaffungskosten. Bei Einlagen werden die Anschaffungskosten durch den Einlagewert ersetzt.

Da Trödel aber das Arbeitszimmer vor der Einlage an die GmbH vermietet hatte, also vor der Einlage zur Erzielung von Einkünften i.S.d. § 2 Abs. 1 Nr. 6 EStG verwendet hat, mindern sich gemäß § 7 Abs. 1 S. 5 EStG die Anschaffungs- oder Herstellungskosten um die Absetzungen für Abnutzung, die bis zum Zeitpunkt der Einlage vorgenommen worden sind.

Zwar war das Gebäude im Zeitpunkt der Vermietung bereits vollkommen abgeschrieben. Nach Auffassung der Verwaltung sind Ausgangspunkt der AfA bei diesen Einlagefällen aber die historischen Anschaffungskosten, nicht der Einlagewert. Dem hat die Rechtsprechung aber widersprochen. Ausgangspunkt ist danach der Einlagewert, der mangels vorgenommener AfA uneingeschränkt als Bemessungsgrundlage bleibt.

2 % von 10.000 € sind 200 €. Davon entfallen auf das zweite Halbjahr 6/12. Als Betriebsausgabe ist daher ein AfA-Betrag von 100 € anzusetzen.

Teil II

I. Zulässigkeit

Der Einspruch ist statthafter Rechtsbehelf gemäß § 347 AO gegen den Feststellungsbescheid der KG. Da er schriftlich eingelegt wurde und erkennen lässt, dass Anton Bader Einspruchsführer ist, erfüllt er die Formvoraussetzungen des § 357 Abs. 1 AO.

Der Einspruch wurde bereits am 17.12.2008, also innerhalb der ersten Woche nach Zugang des Bescheids eingelegt. Die Einspruchsfrist von einem Monat nach Zugang gemäß § 355 Abs. 1 AO wurde daher beachtet.

Da der Änderungsbescheid den Gewinn der KG erhöhte, fehlt es auch nicht an einer Beschwer.

Als Komplementär der KG ist Anton Bader auch vertretungsberechtigt und damit einspruchsbefugt gemäß § 352 Abs. 1 Nr. 1 AO.

Der Einspruch ist zulässig.

II. Begründetheit

Der Einspruch ist begründet, wenn der Änderungsbescheid materiell unrichtig ist und das Finanzamt nicht zur Änderung des Feststellungsbescheids berechtigt war.

Laut Sachverhalt war die Forderung zurecht von der KG aktiviert worden und hatte damit den steuerpflichtigen Gewinn der KG erhöht. Durch die Rücknahme des Einspruchs war der ursprüngliche Feststellungsbescheid aber bestandskräftig geworden. Er konnte daher nur noch dann geändert werden, wenn eine Änderungsvorschrift die Durchbrechung der Bestandskraft erlaubt hätte.

1. Änderung nach § 172 Abs. 1 Nr. 2a AO

Eine Änderung könnte nach § 172 Abs. 1 Nr. 2a AO möglich sein. Nach dieser Vorschrift darf ein Bescheid zu Lasten des Steuerpflichtigen aufgehoben oder geändert werden, soweit der Steuerpflichtige zustimmt. Die KG hatte aber keinen Antrag i.S.d. § 172 Abs. 1 Nr. 2a AO gestellt.

Soweit man in dem ursprünglich gestellten Antrag konkludent auch einen Antrag nach § 172 AO sehen wollte, wurde er jedenfalls konkludent mit Rücknahme des Einspruchs zurückgenommen. Dadurch wurde unmissverständlich zu erkennen gegeben, dass eine Änderung des Ausgangsbescheids nicht mehr begehrt wird.

An der Rücknahme eines (etwaigen konkludenten) Antrags war Bader auch nicht nach Treu und Glauben gehindert. Zwar ist der Grundsatz von Treu und Glauben als allgemeiner Rechtsgrundsatz auch im Steuerrecht uneingeschränkt anerkannt. Er gebietet, dass im Steuerrechtsverhältnis jeder auf die berechtigten Belange des anderen Teiles angemessen Rücksicht nimmt und sich mit seinem eigenen früheren Verhalten nicht in Widerspruch setzt, sofern der andere auf das Verhalten vertraut.

Die KG hat sich zwar widersprüchlich verhalten, indem sie zunächst ausdrücklich die Besteuerung der Forderung durch Einlegung des Einspruchs begehrte und diesen Antrag zurückzog, nachdem die Besteuerung bei der GmbH rückgängig gemacht worden war. Jedoch kann dies bei angemessener Berücksichtigung der Interessen der Beteiligten nicht als treuwidriges »venire contra factum proprium« gewertet werden.

Auf der einen Seite steht es dem Steuerpflichtigen frei, Anträge zu stellen und diese zurückzuziehen. Eine Bindung an einmal gestellte Anträge existiert grundsätzlich nicht.

Auf der anderen Seite hatte das Finanzamt die Möglichkeit, die Besteuerung der GmbH und ihrer beteiligten KG verfahrensmäßig so abzuwickeln, dass die Forderung hätte erfasst werden können. Über die Vorschriften des § 174 Abs. 4 und 5 AO wäre es im Zuge des Verfahrens der GmbH möglich gewesen, eine Feststellung gegenüber der Klägerin zu erreichen. Danach war nicht das Verhalten der KG Ursache für die Verhinderung der gesetzeskonformen Feststellung sondern ein verfahrensmäßiges Versäumnis des Finanzamts. Das Institut von Treu und Glauben hat aber nicht die Funktion, Verfahrensfehler des Finanzamts aufzufangen.

2. Änderung nach § 174 Abs. 4 AO

§ 174 Abs. 4 AO scheidet als Rechtsgrundlage für den Änderungsbescheid ebenfalls aus. Nach dieser Vorschrift können, wenn aufgrund irriger Beurteilung eines bestimmten Sachverhalts ein Steuerbescheid ergangen ist, der aufgrund eines Rechtsbehelfes aufgehoben oder geändert wird, aus dem Sachverhalt nachträglich durch Erlass oder Änderung eines Steuerbescheids die richtigen steuerlichen Folgerungen gezogen werden. Gegenüber Dritten gilt Abs. 4, wenn sie an dem Verfahren, dass zur Aufhebung oder Änderung des fehlerhaften Steuerbescheids geführt hat, beteiligt waren. Ihre Hinzuziehung oder Beiladung zu diesem Verfahren ist zulässig (§ 174 Abs. 5 AO). Diese Voraussetzungen sind nicht erfüllt. Die KG war an dem Einspruchsverfahren der GmbH nicht beteiligt.

Die KG ist ausweislich des Sachverhalts nicht nach §§ 359, 360 AO förmlich zum Einspruchsverfahren der GmbH hinzugezogen worden.

3. Änderung nach § 174 Abs. 3 AO

Auch eine Korrektur nach § 174 Abs. 3 AO kommt hier nicht in Betracht. Nach dieser Vorschrift kann, wenn ein bestimmter Sachverhalt in einem Steuerbescheid erkennbar in der Annahme nicht berücksichtigt worden ist, dass er in einem anderen Steuerbescheid zu berücksichtigen sei, und sich diese Annahme als unrichtig herausstellt, die Steuerfestsetzung, bei der die Berücksichtigung des Sachverhalts unterblieben ist, insoweit geändert werden.

Die Änderung ist nur zulässig bis zum Ablauf der für die andere Steuerfestsetzung – also hier des Körperschaftsteuerbescheids für die AB-Bau-GmbH – geltenden Festsetzungsfrist (§ 174 Abs. 3 AO). Die Festsetzungsfrist für den Feststellungsbescheid begann gemäß § 170 Abs. 2 Nr. 1 AO mit Ablauf des Kalenderjahres in dem die Körperschaftsteuererklärung abgegeben wurde. Das war der 31.12.2003. Die Verjährungsfrist beträgt gemäß § 169 Abs. 2 Nr. 2 AO vier Jahre. Sie lief daher rechnerisch am 31.12.2007 ab.

Der Ablauf der Festsetzungsfrist war zunächst durch den Änderungsantrag nach § 172 AO seitens der GmbH gemäß § 171 Abs. 3 AO gehemmt. Dem Antrag wurde mit Bescheid vom 30.06.2008 stattgegeben. Dagegen hätte die GmbH Einspruch einlegen können. Mit Ablauf der Rechtsbehelfsfrist endete auch die Festsetzungsfrist, da zu diesem Zeitpunkt unanfechtbar über den Antrag entschieden wurde. Der Bescheid vom 30.06.2008 gilt als am 03.07.2008 (Donnerstag) bekannt gegeben (§ 122 Abs. 2 Nr. 1 AO); die Einspruchsfrist beträgt einen Monat (§ 355 Abs. 1 S. 1 AO). Da der 03.08.2008 ein Sonntag war, lief die Rechtsbehelfsfrist erst am 04.08.2008 ab. Damit war über den Antrag der GmbH unanfechtbar entschieden. Am 12.12.2008 war die Hemmung damit bereits abgelaufen.

4. Änderung nach § 175 Abs. 1 Nr. 1 AO

Auch eine Änderung nach § 175 Abs. 1 Nr. 1 AO kommt nicht in Betracht. Ein Körperschaftsteuerbescheid stellt keinen Grundlagenbescheid für die Anteilseigner, also auch nicht für den Feststellungsbescheid der KG dar.

5. Änderung nach § 173 Abs. 1 Nr. 1 AO

Eine Änderung nach § 173 Abs. 1 S. 1 Nr. 1 AO scheidet ebenfalls aus. Es ist nicht ersichtlich, dass dem Beklagten Tatsachen nachträglich bekannt geworden sind. Im übrigen stünde einer Änderung insoweit auch die Festsetzungsverjährung entgegen.

6. Ergebnis

Mangels verfahrensrechtlicher Änderungsvorschrift durfte das Finanzamt daher den Feststellungsbescheid der KG nicht mehr ändern.

Der Einspruch ist daher begründet.

Übungsklausur 4

Sachverhalt

Heinrich Zwiebelhofer betreibt in Lindau am Bodensee (Deutschland) in der Gümbelstraße 2 einen Elektrogeräte-Einzelhandel. Seine Ehefrau Karin, die mit der Buchhaltung betraut ist, ist sich über die zutreffende umsatzsteuerrechtliche Behandlung der nachstehend geschilderten Sachverhalte im Unklaren; sie wendet sich an Sie mit der Bitte um fachkundigen Rat:

Zwiebelhofer hat noch einen Restposten Bügeleisen. Die Bügeleisen hat er für 20 € zzgl. Umsatzsteuer vom Großhändler Utz gekauft, sie stellten sich aber als Ladenhüter heraus. Um alle möglichst zügig verkaufen zu können, macht er an seine Kunden das Sonderangebot »Bezahle für eins nur 17,85 € und erhalte zwei«. Die Kundin Juliane kauft zwei Bügeleisen und bezahlt nur eins. Karin hat ein schlechtes Gefühl, weil ja nun die Bügeleisen »verschenkt« würden.

Um sich günstige Einkaufskonditionen zu sichern, ist Heinrich Zwiebelhofer zum 01.04.2010 dem Elektrohändler-Einkaufsverband Schwaben beigetreten, der in Rechtsform einer eingetragenen Genossenschaft (eG) betrieben wird. Er hat die Genossenschaftsanteile für 5.000 € zzgl. 950 € Umsatzsteuer von einem Elektrohändler in Augsburg erworben, der sich demnächst zur Ruhe setzen will und sein Elektrogeschäft aufgeben wird, weil er keinen Nachfolger finden konnte. Die Rechnung des Augsburger Elektrohändlers ist am 02.05.2010 bei Heinrich Zwiebelhofer eingegangen.

Heinrich Zwiebelhofer ließ sich beim Erwerb der Genossenschaftsanteile von seiner Steuerberaterin und Rechtsanwältin Dr. Gabriele Oberhofer beraten, die ihm Ende März 2010 800 € zzgl. 152 € Umsatzsteuer in Rechnung stellte.

Seit seinem Beitritt zur eG bestellt Heinrich Zwiebelhofer seine Waren nicht mehr direkt bei den inländischen Herstellern, sondern die eG tritt bei den Bestellungen im Namen und für Rechnung von Heinrich Zwiebelhofer auf. Die eG erhält hierfür eine marktübliche Provision von 2 % des Nettoeinkaufspreises. Im April 2010 bezog Heinrich Zwiebelhofer von den Herstellern Elektrowaren im Wert von 40.000 € zzgl. 7.600 € Umsatzsteuer. Die eG stellt Zwiebelhofer Anfang Mai 2010 800 € zzgl. 152 € Umsatzsteuer in Rechnung.

Am 14.02.2010 hat Heinrich Zwiebelhofer direkt beim taiwanesischen Hersteller Yuan Lee mehrere Flachbildschirme unter der Lieferklausel »DDP« (= Delivered Duty Paid = geliefert verzollt) bestellt. Die Flachbildschirme wurden vom taiwanesischen Werk mit Luftfracht zum Münchener Flughafen gebracht, durch Yuan Lee am 11.03.2010 beim Zollamt München zum freien Verkehr abgefertigt und noch am gleichen Tag durch eine von Yuan Lee beauftragte Spedition bei Heinrich Zwiebelhofer angeliefert. Am 17.03.2010 erhält Heinrich Zwiebelhofer von Yuan Lee eine Rechnung über 10.000 € zzgl. 1.900 € deutscher Umsatzsteuer.

Der Kunde Klamm rammt versehentlich auf dem Kundenparkplatz den Lieferwagen des Zwiebelhofer. Ein Sachverständiger stellt später fest, dass die Reparatur des Lieferwagen 1.000 € zzgl. Umsatzsteuer kostet. Die Versicherung des Herrn Klamm zahlt und fordert eine Rechnung von Zwiebelhofer über die 1.000 € zzgl. Umsatzsteuer. Zwiebelhofer fragt sich, ob er eine Rechnung ausstellen muss.

Am 01.04.2010 kommt die Kundin Heidi zu Zwiebelhofer und möchte ein Geschenk für eine Freundin kaufen. Weil sie sich nicht entscheiden kann, macht Zwiebelhofer den Vorschlag, sie solle doch einen Gutschein kaufen. Damit könne sich dann die Freundin nach Belieben etwas im Sortiment aussuchen. Sie kauft einen Gutschein über 50 € und möchte eine Rechnung von Zwiebelhofer. Auch hier fragt sich Zwiebelhofer, ob er eine Rechnung ausstellen muss.

Zwiebelhofer möchte sich außerdem zukünftig auf sein Kerngeschäft konzentrieren und daher seinen umfangreichen Immobilienbesitz veräußern. Das Geschäftshaus in der Gümbelstraße 2, das er vollständig für seinen Einzelhandel nutzt, veräußert er an den chinesischen Investor Tencent. Tencent möchte aber keine Umsatzsteuer zahlen, weil er davon nichts hält und er schließlich ein chinesischer Geschäftsmann sei. Gleich nach dem Verkauf vereinbart Zwiebelhofer einen zehnjährigen Mietvertrag mit Tencent. Das Ganze soll nach Möglichkeit der Umsatzsteuer unterliegen. Tencent ist nun gerne bereit, auch Zwiebelhofer Umsatzsteuer in Rechnung zu stellen. Er freut sich über die zusätzlichen 19 % weil ja eigentlich Zwiebelhofer die Umsatzsteuer ans Finanzamt zahlen müsse. Die Liegenschaft in der Gümbelstraße 1 hat Zwiebelhofer für fünf Jahre an einen Rechtsanwalt vermietet. Er schickt dem Anwalt monatlich eine Rechnung über die Miete und die Umsatzsteuer. Auch dieses Haus verkauft er. Der Erwerber will auch keine Umsatzsteuer zahlen. Zwiebelhofer hat Sorge, weil er erst vor ein paar Wochen das Dach des Anwesens renoviert hat und damals vom Dachdecker eine Rechnung über 20.000 € zzgl. Umsatzsteuer erhalten hatte und sich die Vorsteuer vom Finanzamt damals erstatten ließ.

Tencent hat seinen Reichtum mit Onlinespielen als Einzelkaufmann erwirtschaftet. Die Spiele sind grundsätzlich kostenlos. Die Spieler können aber im Spiel schneller vorankommen, wenn sie virtuelle Güter wie beispielsweise Edelsteine oder Zauberstäbe kaufen. Dafür verlangt Tencent echtes Geld. Die Spieler bezahlen über Kreditkarte oder Paypal. Tencent hat sich schon früher immer gefragt, ob er eigentlich Umsatzsteuer abführen müsste. Da aber seine Spieler in der ganzen Welt verstreut sind und vor allem in allen europäischen Ländern wohnen, sei das ja viel zu aufwendig.

Aufgabe:

Geben Sie bitte für Heinrich Zwiebelhofer eine umsatzsteuerliche Beurteilung der geschilderten Geschäftsvorfälle für 2010. Nehmen Sie auch zu Tencent Stellung.

Lösung

1. Bügeleisen

a) Verhältnis Zwiebelhofer – Juliane (Ausgangsumsatz)
Der Verkauf der Bügeleisen stellt einen umsatzsteuerbaren und -pflichtigen Umsatz dar.

- Der Verkauf der Bügeleisen ist gemäß § 1 Abs. 1 Nr. 1 S. 1 UStG steuerbar.
  - Zwiebelhofer führt den Umsatz gemäß § 2 Abs. 1 UStG als Unternehmer im Rahmen seines Unternehmens aus, weil seine selbstständige gewerbliche Tätigkeit der Verkauf von Elektrogeräten ist.
  - Die Leistung des Zwiebelhofer ist als entgeltliche Lieferung i.S.v. § 3 Abs. 1 UStG zu qualifizieren. Wenn der Unternehmer dem Abnehmer bei einer bestimmten Menge zusätzliche Stücke desselben Gegenstands ohne Berechnung zukommen lässt, handelt es sich insgesamt um eine entgeltliche Lieferung i.S.v. § 3 Abs. 1 S. 1 UStG (Abschnitt 3.3. Abs. 17 S. 1 UStAE). Damit stellt die »kostenlose« Abgabe des zweiten Bügeleisen (sog. Draufgabe, vgl. §§ 336–338 BGB) keine unentgeltliche Wertabgabe etwa i.S.v. § 3 Abs. 1b S. 1 Nr. 3 UStG dar. Juliane erhält damit beide Bügeleisen entgeltlich zu einem Gesamtpreis von 17,85 € (brutto).
  - Der Ort der Lieferung bestimmt sich nach § 3 Abs. 5a und 6 S. 1 UStG, da die §§ 3c, 3e–f UStG nicht einschlägig sind. Zwiebelhofer verschafft Juliane die Verfügungsmacht an dem Bügeleisen bereits in dessen Geschäft, indem er ihr die Geräte dort aushändigt. Lieferort ist daher Deutschland.
- Der Umsatz ist steuerpflichtig, weil kein Tatbestand des § 4 Nr. 1 bis 28 UStG erfüllt ist.
- Bemessungsgrundlage ist gemäß § 10 Abs. 1 S. 1 und 2 UStG das von Juliane entrichtete Entgelt abzüglich Umsatzsteuer, also 15 €. Ein reduzierter Steuersatz gemäß § 12 Abs. 2 UStG ist nicht ersichtlich.
- Die dementsprechend zu entrichtende Umsatzsteuer beträgt gemäß § 12 Abs. 1 UStG 2,85 €.
- Die Steuer ist nach § 13 Abs. 1 Nr. 1 Buchst. a S. 1 UStG mit Ablauf des VZ entstanden, in welchem die Leistung ausgeführt worden ist, also Zwiebelhofer die Bügeleisen übergeben hat. Mangels entgegenstehender Angaben im Sachverhalt ist davon auszugehen, dass Zwiebelhofer seine Umsatzsteuer gemäß § 16 Abs. 1 S. 1 UStG nach vereinbarten Entgelten berechnet (sog. Sollversteuerung).

b) Verhältnis Zwiebelhofer – Utz (Eingangsumsatz)
Zwiebelhofer kann einen Vorsteuerabzug i.H.v. 7,60 € (= 2 × 20 € × 19 %) bezüglich der Bügeleisen gemäß § 15 Abs. 1 S. 1 Nr. 1 S. 1 Alt. 1 UStG geltend machen.

- Die Voraussetzungen des § 15 Abs. 1 S. 1 Nr. 1 S. 1 UStG sind erfüllt. Bei der von Utz in Rechnung gestellten Umsatzsteuer handelt es sich um die gesetzlich geschuldete Steuer für Lieferungen, die von einem anderen Unternehmer für sein Unternehmen ausgeführt worden sind.
  - Zwiebelhofer hat die Bügeleisen als Unternehmer i.S.v. § 2 Abs. 1 S. 1 und 3 UStG für sein Unternehmen nach § 2 Abs. 1 S. 2 UStG erworben. Wie oben bereits dargestellt ergibt sich die Unternehmereigenschaft des Zwiebelhofer daraus, dass er gewerblich einen Elektrogeräte-Einzelhandel betreibt. Zwiebelhofer erwirbt die Bügeleisen von Utz für sein Unternehmen, weil er diese zum Verkauf in seinem Elektrogeräte-Einzelhandel erwirbt (vgl. Abschnitt 2.1. Abs. 1 S. 1 und 2 UStAE).
  - Als Großhändler handelt Utz bei der Veräußerung der Elektrogeräte an Zwiebelhofer ebenfalls als Unternehmer i.S.d. § 2 Abs. 1 S. 1 und 3 UStG.
  - Mangels entgegenstehender Angaben im Sachverhalt ist davon auszugehen, dass Zwiebelhofer von Utz gemäß § 15 Abs. 1 S. 1 Nr. 1 S. 2 i.V.m. § 14 Abs. 1, 2 Nr. 2 S. 2 und 4 S. 1 UStG eine ordnungsgemäße Rechnung mit gesondertem Steuerausweis erhalten hat.
- Die Abzugssperre nach § 15 Abs. 1a UStG ist nicht einschlägig.
- Der Vorsteuerabzug ist nicht gemäß § 15 Abs. 2 S. 1 Nr. 1 UStG ganz oder teilweise ausgeschlossen, da die gelieferten Bügeleisen nicht für steuerfreie Umsätze verwendet wurden (s.o.).

- Damit kommt auch eine Aufteilung der Vorsteuer nach § 15 Abs. 4 UStG nicht in Betracht.
- Die Vorsteuer ist gemäß § 15 Abs. 1 S. 1 Nr. 1 S. 1 UStG in dem Zeitpunkt abziehbar, in welchem die relevante Leistung vom Unternehmer ausgeführt worden ist und Zwiebelhofer eine ordnungsgemäße Rechnung erhalten hat. Davon ausgehend, dass Utz die Rechnung mit Lieferung an Zwiebelhofer übergeben hat, ist der Vorsteuerabzug also mit Ablauf des VAZ, in welchem Utz dem Zwiebelhofer die Bügeleisen i.S.v. § 3 Abs. 1 UStG geliefert hat, möglich.

2. Erwerb der Genossenschaftsanteile

- Der Verkauf der Genossenschaftsanteile ist eine sonstige Leistung, die von einem anderen Unternehmer (= Veräußerer) für das Unternehmen des Zwiebelhofer ausgeführt worden ist, § 15 Abs. 1 S. 1 Nr. 1 S. 1, Alt. 2 UStG.
  – Der Veräußerer ist im Zeitpunkt der Veräußerung noch umsatzsteuerlicher Unternehmer i.S.v. § 2 Abs. 1 UStG, da er seinen Betrieb zum Veräußerungszeitpunkt noch nicht aufgegeben hat (vgl. im Übrigen Abschnitt 2. Abs. 6 UStAE).
  – Der Veräußerer hat die Genossenschaftsanteile im Rahmen seines umsatzsteuerlichen Unternehmens gehalten. Zwar ist das bloße Halten von gesellschaftsrechtlichen Beteiligungen grundsätzlich keine unternehmerische Tätigkeit (Abschnitt 2.3. Abs. 2 S. 1 UStAE). Da jedoch der Veräußerer die Beteiligung nicht um ihrer selbst willen gehalten hat, sondern sie der Förderung seiner unternehmerischen Tätigkeit (hier: Sicherung günstiger Einkaufskonditionen) dient, stellt das Halten und Veräußern der Genossenschaftsanteile eine unternehmerische Tätigkeit dar (Abschnitt 2.3. Abs. 3 S. 5 Nr. 2 UStAE).
  – Zwiebelhofer hat die Genossenschaftsanteile auch »für sein Unternehmen« erworben. Zwar ist das bloße Halten von gesellschaftsrechtlichen Beteiligungen grundsätzlich keine unternehmerische Tätigkeit (Abschnitt 2.3. Abs. 2 S. 1 UStAE). Da er jedoch die Beteiligung nicht um ihrer selbst willen hält, sondern sie der Förderung seiner unternehmerischen Tätigkeit (hier: Sicherung günstiger Einkaufskonditionen) dient, stellt das Erwerben und Halten der Genossenschaftsanteile eine unternehmerische Tätigkeit dar (Abschnitt 2.3. Abs. 3 S. 5 Nr. 2 UStAE und auch Abschnitt 15.22. S. 2 UStAE).
  – Die Umsatzsteuer ist auch gesetzlich geschuldet i.S.d. § 15 Abs. 1 S. 1 Nr. 1 S. 1 UStG. Die Übertragung der Genossenschaftsanteile stellt eine sonstige Leistung i.S.v. § 3 Abs. 9 UStG dar (Abschnitt 3.5. Abs. 8 UStAE). Sie ist in Deutschland steuerbar gemäß § 3a Abs. 1 S. 1 i.V.m. Abs. 2 S. 1 UStG, da Zwiebelhofer dort sein Unternehmen betreibt und die sonstige Leistung an einen Unternehmer (= Zwiebelhofer) für dessen Unternehmen ausgeführt wird. Vorrangige Sondervorschriften nach § 3a Abs. 3–7 oder §§ 3b, 3e und 3f UStG greifen nicht ein. Die Übertragung der Genossenschaftsanteile ist zwar grundsätzlich nach § 4 Nr. 8 Buchst. f UStG umsatzsteuerfrei (vgl. BMF-Schreiben v. 26.01.2007, Beck'sche Steuererlasse, Nr. 500, § 15/26, Rz. 13 – Anm.: Die Rn. 13 wurde versehentlich nicht in die UStAE übernommen). Der Veräußerer hat jedoch mit gesondertem Umsatzsteuerausweis in der Rechnung nach § 9 Abs. 1 UStG auf die Steuerbefreiung verzichtet, sodass er für die Übertragung der Genossenschaftsanteile eine Umsatzsteuer von (5.000 € × 19 % =) 950 € schuldet.
  – Heinrich Zwiebelhofer ist im Besitz einer nach § 14 UStG ausgestellten Rechnung (§ 15 Abs. 1 S. 1 Nr. 1 S. 2 UStG), in der die Umsatzsteuer gesondert ausgewiesen ist. Er hat die Rechnung am 02.05.2010 erhalten.
  – Heinrich Zwiebelhofer kann die ihm für die Genossenschaftsanteile in Rechnung gestellte Umsatzsteuer i.H.v. 950 € nach § 15 Abs. 1 S. 1 Nr. 1 UStG als Vorsteuer für den VAZ Mai 2010 (Abschnitt 15.2. Abs. 2 S. 7 UStAE) abziehen.

3. Vorsteuerabzug aus RA/StB-Rechnung

Zwiebelhofer kann die ihm von Steuerberaterin und Rechtsanwältin Dr. Gabriele Oberhofer in Rechnung gestellte Umsatzsteuer i.H.v. 152 € als Vorsteuer nach § 15 Abs. 1 S. 1 Nr. 1 UStG für den VAZ März 2010 abziehen.

- Da er die Genossenschaftsanteile »für sein Unternehmen« erworben hat, hat er die damit in Zusammenhang stehenden Beratungsleistungen ebenfalls »für sein Unternehmen« bezogen (Abschnitt 15.22. S. 2 UStAE).

4. Wareneinkauf über die eG

a) Verhältnis Zwiebelhofer – Hersteller (Eingangsumsatz)

Zwiebelhofer kann aus den April-Lieferungen nach § 15 Abs. 1 S. 1 Nr. 1 UStG einen Vorsteuerabzug i.H.v. 7.600 € geltend machen.

- Er ist Unternehmer i.S.v. § 2 Abs. 1 UStG und nutzt die von der eG erworbenen Waren auch gemäß § 15 Abs. 1 S. 2 UStG zu 100% für sein Unternehmen.
- Bei den 7.600 € handelt es sich gemäß § 15 Abs. 1 S. 1 Nr. 1 S. 1 UStG um eine gesetzlich geschuldete Umsatzsteuer für eine Lieferung i.S.v. § 3 Abs. 1 UStG.
  - Die Lieferung der Waren ist gemäß § 1 Abs. 1 Nr. 1 S. 1 UStG steuerbar und die Steuerpflichtigkeit entfällt nicht nach § 4 UStG.
  - Lieferer der Waren ist der Hersteller und nicht die eG. Die eG tritt bei den Bestellungen im fremden Namen und für fremde Rechnung (d.h. im Namen und für Rechnung des Zwiebelhofer) auf, sodass ein **Agenturgeschäft (Vermittlung)** vorliegt (Abschn. 3.7. Abs. 1 UStAE). Der dem Umsatz zugrundeliegende Vertrag über die Warenlieferungen kommt demnach unmittelbar zwischen Zwiebelhofer und dem Hersteller zustande.
- Der Hersteller ist Unternehmer, welcher bei der Veräußerung der Waren an Zwiebelhofer im Rahmen seines Unternehmens tätig wird (§ 15 Abs. 1 S. 1 Nr. 1 S. 1 UStG i.V.m. § 2 Abs. 1 UStG).

Man kann davon ausgehen, dass der Hersteller im April 2010 eine ordnungsgemäße Rechnung gemäß § 15 Abs. 1 S. 1 Nr. 1 S. 2 UStG i.V.m. § 14 UStG an Zwiebelhofer ausgestellt hat. Daher kann Zwiebelhofer den Vorsteuerabzug im VAZ April 2010 vornehmen (vgl. Abschn. 15.2. Abs. 2 S. 7 UStAE).

b) Verhältnis Zwiebelhofer – eG (Eingangsumsatz)

Zwiebelhofer kann hinsichtlich der Rechnung der eG von Anfang Mai 2010 gemäß § 15 Abs. 1 S. 1 Nr. 1 UStG einen Vorsteuerabzug i.H.v. 152 € vornehmen.

- Er ist Unternehmer i.S.v. § 2 Abs. 1 UStG und nutzt die von der eG erbrachte Leistung auch gemäß § 15 Abs. 1 S. 2 UStG zu 100 % für sein Unternehmen.
- Die eG ist Unternehmerin nach § 2 Abs. 1 UStG, die im Rahmen ihres Unternehmens handelt.
  - Sie ist Unternehmerin i.S.v. § 2 Abs. 1 S. 1 und S. 3 UStG, weil sie nachhaltig und selbstständig Leistungen gegen Entgelt erbringt. Als eingetragene Genossenschaft ist sie juristische Person des Privatrechts (vgl. § 17 Abs. 1 GenG) und Kaufmann i.S.d. Handelsgesetzbuchs (§ 17 Abs. 2 GenG). Es handelt sich bei ihr daher nicht um eine Körperschaft des öffentlichen Rechts, für deren Unternehmerstellung § 2 Abs. 3 UStG zu berücksichtigen wäre (vgl. BFH, Urt. v. 23.04.2009 – V R 5/07 – BFH/NV 2009, 1723, Rn. 20).
- Bei den 152 € handelt es sich gemäß § 15 Abs. 1 S. 1 Nr. 1 S. 1 UStG um eine gesetzlich geschuldete Umsatzsteuer für eine sonstige Leistung i.S.v. § 3 Abs. 9 UStG, welche gemäß § 1 Abs. 1 Nr. 1 S. 1 und § 4 UStG steuerbar und steuerpflichtig ist.
  - Die von Zwiebelhofer zu entrichtende Provision stellt keinen nichtsteuerbaren Mitgliedsbeitrag, sondern das gemäß § 1 Abs. 1 Nr. 1 S. 1 UStG steuerbare Entgelt für eine tatsächliche Inanspruchnahme der eG dar, welche allein den Sonderbelangen des Zwiebelhofer dient (Abschnitt 1.4 Abs. 1 UStAE).
  - Die eG erbringt an Zwiebelhofer eine **Vermittlungsleistung** (§ 3 Abs. 9 UStG), da sie im fremden Namen und für fremde Rechnung gegenüber dem Hersteller auftritt (s.o.).
  - Die Bestimmung des Leistungsorts richtet sich nach § 3a Abs. 1 S. 1 i.V.m. Abs. 2 S. 1 UStG, da die Leistung von der eG an einen anderen Unternehmer (= Zwiebelhofer) für dessen Unternehmen erbracht wurde. Vorrangige Sondervorschriften nach § 3a Abs. 3–7 oder §§ 3b, 3e und 3f UStG greifen nicht ein. Die Leistung ist daher dort steuerbar, wo Zwiebelhofer sein Unternehmen betreibt, d.h. in Deutschland. Mangels Steuerbefreiung nach § 4 UStG ist die Vermittlungsleistung auch steuerpflichtig.
- Es wurde laut Bearbeitervermerk im Mai 2010 eine ordnungsgemäße Rechnung gemäß § 15 Abs. 1 S. 1 Nr. 1 S. 2 UStG i.V.m. § 14 UStG ausgestellt.

Zwiebelhofer kann den Vorsteuerabzug daher im VAZ Mai 2010 vornehmen, da die Rechnung ihm in diesem Monat zugegangen ist (vgl. Abschnitt 15.2. Abs. 2 S. 7 UStAE).

5. Wareneinkauf beim taiwanesischen Hersteller Yuan Lee

Zwiebelhofer kann die ihm in Rechnung gestellte Umsatzsteuer i.H.v. 1.900 € für den VAZ März 2010 als Vorsteuer nach § 15 Abs. 1 S. 1 Nr. 1 UStG abziehen.

- Zwiebelhofer ist Unternehmer i.S.v. § 2 Abs. 1 UStG und erwirbt die Flachbildschirme gemäß § 15 Abs. 1 S. 2 UStG zu 100 % für sein Unternehmen.
- Yuan Lee ist ebenfalls Unternehmer, welcher bei der Veräußerung der Flachbildschirme an Zwiebelhofer im Rahmen seines Unternehmens tätig wird (§ 15 Abs. 1 S. 1 Nr. 1 S. 1 UStG i.V.m. § 2 Abs. 1 UStG).
- Bei den 1.900 € handelt es sich gemäß § 15 Abs. 1 S. 1 Nr. 1 S. 1 UStG um eine gesetzlich geschuldete Umsatzsteuer für eine Lieferung i.S.v. § 3 Abs. 1 UStG, weil Yuan Lee korrekterweise mit deutscher Umsatzsteuer fakturiert hat.
  - Die Lieferung des Yuan Lee ist nach § 1 Abs. 1 S. 1 Nr. 1 i.V.m. § 3 Abs. 1 UStG in Deutschland steuerbar. Der Ort der Lieferungen der Flachbildschirme liegt nach **§ 3 Abs. 5a i.V.m. Abs. 8 UStG im Inland**. Die Flachbildschirme gelangen bei der Beförderung/Versendung aus dem Drittlandsgebiet in das Inland und der Lieferer Yuan Lee wird mit Überführung in den freien Verkehr nach § 21 Abs. 2, § 13 Abs. 2 UStG i.V.m. Art. 201 Zollkodex (ZK) Schuldner der Einfuhrumsatzsteuer.
  - Der Ort der Lieferungen (§ 3 Abs. 1 UStG) der Flachbildschirme ist somit nicht nach § 3 Abs. 6 S. 1 UStG dort, wo die Lieferungen beginnen, also in Taiwan, da die Vorschrift des § 3 Abs. 8 UStG Vorrang hat (§ 3 Abs. 5a UStG).
  - Mangels Steuerbefreiung nach § 4 UStG ist die Lieferung auch steuerpflichtig.
- Es wurde laut Bearbeitervermerk eine ordnungsgemäße Rechnung gemäß § 15 Abs. 1 S. 1 Nr. 1 S. 2 UStG i.V.m. § 14 UStG ausgestellt, die Zwiebelhofer im März 2010 erhalten hat. Zwiebelhofer kann den Vorsteuerabzug im VAZ März 2010 vornehmen (vgl. Abschnitt 15.2. Abs. 2 S. 7 UStAE).

6. Rechnung wegen Parkplatzunfall

Zwiebelhofer ist nicht gemäß § 14 Abs. 2 S. 1 Nr. 2 S. 2 UStG verpflichtet der Versicherung des Klamm eine Rechnung über 1.000 € zuzüglich Umsatzsteuer auszustellen. Die Zahlung der Versicherung an Zwiebelhofer ist mangels Leistungsaustausches kein steuerbarer Umsatz i.S.d. § 1 Abs. 1 Nr. 1 S. 1 UStG.

- Die von der Versicherung gezahlte Summe stellt nicht gemäß § 10 Abs. 1 S. 2 UStG das Entgelt für eine Leistung des Zwiebelhofer dar. Die Versicherung zahlt vielmehr, weil sie gemäß § 115 Abs. 1 Nr. 1 VVG i.V.m. § 1 PflVG und § 7 Abs. 1 StVG gesetzlich dazu verpflichtet ist, den von ihrem Versicherten Klamm verursachten Schaden zu begleichen (vgl. Abschnitt 1.3. Abs. 1 S. 1 und 2 UStAE).

7. Rechnung wegen Gutschein

Zwiebelhofer ist nicht gemäß § 14 Abs. 2 S. 1 Nr. 2 S. 2 UStG verpflichtet, der Kundin Heidi eine Rechnung hinsichtlich des Verkaufs des Gutscheins auszustellen, da diese Transaktionen keine Lieferung i.S.d. § 3 Abs. 1 UStG und damit auch keinen gemäß § 1 Abs. 1 Nr. 1 S. 1 UStG steuerbaren Umsatz darstellt.

- Wenn, wie vorliegend, Gutscheine ausgegeben werden, die nicht zum Bezug von hinreichend bezeichneten Leistungen berechtigen, handelt es sich lediglich um den Umtausch eines Zahlungsmittels (z.B. Bargeld) in ein anderes Zahlungsmittel.
- Erst bei Einlösung des Gutscheins unterliegt die Leistung der Umsatzsteuer (vgl. zum Ganzen OFD Karlsruhe, Vfg. v. 29.02.2008, S 7270 Karte 3, UR 2008, 399).
  Eine anderweitige Auffassung scheint sich aus der EuGH-Entscheidung Astra Zeneca (Urt. v. 29.07.2010 – C-40/09) zu ergeben. Danach ist bereits die Ausgabe eines Gutscheins als steuerbare sonstige Leistung zu behandeln. Die Entscheidung ist bisher von der deutschen Finanzverwaltung noch nicht aufgegriffen worden. Fraglich ist insbesondere, ob die Ausgabe eines Gutscheins dann nicht als steuerfreie Leistung i.S.d. § 4 Nr. 8 UStG zu qualifizieren ist.

8. Grundstückverkäufe

a) Gümbelstraße 2

aa) Verkauf
Der Verkauf des Geschäftshauses in der Gümbelstraße 2 von Zwiebelhofer an Tencent ist gemäß § 1 Abs. 1 Nr. 1 S. 1 UStG umsatzsteuerbar. Allerdings ist der Verkauf gemäß § 4 Nr. 9 Buchst. a UStG von der Umsatzsteuer befreit.

- Der Verkauf des Geschäftshauses ist gemäß § 1 Abs. 1 Nr. 1 S. 1 UStG umsatzsteuerbar.
  - Zwiebelhofer ist als Einzelhändler von Elektrogeräten Unternehmer i.S.v. § 2 Abs. 1 S. 1 und 3 UStG. Da er das veräußerte Geschäftshaus ausschließlich für sein Unternehmens genutzt hat, erfolgt dessen Veräußerung als Hilfsgeschäft auch im Rahmen seines Unternehmens gemäß § 2 Abs. 1 S. 2 UStG (vgl. Abschnitt 2.7. Abs. 2 UStAE).
  - Die Steuerbarkeit nach § 1 Abs. 1 Nr. 1 S. 1 UStG entfällt nicht gemäß § 1 Abs. 1a UStG. Der Verkauf des Geschäftshauses in der Gümbelstraße 2 stellt keine Geschäftsveräußerung im Ganzen i.S.v. § 1 Abs. 1a S. 2 UStG dar. Zwiebelhofer überträgt nicht wesentliche Grundlagen seines Unternehmens (vgl. Abschnitt 1.5. Abs. 1 S. 1 UStAE). Auch ein einzelnes Grundstück kann wesentliche Betriebsgrundlage sein (Abschnitt 1.5. Abs. 4 S. 3 UStAE). Allerdings wird Tencent allein durch die Übertragung des Gebäudes nicht in die Lage versetzt, das in diesem Gebäude betriebene Unternehmen des Zwiebelhofer fortzuführen (vgl. Abschnitt 1.5. Abs. 1 S. 2 UStAE). Zwiebelhofer überträgt nur die »leere Hülle« in welcher er sein Unternehmen bisher betrieb, nicht deren essenziellen Inhalt, wie z.B. die zum Verkauf stehenden Elektrogeräte, Geschäftskontakte oder die oben genannte Mitgliedschaft in einer Einkaufsgenossenschaft (vgl. Abschnitt 1.5. Abs. 4 S. 5 UStAE). Dies sind nicht lediglich unwesentliche Wirtschaftsgüter, deren fehlende Übertragung der Annahme der Geschäftsveräußerung im Ganzen nicht entgegenstehen würden (vgl. Abschnitt 1.5. Abs. 3 S. 1 UStAE).
  - Der Leistungsort befindet sich gemäß § 3 Abs. 7 S. 1 UStG in Deutschland, weil sich das Grundstück zum Zeitpunkt der Verschaffung der Verfügungsmacht an Tencent hier befindet und keine Beförderung oder Versendung stattfindet.
  Die Veräußerung des Gebäudes ist gemäß § 4 Nr. 9 Buchst. a UStG von der Umsatzsteuer befreit, weil dieser Umsatz vom Anwendungsbereich des Grunderwerbssteuergesetzes erfasst wird (vgl. § 1 Abs. 1 Nr. 1 GrEStG).
- Zwiebelhofer kann den Verkauf mittlerweile auch nicht mehr gemäß § 9 Abs. 1 UStG als steuerpflichtig behandeln. Notwendig wäre eine entsprechende Erklärung im notariellen Kaufvertrag gewesen (vgl. § 9 Abs. 3 S. 2 UStG). Laut Sachverhalt ist der Erwerbsvorgang aber bereits abgeschlossen und der notarielle Kaufvertrag somit ohne eine solche Erklärung beurkundet worden.
- Tencent muss daher für den Kauf des Grundstücks keine Umsatzsteuer an Zwiebelhofer zahlen.

bb) Mietvertrag
- Die Vermietung des Gebäudes ist gemäß § 1 Abs. 1 Nr. 1 S. 1 UStG umsatzsteuerbar.
  - Tencent ist Unternehmer und vermietet das Gebäude im Rahmen seines Unternehmens (vgl. § 2 Abs. 1 UStG). Die langfristige Vermietung von beweglichen und unbeweglichen Gegenständen begründet bereits für sich grundsätzlich eine unternehmerische Betätigung i.S.d. § 2 Abs. 1 S. 2 UStG (st. Rspr. des BFH, siehe z.B. Urt. v. 07.11.1991 – V R 116/86, BStBl. II 1992, 269 und Urt. v. 25.05.2000 – V R 66/99, BStBl. II 2004, 310).
  - Der Ort der Leistung befindet sich gemäß § 3a Abs. 3 Nr. 1 Buchst. a i.V.m. § 4 Nr. 12 Buchst. a UStG im Inland, da sich das vermietete Grundstück hier befindet.
- Die Vermietung ist nicht gemäß § 4 Nr. 12 Buchst. a UStG steuerfrei. Tencent optierte gemäß § 9 Abs. 1 UStG zur Steuerpflichtigkeit, indem er gegenüber Zwiebelhofer mit gesondertem Steuerausweis abrechnete (vgl. Abschnitt 9.1. Abs. 3 S. 4 und 5 UStAE).
  - Zwiebelhofer nutzt das Gebäude nach § 9 Abs. 2 S. 1 UStG auch ausschließlich für Umsätze, welche zum Vorsteuerabzug berechtigen (sog. Abzugsumsätze). Zwiebelhofer nutzt das Geschäftshaus ausschließlich für seinen Elektrogeräte-Einzelhandel, also für unternehmerische Zwecke (siehe auch Abschnitt 9.2. UStAE).

- Tencent ist gemäß § 13a Abs. 1 Nr. 1 Alt. 1 UStG Schuldner der Umsatzsteuer.
  - Eine Verlagerung der Steuerschuldnerschaft auf Zwiebelhofer nach § 13b Abs. 5 S. 1 i.V.m. Abs. 2 Nr. 1 und Abs. 7 S. 1 UStG (Fassung ab 01.07.2010; sog. Reverse-Charge-Verfahren) findet nicht statt, weil Tencent kein im Ausland ansässiger Unternehmer ist. Zwar stellt das Geschäftsgrundstück noch keine Zweigniederlassung dar, welches eine Ansässigkeit im Inland begründen würde. Hinsichtlich der steuerpflichtigen Vermietungsumsätze wird Tencent jedoch wie ein ausländischer Unternehmer behandelt (vgl. Abschnitt 13b.1. Abs. 29 S. 2 UStAE).
  - Tencent muss sich daher in Deutschland umsatzsteuerlich registrieren und Umsatzsteuer an das Finanzamt abführen.
- Zwiebelhofer ist nach Erhalt ordnungsgemäßer Eingangsrechnungen von Tencent zum Vorsteuerabzug nach § 15 Abs. 1 S. 1 Nr. 1 UStG berechtigt.

b) Gümbelstraße 1

aa) Verkauf

Der Verkauf des Geschäftshauses in der Gümbelstraße 1 wäre zwar grundsätzlich gemäß § 1 Abs. 1 Nr. 1 S. 1 UStG umsatzsteuerbar. Allerdings entfällt die Umsatzsteuerbarkeit gemäß § 1 Abs. 1a S. 1 UStG, weil der Verkauf des Gebäudes eine Geschäftsveräußerung im Ganzen i.S.v. § 1 Abs. 1a S. 2 UStG darstellt.

- Danach liegt eine Geschäftsveräußerung im Ganzen vor, wenn ein Unternehmen oder ein in der Gliederung eines Unternehmens gesondert geführter Betrieb im Ganzen entgeltlich übereignet wird. Das Unternehmen des Zwiebelhofer besteht gemäß § 2 Abs. 1 S. 2 UStG aus einem Elektrogeräte-Einzelhandel (s.o.) und der Vermietung des Gebäudes in der Gümbelstraße 1. Letzteres ist daher ein in der Gliederung eines Unternehmens gesondert geführter Betrieb. Er umfasst jeweils materielle und ggf. immaterielle Bestandteile, die zusammen genommen ein Unternehmen oder einen Unternehmensteil bilden, mit dem eine selbstständige wirtschaftliche Tätigkeit fortgeführt werden kann (vgl. EuGH, Urt. v. 27.11.2003 – Rs. C-497/01 – Zita Modes, UR 2004, 19, Tz. 40; BFH, Beschl. v. 01.04.2004 – V B 112/03, BStBl. II 2004, 802, Rn. 10; OFD München, Vfg. v. 01.08.2000, S 7100b – 3 St 433, UR 2001 S. 174; Abschnitt 1.55 Abs. 4 S. 3 UStAE). Zwiebelhofer betreibt die Vermietung der Gümbelstraße 1 und das Elektrogeräte-Einzelhandelsgeschäft völlig unabhängig voneinander. Beide Unternehmungen sind nicht voneinander abhängig. Daher kann der Erwerber des Gebäudes in der Gümbelstraße 1, nach deren Übereignung, die Vermietung und damit den Teilbetrieb nahtlos fortführen. Es bedarf keines weiteren Aufwands. Insbesondere tritt der Erwerber auch ohne weiteres gemäß § 566 BGB in den Mietvertrag zwischen Zwiebelhofer und den Rechtsanwalt ein (»Kauf bricht nicht Miete«).

bb) Vorsteuerabzug bzgl. Dachrenovierung

Zwiebelhofer muss hinsichtlich des Vorsteuerabzug im Rahmen der Dachrenovierung keine Berichtigung nach § 15a Abs. 8 UStG vornehmen, weil nach § 15a Abs. 10 S. 1 UStG keine Unterbrechung des Berichtigungszeitraums stattfindet. Die Veräußerung des Gebäudes in der Gümbelstraße 1 ist als eine Geschäftsveräußerung im Ganzen gemäß § 1 Abs. 1a S. 1 und 2 UStG einzustufen.

- Das veräußerte Gebäude erfüllt die Voraussetzungen eines gesondert geführten Betriebs, da in den Unternehmensbereichen »Elektrogeräte-Einzelhandel« und »Grundstücksvermietung« an jeweils einen anderen Kundenkreis ungleichartige Leistungen bewirkt werden und eine ausreichende räumliche und organisatorische Trennung zwischen den Unternehmensbereichen besteht (vgl. BFH, Beschl. v. 01.04.2004 – V B 112/03, BStBl. II 2004, 802, Rn. 10; OFD München, Vfg. v. 01.08.2000, S 7100b – 3 St 433, UR 2001 S. 174; Abschnitt 1.5. Abs. 4 S. 3 UStAE).
- Allerdings ist Zwiebelhofer gemäß § 15a Abs. 10 S. 2 UStG verpflichtet, dem Erwerber die für die Durchführung einer späteren Berichtigung erforderlichen Angaben zu machen.

9. Onlinespiele

Tencent erbringt über das Internet Leistungen gegen Entgelt. Ohne Zweifel ist Tencent auch Unternehmer i.S.d. § 2 Abs. 1 S. 1 UStG. Fraglich ist jedoch, wo der Leistungsort für die über das Internet erbrachten Leistungen ist. Nach einer kürzlich veröffentlichten Entscheidung des Finanzgerichts Berlin-Brandenburg (Urt. v. 06.05.2010 – 7 K 2083/06 B) stellt zumindest die Bereitstellung pornografischer Inhalte eine unterhaltende Leistung dar.

- Der Leistungsort wäre demnach gemäß § 3a Abs. 3 Nr. 3 Buchst. a UStG in China. Nach anderweitiger – vorzugswürdiger – Auffassung handelt es sich jedoch zumindest in dem hier vorliegenden Fall um eine auf elektronischem Weg erbrachte Dienstleistung i.S.v. § 3a Abs. 4 S. 2 Nr. 13 UStG i.V.m. Abs. 5 UStG. Der Leistungsort ist demnach jeweils dort, wo die Spieler ihren Wohnsitz haben. Demgemäß erbringt Tencent Leistungen jeweils dort, wo die einzelnen Spieler ansässig sind, d.h. in allen Mitgliedstaaten der EU, wo Spieler von ihm das Onlinespiel nutzen.
- Eine Steuerbefreiungsvorschrift gemäß § 4 UStG ist nicht ersichtlich.
- Bemessungsgrundlage ist gemäß § 10 Abs. 1 S. 2 UStG das Entgelt. Aus den Bruttokosten, die über Kreditkarte oder Paypal bei den einzelnen Spielern eingezogen werden, ist dementsprechend die deutsche Umsatzsteuer rauszurechnen.
- Der ermäßigte Steuersatz gem. § 12 Abs. 12 UStG kommt nicht in Betracht. Die Leistungen unterliegen daher dem Regelsteuersatz von 19 % gemäß § 12 Abs. 1 UStG.
- Der Steuerentstehungszeitpunkt ist gemäß § 13 Abs. 1 Nr. 1 Buchst. a mit Ablauf des VAZ, in dem die Leistung ausgeführt worden ist. Die besondere Vorschrift des § 13 Abs. 1 Nr. 1 Buchst. d i.V.m. § 18 Abs. 4c UStG greift im vorliegenden Fall nicht ein.

Tencent ist verpflichtet, sich in Deutschland für Umsatzsteuerzwecke registrieren zu lassen und Voranmeldungen abzugeben. Die besondere Erklärungsform der sog. Einortregistrierung (vgl. § 18 Abs. 4c UStG), wonach es bei elektronisch erbrachten Dienstleistungen ausreichend ist, sich nur in einem Mitgliedstaat zu registrieren und über diesen Mitgliedstaat in allen anderen Mitgliedstaaten die Umsatzsteuer abzuführen, kommt im vorliegenden Fall nicht zum Tragen. Tencent muss sich aufgrund der Vermietung in Deutschland bereits umsatzsteuerlich registrieren lassen. Aus diesem Grund scheidet die sog. Einortregistrierung aus.

Stichwortverzeichnis

Die Zahlen verweisen auf die Randnummern.

Abgeordneten 10
Abhilfe 98, 174
Ablauf der Androhungsfrist 61
Ablaufhemmung 87, 126, 161, 186
Abnehmer 240–242, 281–292, 298, 311–314, 318–323, 347–348
Abrechnung 31, 151
Abrechnungsbescheid 88, 151
abschließende Prüfung 97, 163
Absetzung für Abnutzung, Anschaffungsnebenkosten 342
Abzüge 105, 250, 318
abzugsfähig 375
Adressat 45–49, 108
Adressierung 46, 52–54, 117–118
Aktiengesellschaft 255
Allphasen-Netto-Umsatzsteuer mit Vorsteuerabzug 217, 371
Amtsermittlungsprinzip 5, 16
Amtsträger 13
Anbringungsbehörde 131–132
Änderung wegen neuer Tatsachen 175
Änderungsbegehren 171
Änderungsbescheid 158, 173, 208–210
Änderungsrahmen 205
Androhung 60
Anfechtung 126
Anfechtungsbeschränkung 110, 208
angemessen 179
Anrechnung von Steuerabzügen 95, 181
Anschaffungsnebenkosten 342
Anteilseigner 183–185
Antrag 6, 24, 87, 95–103, 165–174, 191–200, 210, 329
Antragstellung 191
Anzahlungsrechnungen 377
Arbeitgeber 336
Arbeitnehmer 73, 230, 336
Arbeitsüberlastung 64, 102
Arbeitsvertrag 261
Aufhebung 77, 136–137, 156, 164, 185, 194, 210
Aufmerksamkeit 341
Aufrechnung 56, 81
aufschiebende Wirkung 95
Aufsichtsratsmitglieder 260
Aufwand 190–195, 238–239, 309, 315
Ausbildungsfreibeträge 102
Außenprüfung 8, 40, 163–164, 183
Außenwirkung 56
Ausfall der Kaufpreisforderung 199

Ausfertigung 31, 52–53, 119
Ausgaben 16, 176, 340–344
Ausgangsbescheid 173
Auslandssachverhalte 8
Auslegung 80, 99, 219–225
Ausschlagung einer Erbschaft 199
Ausschlussumsätzen 379–381
Aussetzung der Vollziehung 72, 95, 152

B2B-Leistungen 301
B2C-Leistungen 301
Bargeld 69
Bauleistungen 331
bedingungsfeindlich 99
Bedrohung 149
Beförderung 281–284, 297, 311
Befugnis zur Offenbarung 15
Beginn einer Außenprüfung 87
Begründung 99
Bekanntgabe
– Adressat 45–49, 108
– Adressierung 46, 52–54, 117–118
– Bekanntgabe bei Zusammenveranlagung 51
– Bekanntgabeform 43
– Bevollmächtigte 49
– Einzelübermittlung 53–54
– Empfänger 16–17, 45–50, 99, 192, 228–231, 242, 319, 336, 361–364
– Empfangsbevollmächtigte 120, 130
– Empfangsvollmacht 49, 123
– gemeinsame Adresse 53
– gesetzliche Vertreter 47
– Inhaltsadressat 46
– Übermittlung 49–54, 119
– Übermittlungsempfänger 45, 99
– Übersendung mit einem einfachen Brief 99
Belege 176
Bemessungsgrundlage 52, 236, 316–324, 335–352, 367
Berichtigung 72, 135, 144–145, 199–207, 359–361
Beschwer 99, 173
Bestandskraft 15, 98, 102, 109, 133–134, 158–162, 200–205
Bestechung 149–151
Besteuerung nach der Leistungsfähigkeit 19
Besteuerungsgrundlage 108–112, 125
Besteuerungstatbestände 226
Bestimmtheit 42
Beteiligte 228

Stichwortverzeichnis

Beteiligung 265
Betrieb 113, 237–239, 270
Betriebsausgaben 195, 259
Betriebsfinanzamt 113
Betriebsgeheimnisse 13
Betriebskindergärten 336
Betriebsvermögen 116, 270
Beweislast 18
Beweismittel 176–180
Beweisvorsorge 8
Bewirtungsaufwendungen 378
Billigkeitsgründe 93
Bindungswirkung 109, 196
Binnenmarkt 221

Darlehen 183
Darlehensgeber 244
Devolutiveffekt 95
Dienstleistungen 212–213, 221–224, 265, 300
Dividenden 264
Dreiecksgeschäft 291–294
Drittlandsgebiet 279, 300, 310–313
Drohung 151, 171
Dulden 244
Durchbrechung der Bestandskraft 176, 187, 201–202
Durchlaufende Posten 319

E-Mail 99
Ehegatte 10–13, 200
Eigentümer 19–20, 240
Eigentumsvorbehalt 242
Einfuhrtatbestand 226
Einfuhrumsatzsteuer 218, 346, 373
Eingliederung
– finanzielle Eingliederung 274
– organisatorische Eingliederung 275
– wirtschaftliche Eingliederung 274
einheitliche und gesonderte Feststellung 114
Einkommensteuer
– Einkommensteuerbescheiden 99
– Einkommensteuererklärung 7, 60
– Einkommensteuervorauszahlungen 31, 67, 151
Einkünfte 6, 88, 105–108, 113–118, 176–181, 183
– Gewerbebetrieb 108, 113, 271
Einkünfteerzielungsabsicht
– Liebhaberei 267
– Verluste 159
Einkunftsart 115
Einnahmen 16, 176, 254–267
Einspruch 87, 94–102, 105–110, 129–131, 163–173, 208–210
Einspruchsbefugnis 99, 129–130
Einspruchsentscheidung 104
Einspruchsfrist 99, 171–172

Einspruchsführer 96–99, 210
Eintreibung 62
Einzelübermittlung 53–54
Empfängerebene 192
Empfängerverlangen 56
Empfangsbevollmächtigte 120, 130
Empfangsvollmacht 49, 123
Entgelt 226–235, 317–337, 347–352, 365–367, 377
Entgeltminderung 318
Entnahme 90, 334–335, 343
Entstehung 68, 73–80, 88
Entstehungszeitpunkt 73–75
Erhebung 34, 88–89, 332
Erkenntnismittel 142, 176
Erklärungstheorie 135, 138
Ermessen 24, 49, 65–66, 91, 144–150
Ermessensausübung 49, 66, 154, 207
Ermessensfehler 150
Ermessensgründe 66
Ermessensverwaltungsakten 154
Ermittlung 4, 52, 206, 383
– Ermittlungsfehler 178–179
– Ermittlungshandlungen 88
– Ermittlungspflicht 179
– Ermittlungsverfahren 63
Ertrag 190, 240
Erwerb 75, 238, 254, 295–298, 310–311, 314, 337, 342–354
Erwerber 236–239, 310, 323, 350–354, 364, 374
Erwerbsschwelle 350

Fälligkeit 67–72, 88
Falschangaben 149
Fax 7, 99
fehlende Begründung 102
fehlerhafte Feststellung eines Verlustvortrages 99
Festsetzung 59–69, 73–80, 87–89, 105, 126, 161, 191–197, 203–205
Festsetzungsfrist 125–126, 186, 200, 357
Feststellung
– einheitliche und gesonderte Feststellung 114
– Feststellung des verbleibenden Verlustabzugs 113
– Feststellungsbescheide 29, 105, 124–125
– Feststellungslast 18
– Folgebescheid 109–111, 125, 132, 159, 196
– gesonderte und einheitliche Feststellung 117
– Grundlagenbescheid 109, 125, 132, 159, 184, 196–197
Finanzbehörde 4–18, 33, 88, 109, 121, 160
Folgebescheid 109–111, 125, 132, 159, 196
formelle Bestandskraft 133–134, 170

Freiberufler 329
Frist 7, 61–64, 85–88, 99–104, 120–121, 131
- Fristbeginn 85–88
- Fristberechnung 99
- Fristdauer 85–88
- Fristende 85–88, 99
- Fristenkontrollbuchs 102
- Fristunterbrechung 88
- Fristverlängerung 64
- Fristversäumnis 101
- Fristwahrung 86
Frühleerung 99
Funktionsholding 265

Gefährdung des Steueraufkommens 361
Gegenleistung 228–235, 317
Gehalt 200, 245, 251
Gehilfenverschulden 102
Gemeinschaft 117–122, 255
Gesamtschuld 51
Geschäftsleitung 113
Geschenke 336–338
Gesellschaft 117–129, 237, 264–265
Gesellschafter 13, 129–130, 183–186, 195, 230, 261
Gesetzesänderungen 199
gesonderte Feststellung 106–112, 159
gesonderte und einheitliche Feststellung 117
getrennte Veranlagung 200
Gewerbebetrieb 108, 113, 271
Gewerbesteuer 259
Gewerbeuntersagungsverfahren 15
Gewinnausschüttung 183–186
- verdeckte Gewinnausschüttung 183–185
Gläubigerbenennung 16
Gleichmäßigkeit der Besteuerung 144
grobe Fahrlässigkeit 151
grobes Verschulden 182–184
Grundlagen, wesentliche Grundlagen 238
Grundlagenbescheid 109, 125, 132, 159, 184, 196–197
Grundstück 300, 368
Gutschrift 364, 377

Handelsvertreter 235
Handlungsfristen 101
Hauptleistung 252
heilbarer Formfehler 148
Herstellung 337
Herstellungskosten 336, 343
Hilfsperson 102
Holding 264–265
Honorarprofessoren 260

Identität 27
indirekte Steuer 212
Ingenieur 248

Inhaltsadressat 46
Inland 49, 226–228, 236, 251, 275–279, 311–312, 316–317, 323, 334, 346, 367, 379
innergemeinschaftliche Erwerb 226, 291, 314, 335, 347–352

Jahresfrist 155
Journalisten 10–11

Kalenderjahr 85, 329, 336, 350
Kapital 221
- Kapitalgesellschaft 183–186, 261
Kaskoversicherungsleistungen 90
Kauf auf Probe 242
Kaufpreis 323
Kleinbetragsrechnungen 367
Kompensation 144, 201
Komplementär 120
konkrete Fehlertheorie 141
Korrektur 133–135, 137–144, 156
Korrektur von Verwaltungsakten
- Änderung der Rechtsprechung 92
- Änderung wegen neuer Tatsachen 175
- Antrag auf schlichte Änderung 174
- belastender Verwaltungsakt 149–150
- Berichtigung 72, 135, 144–145, 199–207, 359–361
- Berichtigung der Vorbilanz 199
- Berichtigung nach § 129 AO 145, 207
- fehlerhaft abgeänderten Steuerbescheid 99
- fehlerhafte Nichtberücksichtigung 193
- Kompensation 144, 201
- Korrekturmöglichkeit 206
- Korrekturnorm 134
- materielle Bestandskraft 134, 158–164, 208–210
- materielle Fehler 202
- mechanische Fehler 139–142
- mechanische Übernahme 196
- Mitberichtigung 166, 182, 201–207
- negativer Widerstreit 188–192
- offenbare Unrichtigkeit 148, 195–197
- positiver Widerstreit 188–191
- rechtmäßige Verwaltungsakte 136
- Rechtsfehler 140
- rechtswidrige Verwaltungsakte 136, 147
- rückwirkendes Ereignis 178, 200
- schlichte Änderung 169
- Vorbehalt der Nachprüfung 33–40, 87, 97, 134, 156, 162–166, 184
- Vorbehaltsfestsetzung 162, 210
- vorläufige Steuerfestsetzung 41, 160
- Vorläufigkeit 39, 160–161
- Vorläufigkeitsvermerk 160
- Widerstreitende Festsetzungen 187
- Zahlendreher 143
Kosten 57, 71–72, 90

Stichwortverzeichnis

Krankheitsfall 261

Lebensmittel 326
Lehrbeauftragte 260
Leistung 90, 217, 227–253, 263–268, 276, 302–308, 315–317, 323–341, 357–381
Leistungsaustausch 226–235, 254, 276, 330, 362
Leistungsgebot 68
Leistungsort 224, 236, 246, 263, 280, 302–306, 367
Leistungspflicht 73
Liebhaberei 267
Lieferung 213, 226–236, 243–252, 276, 282–298, 310–312, 314–315, 317, 323–341, 346–357, 363–376
– bewegte Lieferung 281–295, 314
Lohn 335
Lohnsteuer 73, 88–93
Lohnsteueranmeldung 33

Massenverfahren 2, 40–44
materielle Bestandskraft 134, 158–164, 208–210
Mehrwertsteuerpaket 224
Meistbegünstigungsgedanken 171
Mieter 235, 316
Minderungen 199
Mindest-Ist-Besteuerung 328
Mitberichtigung 166, 182, 201–207
Mitwirkungspflicht 5–11, 179

Nachhaltigkeit 266
Nachtpostkasten 99
Nahe Angehörige, Familie 316
natürliche Person 6, 255–259, 271–273
Nebenbestimmung 154–164
Nebenkosten 342
Nebenleistungen 252
Neutralitätsgrundsatz 214
nicht abziehbare Betriebsausgaben 378
Nichtigkeit 46, 167
Niederschlagung 56, 88
Niederschrift 99
Nutzung 20, 252, 316

offenbare Unrichtigkeit 148, 195–197
Offenbarungspflichten 12
Option 307, 315–316
Option zur Steuerpflicht 316
Organschaft 229, 273
Ort des innergemeinschaftlichen Erwerbs 351

partiell bestandskräftig 161
personelle Verflechtung 275
Personengesellschaft 13, 129, 261

Personenmehrheit 118, 129
positiver Widerstreit 188–191
private Zwecke 316, 340
Prozesserklärung 99

Rechnungsaussteller 226, 377
rechtmäßige Verwaltungsakte 136
Rechtsbehelf 94–98, 182
– Anbringungsbehörde 131–132
– Anfechtung 126
– Anfechtungsbeschränkung 110, 208
– Einspruch 87, 94–102, 105–110, 129–131, 163–173, 208–210
– Einspruchsbefugnis 99, 129–130
– Einspruchsentscheidung 104
– Einspruchsfrist 99, 171–172
– Einspruchsführer 96–99, 210
– Einspruchsverfahren 96, 111, 129, 208–210
– Rechtsbehelfsbelehrung 36
– Rechtsbehelfsfrist 36, 134, 150, 195
– Rechtsbehelfsverfahren 73, 94
– Verböserung 87, 96, 171
Rechtsfehler 140
Rechtsformneutralität 255
Rechtsmittel 210
Rechtsnachfolge, Rechtsnachfolger 47
Rechtsschutz 3, 94
Rechtsschutzinteresse 3
Rechtswidrigkeit 147–151
Regelsteuersatz 325–326, 335, 357, 367–375
Regelungsgehalt 137
Reichsabgabenordnung 1
Rückgabe 232
Rücklieferung 232
Rücknahme 96–99, 136–151, 171
Rücknahmemöglichkeit 149
rückwirkendes Ereignis 178, 200
Rückwirkung 198

Sachspenden 338
Säumniszuschlag 67–69
Schadenersatz 233–235
– Echter Schadenersatz 233–234
Schadenerstz, unechter Schadenersatz 233
Schadensersatzansprüche 225
Scheinhandlungen 88
Schenkung 335
Schonfrist 69
Schriftform 99
Schuldner 81, 346
Selbstanzeige 72
Selbstkontrolle der Verwaltung 94–96
selbstständige Leistung 251–252
Sicherungszwecke 242
Software 248–250
– Individualsoftware 248–250
– Standardsoftware 248–250

Stichwortverzeichnis

Sollversteuerung 327
Sonderausgaben 195
Sonderbetriebsausgaben 115
Sonderbetriebseinnahmen 115
Sondereinnahmen 115
sonstige Leistungen 228, 240–246, 276, 331–332, 357, 368
Statthaftigkeit 99
Steuerabzüge 31
Steuerakten 178
Steueranmeldung 33–36, 210
Steueranspruch 73–78, 87
Steuerausweis, unberechtigter Steuerausweis 355
steuerbar 236–237, 263, 287–305, 316, 335–338, 379
Steuerbarkeit 236
Steuerbefreiung 306–316, 366–367
Steuerbefreiungen 247, 307, 366
Steuerberater 48, 102, 182, 251
Steuerbescheid 30–35, 56–72, 80, 109, 132, 151, 160–164, 175, 182–189, 192–195, 210
Steuererhebung 67, 83
Steuererklärung 5, 58–64, 85–87, 101, 171, 179–182
Steuerfestsetzung 31–41, 66–72, 73–85, 95, 167, 177, 193
steuerfrei 309, 317, 379–382
Steuergeheimnis 12–13, 27
Steuerklauseln 199
steuerlichen Nebenleistungen 57, 69, 73
Steuerpflicht 52, 316, 382
– steuerpflichtig 52, 316, 335–338
– Steuerpflichtige 6, 17–22, 52, 69, 88–93, 100–102, 110, 165–179, 189–198, 214, 225, 307
Steuerpflichtiger 52
steuerrechtlich 18–23, 47–52
Steuersatz 236, 247, 317, 323–326, 346–357, 366–375
Steuerschuld 52, 295, 322, 327, 353–361, 374
Steuerschuldner 9, 36, 45, 115, 212, 330, 353
Steuerschuldverhältnis 45, 78, 198
Steuersubjekt 45, 254
Steuertatbestand 199
Steuerverfahren 13–18, 72
Steuerverwaltungsakte 28–34, 55, 99
Steuerzinsen 72
Strafverfahren 15
Stundung 68, 101, 152–154
Stundungszinsen 72
subjektive Beweislast 18
Suspensiveffekt 95

Tabaksteuer 34
Tarif 252
Tatbestand 13, 69, 75, 199, 333–335, 346–347

Tauschumsatz 228
Täuschung 88, 149–151
Tenor des Bescheids 99
Tilgung 81
Tilgungsplan 81
Transportauftrag 285–289
Tun 244

Übermittlung 49–54, 119
Übermittlungsempfänger 45, 99
Überwachungsverschulden 102
Überweisung 323
übriges Gemeinschaftsgebiet 278, 310–314
Umsatzsteuer 33, 60, 93, 182, 211–220, 226, 236–239, 251, 257–259, 309–310, 316–360, 367–375
Umsatzsteuer-Identifikationsnummer 303–304, 313–314, 366, 375
Unbilligkeit 89
Unbilligkeitsgründe 91–92
unentgeltlich 226, 333–336
Unfall 335
unlautere Mittel 149
unmittelbare Rechtswirkung 56, 151
Unterlassen 244
unterlassene Anhörung 102
Unternehmen 214–218, 229–239, 259–273, 298–311, 314–316, 332–341, 347–354, 367–381
Unternehmer 212–224, 226–244, 251–276, 284–320, 329–381
Untersuchungsgrundsatz 4, 18
Urkunden 176
Urlaub 102
Urlaubsanspruch 261

Veranlagung 6, 12, 106, 116, 163, 176–181, 191, 200
– Veranlagungsfehler 141
– Veranlagungszeitraum 85–88, 199
Veranlassung 17, 194
Veräußerung 270
– Veräußerungsgeschäft 239
Verböserung 87, 96, 171
Verbrauchssteuer 212, 226
Verbrauchsteuern 34
verdeckte Gewinnausschüttung 183–185
Verfahren 2–4, 15, 24–28, 94, 130, 151, 195, 381
– Verfahrenshandlungen 3
– Verfahrensrecht 1
– Verfahrensschutz 3
Verfügungsmacht 240–248, 282, 314, 317, 323, 335, 346, 373
Verhinderung 102
Verjährung 73–89, 124–126, 165, 207
– Ablaufhemmung 87, 126, 161, 186

Stichwortverzeichnis

- Festsetzungsverjährung 83–85, 124, 145, 161–165, 193
- Unterbrechung 87
- Zahlungsverjährung 83, 88

Verjährungsablauf 87
Verjährungsregeln 83
Verkehrssteuer 212
Verlust 99, 182, 259
- Verlustvortrag 159

Vermieter 244, 316, 382–383
Vermietung 239, 300, 316, 382
Vermittlungsleistung 300
Versäumnis 64, 99–102
Verschreiben 139
Verschulden 64–69, 102, 154, 182
Versenden 281
Versicherung 90
verspätete Abgabe 64
Verspätungszuschlag 57–69
vertraglich vereinbarte Rückwirkungen 199
Vertrauensschutz 151–154, 166
Vertreterverschulden 102
Vertretung 47, 120, 129
Vertretungsberechtigter 120
Verwaltungsakt 31–44, 55–59, 99–102, 131, 135, 147–154, 165
Verwaltungsinternum 56
Verzicht 99
Vollstreckung 58
- Vollstreckungsmaßnahmen 56
- Vollstreckungswillen 88

vollumfänglich 97–99, 210
Vorauszahlung 377
Vorbehalt der Nachprüfung 33–40, 87, 97, 134, 156, 162–166, 184
Vorbereitungshandlung 268
vorläufige Steuerfestsetzung 41, 160
Vorläufigkeitsvermerk 160

Vorsteuerabzug 214–217, 226, 236, 254, 268, 309–310, 315–316, 320–346, 354–382
Vorsteueraufteilung 372, 381

Waren 221, 226, 337, 346–350
- Warenmuster 337

Warenmuster 337
Weisungen 259
Weisungsgebundenheit 261
Wettbewerbsneutralität 220, 308
Widerruf 136–154
Wiedereinsetzung 99–104
wirtschaftlich 19–23, 81, 93, 212, 252, 273–274, 338–346, 381
- wirtschaftliche Betrachtungsweise 20

Wirtschaftsgut 20, 236
Wohnsitz 113
Wohnung 281

Zahlendreher 143
Zahllast 31
Zahlung 67–69, 81, 90, 216, 317–323, 377
- Zahlungseingang 81
- Zahlungsfristen 101
- Zahlungspflicht 77, 332
- Zahlungsverjährung 83, 88

Zinsen 57, 71–72, 80
- Zinseszinsen 70
- Zinsvorteil 66, 95

Zugang 99, 123
Zulässigkeit 15, 99, 129
Zusammenveranlagung 10–13, 51–52, 257
Zuständigkeit 27, 113, 218
Zustimmung 15, 33–36, 169, 363
Zuwendung 317, 335–338
Zwangsgeld 58–61
Zwangsmittel 60–61